LA LIBRAIRIE DU XXIᵉ SIÈCLE

Collection
dirigée par Maurice Olender

Ivan Jablonka

L'histoire est une littérature contemporaine

Manifeste pour les sciences sociales

Éditions du Seuil

ISBN 978-2-02-113719-4

© Éditions du Seuil, septembre 2014

Le Code de la propriété intellectuelle interdit les copies ou reproductions destinées à une utilisation collective. Toute représentation ou reproduction intégrale ou partielle faite par quelque procédé que ce soit, sans le consentement de l'auteur ou de ses ayants cause, est illicite et constitue une contrefaçon sanctionnée par les articles L. 335-2 et suivants du Code de la propriété intellectuelle.

www.seuil.com

Peut-on imaginer des textes qui soient à la fois histoire et littérature ? Ce défi n'a de sens que s'il fait naître des formes nouvelles. L'histoire et la littérature peuvent être autre chose, l'une pour l'autre, qu'un cheval de Troie.

Mon idée est la suivante : l'écriture de l'histoire n'est pas simplement une technique (annonce de plan, citations, notes en bas de page), mais un choix. Le chercheur est placé devant une *possibilité d'écriture*. Réciproquement, une *possibilité de connaissance* s'offre à l'écrivain : la littérature est douée d'une aptitude historique, sociologique, anthropologique.

Parce que, au XIXe siècle, l'histoire et la sociologie se sont séparées des belles-lettres, le débat est habituellement sous-tendu par deux postulats : les sciences sociales n'ont pas de portée littéraire ; un écrivain ne produit pas de connaissances. Il faudrait choisir entre une histoire qui serait « scientifique », au détriment de l'écriture, et une histoire qui serait « littéraire », au détriment de la vérité. Cette alternative est un piège.

En premier lieu, les sciences sociales peuvent être littéraires. L'histoire n'est pas fiction, la sociologie n'est pas roman, l'anthropologie n'est pas exotisme, et toutes trois obéissent à des exigences de méthode. À l'intérieur de ce cadre, rien n'empêche le chercheur d'écrire. Fuyant l'érudition qu'on jette dans un non-texte, il peut incarner un raisonnement dans un texte, élaborer une forme au service de sa démonstration. Concilier sciences sociales et création littéraire, c'est tenter d'écrire de manière plus libre, plus juste, plus originale, plus réflexive, non pour relâcher la scientificité de la recherche, mais au contraire pour la renforcer.

Car, si l'écriture est une composante incontournable de l'histoire et des sciences sociales, c'est moins pour des raisons esthétiques que pour des raisons de méthode. L'écriture n'est pas le simple véhicule de « résultats », elle n'est pas l'emballage qu'on ficelle à la va-vite, une fois la recherche terminée ; elle est le déploiement de la recherche elle-même, le corps de l'enquête. Au plaisir intellectuel et à la capacité épistémologique s'ajoute la dimension civique. Les sciences sociales doivent être discutées entre spécialistes, mais il est fondamental qu'elles puissent aussi être lues, appréciées et critiquées par un public plus large. Contribuer, par l'écriture, à l'attrait des sciences sociales peut être une manière de conjurer le désamour qui les frappe à l'université comme dans les librairies.

En deuxième lieu, je souhaite montrer en quoi la littérature est apte à rendre compte du réel. Tout comme le chercheur peut incarner une démonstration dans un texte, l'écrivain peut mettre en œuvre un raisonnement historique, sociologique, anthropologique. La littérature n'est pas nécessairement le règne de la fiction. Elle adapte et parfois devance les modes d'enquête des sciences sociales. L'écrivain qui veut dire le monde se fait, à sa manière, chercheur.

Parce qu'elles produisent de la connaissance sur le réel, parce qu'elles sont capables non seulement de le représenter (c'est la vieille *mimesis*) mais de l'expliquer, les sciences sociales sont déjà présentes dans la littérature – carnets de voyage, mémoires, autobiographies, correspondances, témoignages, journaux intimes, récits de vie, reportages, tous ces textes où quelqu'un observe, dépose, consigne, examine, transmet, raconte son enfance, évoque les absents, rend compte d'une expérience, retrace l'itinéraire d'un individu, parcourt un pays en guerre ou une région en crise, enquête sur un fait divers, un système mafieux, un milieu professionnel. Toute cette littérature révèle une pensée historienne, sociologique et anthropologique, forte de certains outils d'intelligibilité : une manière de comprendre le présent et le passé.

Voici donc les questions auxquelles ce livre tente de répondre :

– Comment renouveler l'écriture de l'histoire et des sciences sociales ?

– Peut-on définir une littérature du réel, une écriture du monde ?

Ces questions convergent vers une troisième, plus expérimentale : Peut-on concevoir des textes qui soient à la fois littérature et sciences sociales ?

On réfléchit à la manière d'écrire l'histoire depuis que l'histoire existe. Il y a deux siècles et demi, Voltaire observait qu'« on en a tant dit sur cette matière, qu'il faut ici en dire très peu[1] ». On s'est moins demandé ce que les sciences sociales apportaient à la littérature et ce que la littérature faisait aux sciences sociales. La raison en est que ces dernières sont relativement jeunes. Depuis le début du XXe siècle, l'histoire et la sociologie forment une « troisième culture », entre les lettres et les sciences dites exactes. Les guerres mondiales et les crimes de masse ont aussi changé la donne : histoire, témoignage, littérature n'ont plus la même signification depuis 1945.

Ce livre traite de la littérature perméable au monde, de l'histoire-science sociale, de la recherche en tant qu'elle est méthode et création, *épistémologie dans une écriture*. L'his-

---

1. Voltaire, « Histoire », in D'Alembert, Denis Diderot, *Encyclopédie ou Dictionnaire raisonné des sciences, des arts et des métiers [...]*, tome VIII, Neuchâtel, Faulche, 1765, p. 220-225.

toire est plus littéraire qu'elle le veut ; la littérature plus historienne qu'elle le croit. Chacune est plastique, riche d'extraordinaires potentialités. Depuis quelques années, les initiatives fleurissent de toutes parts, dans des revues, dans des livres, sur Internet et au sein de l'université. On sent un immense appétit, du côté des chercheurs, des écrivains, des journalistes, et une immense attente, du côté des lecteurs.

Cela ne revient pas à dire que tout est dans tout. Il y a les sciences sociales, il y a la littérature : la ligne de démarcation existe. Si, comme le dit Philip Roth, l'écrivain « n'a de responsabilité envers personne[1] », le chercheur est au moins responsable de l'exactitude de ce qu'il affirme. Je souhaite simplement mener une réflexion sur les genres, pour voir si la ligne de démarcation ne pourrait pas devenir un front pionnier. Explorer une piste, non asséner une norme. « Nous pouvons » au lieu de « il faut ». Je voudrais suggérer un possible, indiquer un chemin où, parfois, l'on irait marcher.

Écrire l'histoire

Parler d'« écriture de l'histoire » au sens fort (l'écriture comme forme littéraire, l'histoire comme science sociale) oblige à s'intéresser aux rapports entre littérature et histoire. Or ces notions sont si polysémiques, si fluctuantes, si récentes à certains égards, que les rapprocher fait immanquablement naître des malentendus.

Première méprise : la littérature et l'histoire seraient dans un rapport d'identité évident. Le roman historique n'en est-il pas la preuve ? En fait, ce genre littéraire adhère à une conception épico-mémorielle qui remonte à l'Antiquité : l'histoire, dit Cicéron, traite de faits « importants et dignes

---

1. Cité dans « Les carnets de route de François Busnel », France 5, 17 novembre 2011.

de mémoire[1] ». L'Histoire-majuscule serait l'important du passé, un spectacle où les grands hommes produisent de grands événements, une fresque où des guerres, des révolutions, des cabales, des mariages, des épidémies bouleversent les destins individuels et collectifs. Certains romanciers se saisiraient de cette « grande Histoire », ressuscitant Cléopâtre, les gladiateurs, la Saint-Barthélemy, Napoléon, les tranchées, la conquête spatiale. Mais l'histoire est moins un contenu qu'une démarche, un effort pour comprendre, une pensée de la preuve. Si les *Mémoires d'outre-tombe* et *Si c'est un homme* sont plus historiques que les romans de cape et d'épée, ce n'est pas parce qu'ils parlent de Napoléon ou d'Auschwitz ; c'est parce qu'ils produisent du raisonnement historique.

Indépendamment du sujet, on pourrait identifier histoire et littérature sur la base de leur vocation narrative : toutes deux racontent, agencent des événements, tissent une intrigue, mettent en scène des personnages. L'histoire se fond alors dans une vaste littérature romanesque, sous la forme d'un « roman vrai[2] ». Mais l'histoire est-elle nécessairement une histoire à rebondissements ? Et la littérature se résume-t-elle au roman ? Si, restreignant encore la notion de littérature, l'on feint de croire qu'elle consiste en tournures agréables, en phrases bien balancées, l'histoire se transforme comme par magie : il suffirait d'avoir une « belle plume », d'écrire des livres qui se lisent bien, pour faire de la littérature.

Dans les années 1970-1980, des penseurs comme Hayden White, Paul Veyne, Michel de Certeau, Richard Brown, Jacques Rancière, Philippe Carrard ont établi qu'il y avait une « écriture de l'histoire » et même une « poétique de l'histoire » (ou de la sociologie). Mais le fait qu'un chercheur

---

1. Cicéron, *De oratore*, II, 15, 63.
2. Paul Veyne, *Comment on écrit l'histoire. Essai d'épistémologie*, Paris, Seuil, 1971, p. 22.

raconte ou cite ne préjuge pas de l'effort de création auquel il consent. La littérarité d'un texte est autre chose que sa discursivité, où interviennent la gestion du passé, l'organisation d'un matériau documentaire, l'appareil de l'érudition. Qu'il y ait une écriture technique de l'histoire est une évidence ; mais tous les chercheurs ne font pas le choix d'écrire, tant s'en faut. De fait, en la matière, les sciences sociales sont loin d'avoir connu les mêmes révolutions que le roman au XXe siècle. S'il accepte de passer du *discours* au *texte*, l'historien se fixe un nouvel horizon : non plus l'« écriture historienne », mais l'écriture tout court.

Réfléchir à l'écriture de l'histoire suppose donc d'esquiver ces fausses rencontres que sont l'« Histoire », le « roman vrai » et le « beau style ». Ce n'est pas parce que l'histoire passionne, raconte ou agence qu'elle est littérature.

Deuxième méprise, symétrique de la première : l'histoire serait une anti-littérature. Pour accéder au statut de science, l'histoire s'est arrachée aux belles-lettres, et la sociologie s'est construite contre les romanciers qui se prétendaient sociologues. Associé à l'amateurisme, à la prétention, à l'absence de méthode, l'effort littéraire vient bel et bien parasiter le travail du chercheur. Par ailleurs, l'idée de littérature connote aujourd'hui la fiction ; or l'histoire n'est pas fiction. Si c'était le cas, elle perdrait sa raison d'être, qui est de s'accrocher à « cette vieillerie, "le réel", "ce qui s'est authentiquement passé"[1] ». Elle ne produirait pas de la connaissance, mais une version des faits plus ou moins convaincante. Dans les années 1970-1980, le *linguistic turn* et le postmodernisme ont tenté de contester la portée cognitive de l'histoire en l'assimilant à la littérature (entendue à la fois comme fiction et comme rhétorique).

Dès lors qu'on veut opposer littérature et histoire, les choses sont bien tranchées. Il y a, d'un côté, l'écriture comme diver-

---

1. Pierre Vidal-Naquet, « Lettre », cité dans Luce Giard (dir.), *Michel de Certeau*, Paris, Centre Georges-Pompidou, 1987, p. 71-74.

tissement et, de l'autre, le travail sérieux. Cette dichotomie explique la relation ambiguë que de nombreux chercheurs entretiennent avec la littérature. Ils l'utilisent dans le cadre de leur travail, ils s'en délectent en privé, mais ils n'en font pas – ce serait déroger. La seule « écriture » universellement acceptée tient du normatif : introduction, chapitres, notes en bas de page, avec quelques figures de style.

La recherche en sciences sociales a raison de se méfier des belles-lettres et de la fiction, mais, à trop répéter qu'elle n'a rien à voir avec le travail littéraire, elle risque de s'affaiblir : le roman, avec sa capacité de problématisation et de figuration, a profondément influencé l'histoire au XIXe siècle. Surtout, en condamnant l'écriture au motif qu'elle serait la préoccupation des « littérateurs », on renvoie au néant des pans entiers de l'historiographie. Car, d'Hérodote à Polybe, de Cicéron à Valla, de Bayle à Gibbon, de Michelet à Renan, toutes les avancées épistémologiques ont également consisté en innovations littéraires. C'est pourquoi le mépris de l'écriture risque de se payer au prix fort.

Réfléchir à l'écriture de l'histoire implique donc de refuser les anathèmes. Ce n'est pas parce que l'histoire est méthode, science sociale, discipline professionnalisée, qu'elle n'a plus rien de littéraire.

L'écriture de l'histoire : évidence ou péril ? Toute histoire serait littérature ? Aucune histoire ne serait littérature ? La seule manière d'échapper à ce balancement stérile, c'est de faire en sorte que l'aspiration littéraire du chercheur ne soit pas un renoncement, une récréation après le « vrai » travail, un repos du guerrier, mais un bénéfice épistémologique ; qu'elle signifie progrès réflexif, redoublement d'honnêteté, surcroît de rigueur, mise au jour du protocole, discussion des preuves, invitation au débat critique. Vouloir écrire les sciences sociales, ce n'est donc pas réhabiliter l'Histoire, sombrer dans la sociographie de comptoir, ni faire l'éloge du style fleuri. C'est renouer avec les fondements de la discipline, en conciliant une méthode et une écriture, en mettant en œuvre *une méthode dans une écriture*. Il ne s'agit pas de tuer l'histoire à coups de fiction et de rhétorique, mais de la retremper par une forme, une construction narrative, un travail sur la langue, dans un texte-enquête qui épouse son effort de vérité. La création littéraire est l'autre nom de la scientificité historienne.

Le chercheur a tout intérêt à écrire de manière plus sensible, plus libre, plus juste. Ici, la justesse, la liberté, la sensibilité ont partie liée avec la capacité cognitive, comme on dit qu'une démonstration mathématique est « élégante ». Une chronologie ou des annales ne produisent pas de connaissance ; et l'idée selon laquelle les faits parleraient d'eux-mêmes relève de la pensée magique. Bien au contraire, l'histoire produit de la connaissance parce qu'elle est littéraire, parce qu'elle se déploie dans un texte, parce qu'elle raconte, expose, explique, contredit, prouve, parce qu'elle *écrit-vrai*. L'écriture n'est donc pas la malédiction du chercheur, mais la forme que prend la démonstration. Elle n'entraîne aucune déperdition de vérité ; elle est la condition même de la vérité.

À chacun de forger son écriture-méthode. Renouveler l'écriture des sciences sociales ne consiste donc pas à abolir toute règle, mais à se donner librement de nouvelles règles.

La littérature du réel

Les rhinocéros dessinés sur les murs de la grotte Chauvet, il y a environ 32 000 ans, les forêts ou les colères évoquées dans le cycle de Gilgamesh, plus de mille ans avant Homère, montrent que la *mimesis* est aussi ancienne que l'art. À la Renaissance, la perspective et l'expressivité ont perfectionné la représentation du monde. Le roman, sous ses différents avatars – roman de chevalerie au XIIe siècle, roman d'aventures ou psychologique à partir du XVIIe siècle, roman social au

XIXᵉ siècle –, propose une autre forme de réalisme, capable d'évoquer le réel, de décrire des personnes et des lieux, de mettre en scène des actions, d'entrer dans l'âme humaine. Comme les peintres avec le dessin et la couleur, les écrivains tentent de faire correspondre des mots et des choses.

Personne ne doute que c'est une construction, moyennant certains effets. Personne n'imagine que les mots donnent un accès direct à la « réalité », comme s'ils avaient à la fois le pouvoir de désigner et celui de s'effacer au moment où ils désignent. Mais l'ambition de connaissance qui anime toute science repose sur la certitude qu'un texte peut être dans un rapport d'adéquation avec le réel. Comme le rappelait Tarski dans les années 1930, une théorie est vraie si et seulement si elle correspond aux faits. En philosophie du langage, l'« axiome d'identification » postule que l'auditeur est à même de reconnaître un objet à partir d'un énoncé.

Les historiens, les sociologues et les anthropologues ont une conscience très aiguë du décalage qui existe entre leurs phrases et la réalité, de la difficulté qu'il y a à trouver les mots justes, de l'incommunicabilité de certaines expériences. Aucun n'a la naïveté de vouloir restituer la réalité « objective » ou les faits « tels qu'ils sont » ; mais aucun ne peut accepter l'idée que son verbe serait délié des choses. La recherche n'est pas compatible avec l'idée que nous serions enfermés dans la Bibliothèque, ballottés d'un mot à un autre, d'une signification à une autre, condamnés à pleurer (ou à jouir) de notre rupture avec le monde. Tout défectueux qu'il soit, notre verbe est préhensile : un texte peut, malgré tout, rendre compte du hors-texte. Le langage est à la fois notre problème et notre solution. C'est pour cela que nous gardons le « courage d'écrire[1] », en racontant

---

1. Clifford Geertz, *Ici et là-bas. L'anthropologue comme auteur*, Paris, Métailié, 1996, p. 138-139.

des histoires, en recourant à des images, en inventant des tropes, en mobilisant des symboles.

Pourquoi la conviction des scientifiques et des chercheurs en sciences sociales n'aurait-elle pas des répercussions en littérature ? Tout le problème est de savoir comment le monde pénètre dans un texte. Par le biais du réalisme ? Du vraisemblable ? Il serait facile de le contester. Dans la tradition platonicienne et jusqu'à Barthes, la littérature est une copie de copie, un trompe-l'œil. Les romantiques allemands, eux, conçoivent le Roman comme un univers à lui tout seul, un solipsisme régi par ses propres lois, qui met en scène sa littérarité ou l'imagination de l'écrivain. Après la Seconde Guerre mondiale, alors que le Nouveau Roman annonçait la fin du réalisme traditionnel, des écrivains comme Primo Levi, Varlam Chalamov, Georges Perec, Annie Ernaux ont proposé une autre solution pour appréhender le réel : déchiffrer notre vie. Comprendre ce qui s'est passé. Faire de l'écriture un « moyen de connaissance, [un] moyen de prise de possession du monde[1] ». De ce besoin est née une littérature profondément historienne et sociologique, nourrie par la volonté de comprendre – manière de dépasser la *mimesis* par le haut.

On en vient à reformuler la question des rapports entre la littérature et le réel : non pas traiter la question, si rebattue, de la représentation ou de la vraisemblance, mais déterminer comment on peut *dire du vrai dans et par un texte*. Pour théoriser une littérature du réel, il faut partir non pas du réalisme, mais des sciences sociales en tant qu'elles mènent une enquête. C'est par le raisonnement qu'un texte entre en adéquation avec le monde. Il y a compatibilité entre la littérature et les sciences sociales parce que le raisonnement est déjà niché au cœur du littéraire. C'est ce que montrent,

---

1. Georges Perec, « Pour une littérature réaliste », in *L.G. Une aventure des années soixante*, Paris, Seuil, « La Librairie du XXᵉ siècle », 1992, p. 47-66.

par exemple, les récits de vie, les mémoires et les grands reportages.

Ce renversement de perspective permet de congédier le poncif de la littérature « coupée du monde » et celui des sciences sociales au cœur sec, incapables d'inventer, dénuées de toute ambition esthétique. Il permet aussi d'aborder plus sereinement la question de la fiction. Car les sciences sociales recourent elles-mêmes à certaines fictions, contrôlées et étayées, qui sont des éléments indispensables de la démonstration. Inspirée par la lettre et l'esprit des sciences sociales, la littérature du réel n'est donc plus obligée de se définir comme une non-fiction. Elle ne fait pas que rapporter des faits ; elle les explique, grâce à des outils d'intelligibilité. La connaissance qu'elle produit transcende le simple récit « factuel ». Sa compréhension englobe et parachève la *mimesis*.

Le texte-recherche

Ce livre propose une autre manière d'écrire les sciences sociales et de concevoir la littérature du réel, mais il n'épouse pas lui-même une forme particulièrement neuve. Pourquoi cette contradiction ? Parce qu'il est l'héritier et le double d'un autre livre, *Histoire des grands-parents que je n'ai pas eus*, qui retrace la trajectoire d'un couple de Juifs polonais communistes, Matès et Idesa Jablonka, depuis leur *shtetl* jusqu'à Auschwitz. Cet essai de biographie familiale a directement inspiré le présent ouvrage, et ce dernier en est le soubassement théorique.

Au milieu des années 2000, j'ai, dans le même temps, soutenu ma thèse de doctorat (consacrée aux enfants de l'Assistance publique) et publié un roman, *Âme sœur* (qui raconte la dérive d'un jeune homme entre la Picardie et le Maroc) ; la thèse à la Sorbonne, le roman sous pseudonyme.

Cette double tentative d'histoire « pure » et de littérature « pure » était un peu artificielle, bien que ces deux ouvrages racontent l'histoire d'enfants en deuil, abandonnés et trompés. Jugeant qu'il était impensable de concilier sciences sociales et création littéraire, et plus encore de le prétendre publiquement, je vivais dans une sorte de souffrance : « Si je deviens historien, l'écriture devra se réduire à un hobby ; si je deviens écrivain, l'histoire ne sera plus qu'une activité alimentaire. » Il a fallu plusieurs années, plusieurs tentatives, plusieurs rencontres, pour que je me décide à emprunter une forme pirate, cette *Histoire des grands-parents que je n'ai pas eus*, dont la nature historienne et littéraire est indécidable. J'arrivais enfin à ce que je voulais faire.

Un texte-recherche et, aujourd'hui, son explicitation méthodologique. L'un ne va pas sans l'autre. Mais ce mode d'emploi a aussi quelque chose d'un manifeste. Je dirai « je » parce que j'y expose ma conviction et ma pratique ; je dirai aussi « nous » parce que nous sommes une communauté de chercheurs, d'écrivains, de journalistes, d'éditeurs – peut-être une génération – unis par une réflexion sur les sciences sociales, les formes de la recherche, l'écriture du monde, la nécessité de se réinventer. Bien sûr, notre réflexion ne sort pas de nulle part. Elle s'enracine dans les expériences de nos aînés, les réussites de nos devanciers qui, chacun à sa manière, ont écrit l'histoire ou dit le réel.

Il s'agit donc d'explorer les potentialités des sciences sociales et de la littérature quand elles acceptent de se rencontrer. Un tel dessein récuse toute norme et, *a fortiori*, toute recette : on n'aurait qu'à mélanger des ingrédients, l'histoire apportant les « faits » ou les « concepts », la littérature se chargeant de l'« écriture » ou de la « sensibilité ». Mais cette parodie de fécondation exalte encore les identités habituelles. À la littérature se rattacheraient la vie, l'individu, la psychologie, l'intime, la complexité des sentiments ; aux sciences sociales, les sujets graves et collectifs, les grands événements, la société, les institutions. Refusons l'idée que la littérature serait écrite seulement par des « écrivains » et étudiée seulement par des « littéraires », tandis que l'histoire serait l'affaire des seuls « historiens ». On n'est pas obligé de croire aux scènes de ménage des vieux couples : science contre récit, raison contre imagination, sérieux contre plaisir, fond contre forme, collectif contre individu.

Les frontières sont nécessaires. L'histoire n'est pas (et ne sera jamais) fiction, fable, délire, contrefaçon. La distinction qu'Aristote opère entre poésie et histoire, au chapitre 9 de la *Poétique*, est à cet égard fondatrice. Mais le partage entre ce qui pourrait arriver et ce qui est effectivement arrivé ne condamne pas le chercheur à être un orphelin de la *poïesis*. Son inventivité archivistique, méthodologique, conceptuelle, narrative et lexicale constitue, au sens fort, un acte créateur. Il fait œuvre en conjuguant une production de connaissances, une poétique du savoir et une esthétique. Le problème n'est donc pas de « savoir si l'historien doit ou non faire de la littérature, mais laquelle il fait[1] ». On peut dire la même chose de l'écrivain avec les sciences sociales : le problème n'est pas de savoir s'il parle du réel, mais s'il se donne les moyens de le comprendre.

L'important, c'est de ne plus avoir honte. L'enjeu, c'est d'expérimenter collectivement. Imaginons une science sociale qui captive, une histoire qui émeut parce qu'elle démontre et qui démontre parce qu'elle s'écrit, une enquête où se dévoile la vie des hommes, une forme hybride qu'on peut appeler texte-recherche ou *creative history* – une littérature capable de dire vrai sur le monde.

---

1. Jacques Rancière, *Les Noms de l'histoire. Essai de poétique du savoir*, Paris, Seuil, « La Librairie du XXe siècle », 1992, p. 203.

La grande séparation

1

Historiens, orateurs et écrivains

Pour tout un chacun, l'histoire n'est pas la littérature. Depuis quand pense-t-on ainsi ? Il serait anachronique de vouloir étudier la divergence entre histoire et littérature avant le XIXe siècle, puisque ces notions n'existent pas ou, du moins, admettent un sens très différent de celui que nous leur donnons aujourd'hui. Mais il serait erroné d'en conclure que leur divorce date seulement du romantisme ou de la révolution méthodique, comme si, à peine nées, « histoire » et « littérature » étaient devenues indépendantes l'une de l'autre.

Pour éviter les contresens, il est nécessaire de faire la généalogie de ces deux notions – comme genres et institutions – au sein d'une économie des productions intellectuelles, tout en prêtant attention à leurs rapports, avant même que leur sens ne se fixe dans le vocabulaire. Depuis ses débuts, l'histoire a été dans une relation d'intimité avec la littérature (entendue comme poésie, rhétorique ou belles-lettres), avant de s'en détacher au XIXe siècle pour naître en tant que science. Mais, dès l'Antiquité, les débats ont conduit à distinguer l'histoire et ses bordures « littéraires » : la séparation entre histoire et littérature a commencé il y a vingt-cinq siècles.

L'histoire-tragédie

Hérodote a une postérité paradoxale. L'historien des guerres médiques, de Salamine, de Marathon, des Perses, des Égyptiens, des Scythes, des Babyloniens, est à la fois célébré comme « le père de l'histoire » et moqué pour sa naïveté. Écrite au ve siècle avant notre ère, l'*Enquête* cherche rationnellement les causes des événements (tout particulièrement celles de la guerre entre Grecs et Barbares), mais elle relève aussi de la fonction archaïque de la mémoire : « Hérodote d'Halicarnasse présente ici les résultats de son enquête, afin que le temps n'abolisse pas les travaux des hommes et que les grands exploits accomplis soit par les Grecs, soit par les Barbares, ne tombent pas dans l'oubli. » Cette célèbre ouverture nous fait pénétrer dans un monde où les dieux, détenteurs de la vérité, la font miroiter dans les songes et les oracles, un monde où la Pythie connaît l'avenir des hommes et jusqu'au nombre des grains de sable sur le rivage. Comme Homère dans l'*Iliade* et Hésiode dans la *Théogonie*, Hérodote célèbre en même temps le pouvoir des dieux et les grandes actions humaines, dont il transmet la mémoire aux générations futures (une tradition tardive donnera d'ailleurs aux livres de l'*Enquête* le nom des neuf muses, filles de Mnémosyne). Premier moderne ou dernier aède ?

Pour ses détracteurs, le côté « poète » d'Hérodote provient aussi des fables qu'il débite, des *muthoï* qu'il colporte. Aristote, Diodore et Strabon considèrent l'*Enquête* comme un tissu de sornettes. Plutarque consacre un pamphlet à la « malignité » d'Hérodote. Quelles sont les motivations de ce « logographe », « philomythe », *homo fabulator* ? Divertir. Hérodote aurait sacrifié le vrai au plaisir de son auditoire. Son but, ce n'est pas la véracité du propos, c'est l'agrément du style et le merveilleux du récit, si bien qu'il est encore « plus facile d'ajouter foi aux fictions d'Hésiode et d'Homère[1] ». Exposant sa méthode au début de *La Guerre du Péloponnèse* (vers 430), Thucydide prend le contre-pied d'Homère et d'Hérodote. Au premier, on ne doit accorder sa confiance qu'avec parcimonie, parce qu'il a tout orné et embelli, « en poète qu'il était ». Le second a brillé aux Jeux olympiques avec des « morceaux d'apparat », pour la satisfaction d'un instant. Du même geste, Thucydide manifeste son ambition épistémologique et abandonne les applaudissements aux bonimenteurs : « L'absence de merveilleux dans mes récits les rendra peut-être moins agréables à entendre[2]. » Ce n'est pas avec de belles paroles qu'on obtient des « acquis pour toujours » : la vérité exige une historiographie de l'austérité.

Trois siècles plus tard, un autre historien, Polybe, prend ses distances avec d'autres historiens-poètes : les tragiques. Il leur reproche leurs erreurs, leur manque de rigueur et, surtout, leur goût du *pathos*. Relatant la prise de Mantinée, un Phylarque multiplie les « scènes d'horreur » : vaincus emmenés en esclavage, femmes qui s'étreignent de désespoir, chevelures défaites, seins dénudés[3]. Phylarque a le tort de se livrer à une histoire-émotion où ne figure aucun élément explicatif, causes des événements, motifs des actions, intentions des hommes. En critiquant les scènes cruelles ou bouleversantes de Phylarque, Polybe répond à Aristote qui posait la supériorité de la poésie sur l'histoire. Pour asseoir son utilité contre les poètes, Polybe oppose l'intelligible à l'agrément : « Je cherche moins à plaire à mes lecteurs qu'à rendre service

---

1. Strabon, *Géographie*, Paris, Hachette, 1867, XI, 6, 3.
2. Thucydide, *Histoire de la guerre du Péloponnèse*, Paris, Flammarion, 1966, I, 10 et 22. Voir François Hartog, *Évidence de l'histoire. Ce que voient les historiens*, Paris, EHESS, 2005, chap. IV.
3. Polybe, *Histoire*, Paris, Gallimard, « Quarto », 2003, II, 56.

aux esprits réfléchis[1]. » Aux poètes, le tragique, le spectacle, le singulier ; aux historiens, ce roc qu'est la vérité.

Les « mythes » d'Hérodote, les « tragédies » de Phylarque tendent vers la poésie. Épique ou tragique, celle-ci agence des *muthoï* pour obtenir le plus grand effet chez le spectateur. Que vaut cette sorte d'histoire ? Aristote a déjà répondu : elle est inférieure à la poésie. Mais l'histoire théâtralisée est aussi une mauvaise histoire. Elle se soucie moins du vrai que du sensationnel, elle préfère horrifier ou charmer plutôt que d'instruire. Historien selon les poètes et poète selon les historiens, le « tragédien » (ou le « mythologue ») se condamne à la fois à une sous-poésie et à une sous-histoire.

La légende noire d'Hérodote et la querelle des tragiques font émerger un idéal adossé à son contraire : l'histoire-vérité, sans divertissement, et l'histoire-poésie, théâtralisée, pleine de séductions mensongères. Ce faisant, Thucydide et Polybe font coïncider une épistémologie et une esthétique : l'histoire ne saurait charmer ni émouvoir. Elle ne vise que l'austère vérité.

Au demeurant, cela ne les empêche pas de donner eux-mêmes des « tragédies ». Thucydide ne nous épargne pas le spectacle des victimes emmurées vivantes à Corcyre, ni celui des Athéniens s'abreuvant dans un fleuve teinté de leur propre sang. Les effets de présence de Polybe sont intrinsèquement tragiques, puisque, faisant apparaître les choses « comme si vous y étiez », ils produisent du *pathos*. Quant à Tite-Live, il ne craint pas d'impressionner son lecteur par le récit de la mort de Lucrèce ou de Verginia, par l'image de Rome à la merci des Gaulois : les cris des ennemis étaient couverts « par les pleurs des femmes et des enfants, le sifflement des flammes et le fracas des maisons qui s'écroulaient[2] ».

---

1. Polybe, IX, 1-2.
2. Tite-Live, *Histoire romaine. Livres I à V*, Paris, GF Flammarion, 1995, p. 552. Sur ces débats, voir Adriana Zangara, *Voir l'histoire. Théories*

Comme l'écrit Cicéron dans sa lettre à Luccéius, le tragique suscite une émotion ambiguë et délicieuse (cathartique, dit Aristote). Transformée en *fabula* pleine de périls et de rebondissements, l'histoire de son consulat fera passer le lecteur par tous les états, admiration, attente, joie, tristesse, espérance, crainte. Sans doute y a-t-il une différence entre l'effet gratuit et l'épisode édifiant, mais l'important ici est la règle que les historiens se fixent pour aussitôt la transgresser : pas de mise en scène, pas d'émotion, pas de spectacle. Cette conception, qui annonce l'histoire-science, porte en elle une méfiance envers le langage, le verbe autotélique, chatoyant, si imbu de son pouvoir qu'il en vient à se substituer au monde.

L'histoire-éloquence

Les premiers chroniqueurs font preuve d'une économie de moyens qui atteint le degré zéro du récit : généalogies bibliques, listes des faits mémorables survenus en Égypte chaque année, noms de rois gravés sur les stèles de l'acropole de Suse, listes des vainqueurs aux Jeux olympiques, souvenirs publics consignés par le grand pontife à Rome, éphémérides. Les annalistes romains, de Caton et Fabius Pictor à Sisenna, ne font guère mieux. Dans le dialogue *De l'orateur* et le traité *Des lois* (rédigés en 55 et 52 avant J.-C.), Cicéron déplore la pauvreté de cette « histoire » radicalement événementielle, qui se contente de consigner des noms, des lieux, des actions. Contrairement à la Grèce, Rome n'a pas encore d'historiens. Car l'historien, pour Cicéron, sait orner son récit : *exornator* et non simple *narrator*, il se distingue par ses qualités d'écriture,

---

anciennes du récit historique (II*ᵉ* siècle avant J.-C.-II*ᵉ* siècle après J.-C.), Paris, EHESS, Vrin, 2007, p. 56 *sq.*

la richesse de son style, sa capacité à changer de registre. C'est pourquoi l'histoire est une tâche magnifique pour l'orateur[1].

Cette histoire-éloquence est mise en valeur du réel, sertissage d'une belle action dans une langue belle. C'est précisément cet aspect qui signe l'infériorité de l'historien. Pur conteur, il n'argumente pas, ne prouve rien, ne réfute personne ; il exhibe simplement son talent en rapportant « ce qui s'est passé ». L'*historia ornata* ne participe à aucun effort de persuasion, contrairement à la rhétorique noble, celle du forum et du prétoire. La maxime selon laquelle l'histoire est un « art oratoire par excellence » (*opus oratorium maxime*) ne doit pas faire oublier que, pour Cicéron lui-même, l'historien est inférieur aux orateurs, les hommes politiques et les avocats, brillants représentants des genres délibératif et judiciaire. Il manie une éloquence de parade ; eux, une éloquence de combat. La rhétorique historienne, purement décorative, n'a rien de la rhétorique agonistique, qui agit dans la cité. Après le suicide de Lucrèce, Brutus soulève la colère du peuple par des propos violents « que les orateurs trouvent sous le coup de l'indignation, mais que les historiens ont du mal à rendre[2] ».

L'histoire peut se mettre au service de la rhétorique noble en lui fournissant des exemples, des précédents, des anecdotes qui permettent de faire réfléchir les juges ou d'en imposer à la foule. Pour Cicéron et Quintilien, il est utile que l'orateur connaisse la chronologie des événements, l'histoire de Rome et des grands rois. L'histoire « maîtresse de vie » de Polybe,

---

1. Voir Jacques Gaillard, « La notion cicéronienne d'*historia ornata* », in Raymond Chevallier (dir.), *Colloque histoire et historiographie*, Paris, Les Belles Lettres, 1980, p. 37-45 ; et Eugen Cizek, « La poétique cicéronienne de l'histoire », *Bulletin de l'association Guillaume Budé*, 1, 1988, p. 16-25.
2. Tite-Live, *Histoire romaine. Livres I à V, op. cit.*, p. 152. Voir François Hartog, *Évidence de l'histoire…, op. cit.*, chap. II ; et Adriana Zangara, *Voir l'histoire…, op. cit.*, p. 91 sq.

Tite-Live, Suétone ou Plutarque regorge d'exemples à imiter, de leçons à faire fructifier. Elle est profitable à l'orateur, à l'homme politique, à l'avocat, au jeune homme qui se lance dans la vie publique. Elle est aussi le refuge doux-amer des retraités de la cité, comme Salluste méditant, après la mort de César, sur les vertus de Scipion, la folle ambition de Jugurtha et la décadence des mœurs. Utile aux luttes de forum, l'histoire est aussi un succédané des luttes de forum.

Le cicéronianisme, cet art du bien dire, cette « rhétorique » au sens moderne (par opposition à la rhétorique judiciaire et politique, théorisée par Aristote et Cicéron lui-même), illustre à la fois l'éclat et l'infirmité de l'histoire : éclatante parce que belle, mais infirme parce que uniquement belle. Subordonnée à la vraie rhétorique, ne délivrant d'autre « vérité » que des leçons de morale, elle apporte le plaisir sous la forme du langage, non du savoir ou du combat. Dégradée en sous-rhétorique et en sous-politique, elle sert d'exutoire aux ambitions frustrées de celui qui la conte. L'histoire, dit Quintilien, vise seulement à « rappeler les faits à la postérité et à conquérir la renommée pour l'écrivain[1] ». Dès lors qu'il conçoit son discours comme un répertoire de belles actions servi par un plan bien composé (*dispositio*) et la meilleure expression (*elocutio*), l'historien se fait styliste. Il glisse doucement vers la sophistique, où l'important n'est pas le vrai mais l'efficace, sinon le beau.

L'Antiquité associe aux historiens des qualités ou des défauts de style. En ce domaine, Cicéron se fait l'apôtre d'un style « coulant et large », doux, régulier, riche, plein de grâces. La lecture d'Hérodote fait « prendre des couleurs » à son discours, tout comme on bronze lors d'une promenade au soleil. Au contraire, Thucydide, avec sa sécheresse et ses pensées obscures, n'est d'aucun usage pour l'orateur[2]. C'est Salluste, adversaire du

---
1. Quintilien, *Institution oratoire*, X, 1, 31.
2. Cicéron, *De l'orateur*, livre II, XIII-XIV ; et *L'Orateur*, IX, 30-32.

Cicéron politique et historiographe, qui prolonge la tradition thucydidéenne nourrie de style attique : pureté de langue, concision, gravité, absence d'ornements. Cette écriture de la sobriété, qu'on retrouve chez César à la même époque, participe d'une histoire-intelligence qui cherche d'abord à comprendre, au contraire d'une histoire-passion destinée à enflammer l'auditoire[1]. Rigueur de style, rigueur de raisonnement ?

L'opposition entre *historia nuda* et *historia ornata* se retrouve dans l'historiographie chrétienne. Au début du IVe siècle, Eusèbe de Césarée distingue les annales et chroniques, brèves d'expression, et les histoires et gestes, plus disertes. Au XIe et au XIIe siècle, les historiens disent vouloir écrire dans un style simple, accessible, à l'image du « sermon humble » que saint Augustin recommande aux prêtres. En dépit de ces promesses, ils offrent aux puissants des discours en belle prose latine ou rimée, comme la *Kunstprosa* fleurie de rhétorique[2]. En 1369, Froissart abandonne le vers pour la prose, mais ses *Chroniques* lui donnent la possibilité de « chroniser et historier tout au long de la matière ».

L'histoire-éloquence, deuxième forme « littéraire » de l'histoire antique après l'histoire-tragédie, est à la fois recherchée et critiquée. Pourquoi le savant aurait-il besoin de bien écrire ? On intéresse parce qu'on dit le vrai, non parce qu'on fait de belles phrases ; l'allitération et l'hyperbate ne sont d'aucun usage pour qui veut rapporter ce qui s'est passé. Faudrait-il alors narrer *a minima*, de peur que les figures de style ne viennent corrompre les faits ? La « vérité nue » risquerait de faire tomber dans le vain catalogage de l'annaliste. Qu'il soit partisan de la concision attique ou émule du Cicéron *exor-*

---

1. Michel Reddé, « Rhétorique et histoire chez Thucydide et Salluste », in Raymond Chevallier (dir.), *Colloque histoire et historiographie, op. cit.*, p. 11-17.
2. Bernard Guenée, *Histoire et culture historique dans l'Occident médiéval*, Paris, Aubier, 1981, p. 215 *sq.*

nator rerum, l'historien est confronté à un dilemme. S'il en dit « trop », son propos n'est plus adéquat au réel et trahit la vérité. S'il en dit « trop peu », il n'y a plus qu'une énumération de faits, voire une liste de noms. Dès lors, comment captiver le lecteur sans enjoliver le récit ? Comment ne pas sacrifier la vérité à la beauté ? Si la question de l'écriture occupe tant les historiens de l'Antiquité et du Moyen Âge, c'est qu'elle a une portée épistémologique.

L'histoire-panégyrique

Dans la rhétorique de parade, Cicéron inclut l'histoire, les éloges, les discours à la manière du *Panégyrique* d'Isocrate et tout ce que les Grecs désignent sous le nom d'épidictique, « conférence » qui consiste à louer ou à blâmer. Les premiers à associer histoire et art oratoire sont en effet Isocrate et ses élèves, au IVe siècle avant notre ère. Ce sont eux qui inventent le « panégyrique », éloge d'un peuple (les Grecs dans le *Panégyrique*) ou d'un homme (Philippe de Macédoine chez Théopompe).

Dans l'éloge, l'historien retrouve la fonction archaïque du poète dispensateur de mémoire ; et la « vérité » qu'il délivre, *alètheia*, est bien la négation de l'oubli, *lèthè*. Il perpétue la gloire des rois autant qu'il la leur décerne. Un tel privilège grandit démesurément son rôle et le rend indispensable à tous ceux qui aspirent à l'immortalité. Cicéron avoue à Luccéius son « envie incroyable » d'être couvert d'éloges pour son consulat. Le poète Archias pourra aussi l'aider à disséminer « dans la mémoire des âges comme une semence de gloire et d'immortalité[1] ». À l'époque impériale, comme

---

1. Cicéron, *Ad familiares*, V, 12 ; et *Pro Archia*, XI. Voir Laurent Pernot, *La Rhétorique dans l'Antiquité*, Paris, LGF, Le Livre de poche, 2000, p. 236-237.

le déplore Tacite dans le *Dialogue des orateurs*, l'idéologie officielle étouffe le génie oratoire. Elle instrumentalise l'histoire : Tite-Live sert le pouvoir d'Auguste en chantant la Rome éternelle, et Pline le Jeune célèbre l'empereur dans un *Panégyrique de Trajan*.

Comme la tragédie et l'éloquence, l'éloge fait naître le soupçon : l'action méritait-elle de passer à la postérité ? L'historien ne pourvoit-il pas trop abondamment les puissants, Hérodote avec Thémistocle, Plutarque avec les législateurs et les conquérants ? Au contraire, plusieurs historiographes font de l'impartialité un des éléments clés de leur éthique. Ce qu'ils dénoncent n'est pas tant l'éloge (propre à l'épidictique) que l'éloge complaisant, immérité, injustifié, illégitime, qui fait de l'historien un propagandiste. Ce dernier n'est pas moins coupable quand il noircit le trait pour se faire accusateur. Polybe fustige la partialité des historiens vis-à-vis de Philippe de Macédoine, par dévouement ou par crainte : « Il ne faut ni vilipender hors de propos les monarques, ni les porter aux nues.[1] » Dans *Comment écrire l'histoire*, rédigé en grec vers 165 après J.-C., Lucien de Samosate juge qu'il y a une « muraille » entre l'histoire et le panégyrique. Libre dans ses positions, incorruptible, l'historien ne doit avoir aucun ami, aucun roi, aucune patrie, hormis la vérité. Si un flatteur prétend qu'Alexandre peut tuer plusieurs éléphants d'un seul coup de javelot, son livre sera jeté à la rivière.[2]

Sous leurs diverses formes, la poésie (épique ou tragique), l'éloquence et l'épidictique correspondent à notre « littérature » : même souci de la forme, même visée esthétique, même principe de plaisir, même valeur reconnue

---

1. Polybe, VIII, 8-9.
2. Lucien de Samosate, *Comment écrire l'histoire*, Paris, Les Belles Lettres, 2010, § 7, 12 et 38-41.

au talent¹. Or, dès l'Antiquité, l'histoire s'est définie en mettant à distance ses formes « littéraires » : l'histoire-tragédie, qui impressionne par ses mises en scène et ses effets dramatiques ; l'histoire-éloquence, qui se préoccupe de style et de morale ; l'histoire-panégyrique, où fermentent les passions de l'historien. Ces formes sont liées et se confondent parfois. Isocrate et ses disciples pratiquent en même temps art oratoire, histoire et panégyrique. Lucien considère que c'est une « grave erreur » de mêler histoire, poésie, mythe, éloge, hyperboles et flatteries.

S'il est utile cependant de distinguer ces trois formes « littéraires », c'est parce que chacune d'elles sert de repoussoir, et ce, dès Thucydide et Polybe. Un historien qu'on surprendrait à romancer, broder, embellir, déclamer, se faire valoir, flatter, idéaliser, caricaturer ou condamner n'aurait plus grand-chose d'un historien. Trois remèdes existent contre ces dérives : l'histoire sans émotion, l'histoire sans apprêts et l'histoire sans penchant. Elles convergeront, au XIXe siècle, dans l'histoire-science.

« En rajouter » avec la tragédie, « s'écouter parler » avec l'éloquence, « prendre parti » avec le panégyrique : ces formes littéraires menacent l'histoire. Mais – c'est un point capital – elles ne lui sont pas extérieures ; il n'est pas possible de les éliminer comme un corps étranger. Elles demeurent dans le texte historique à l'état de rémanences, parce qu'il faut bien intéresser son lecteur, parce qu'on ne peut se contenter d'égrener des faits, parce qu'on noue toujours un lien avec son objet d'étude. Le problème naît quand le récit devient *pathos*, l'écriture grandiloquence, l'intérêt partialité. Trop de littérature, et l'histoire meurt ; pas assez de littérature, et il n'y a plus rien. Tant que l'histoire sera

---

1. Voir Roland Barthes, « L'ancienne rhétorique », *Communications*, n° 16, 1970, p. 172-223. Sur l'*epideixis* comme « performance littéraire », voir Adriana Zangara, *Voir l'histoire...*, *op. cit.*, p. 135 *sq.*

un récit conçu par un individu, et non un listing de dates prises au hasard, elle sera littéraire. C'est la raison pour laquelle il est si facile de prendre au piège de leur propre « littérature » les historiens qui s'en croient les plus affranchis. On est toujours le poète d'un autre.

Dénoncées dès l'Antiquité, ces formes « littéraires » ne sont donc pas des pathologies du moi historien, mais un risque à prendre, une crête à suivre. La littérature, nécessaire et dangereuse, vit au cœur de l'histoire.

Contre l'histoire de cour

À l'âge classique, l'histoire est toujours un non-genre. Héritage de l'encyclopédisme humaniste, les « Lettres » désignent l'ensemble des savoirs, histoire, philosophie, grammaire, droit, morale, théologie, géométrie, physique, astronomie. La « République des lettres » est une communauté abstraite au sein de laquelle correspondent les savants de toute l'Europe. Dans la deuxième moitié du XVIIe siècle émerge, au sein de ces Lettres universelles, un sous-groupe unifié par l'art du langage et l'agrément qu'il suscite : les « belles-lettres ». À l'intérieur de frontières mouvantes, leur noyau stable comprend la grammaire, l'éloquence, l'histoire et la poésie. « Il faut être poète pour être historien », énonce Le Moyne au début de *De l'histoire* (1670), précisant que l'histoire doit s'écrire « avec esprit ». La Renaissance opérait aussi ce rapprochement : en 1482, Bartolommeo della Fonte, professeur de poésie et de rhétorique à Florence, ouvre son cours annuel par un discours sur l'histoire.

Une telle cohabitation, au sein des belles-lettres, ravive les débats de l'Antiquité. À quelle vérité une histoire déclamatoire, poétique, embrigadée, envahie par ses formes « littéraires », peut-elle accéder ? Au XVIe siècle, le cicéronianisme jouit d'une immense faveur auprès des hommes d'État et d'Église, des avocats des Parlements, des moralistes, à qui il offre le modèle d'une parole efficace, capable d'agir dans la cité. Mais certains humanistes (par exemple Jean Sleidan, historien de la Réforme, traducteur de Froissart et de Commynes en latin) commencent à polémiquer contre le cicéronianisme. Anciens, comme Cicéron et Tite-Live, ou modernes, comme les hagiographes de la *Légende dorée,* les poètes-historiens ont compromis la vérité par leurs fables, leurs louanges ou leurs blâmes[1]. Une génération plus tard, le juriste et philosophe Jean Bodin théorise l'*historia nuda,* « sobre, simple, directe », héritière des *Commentaires* de César qu'auréolent son statut de témoin et sa sécheresse de style.

Belle et enflée, la parole de l'historien est aussi flatteuse. Avec la montée de l'absolutisme, les historiographes officiels sont accusés d'assujettir l'histoire aux intérêts du roi. Certains parmi eux sont de vrais érudits, comme Scipion Dupleix ou les pères jésuites du XVIIe siècle ; d'autres n'hésitent pas à « prononcer vérité » contre les folies de leur maître, à l'instar de Chastelain, historiographe à la cour de Bourgogne dans les années 1460. Pourtant, dans ce système de mécénat royal, l'histoire devient le moyen de « conserver la splendeur des entreprises du roi et le détail de ses miracles », selon la formule de Chapelain, conseiller de Colbert. Le titre d'historiographe est envié, mais c'est au nom de l'intégrité qu'on l'attaque, parce que la poésie stipendiée dégrade l'idée même d'histoire. À propos de Racine et de Boileau, nommés historiographes de Louis XIV en 1677, Mme de Sévigné écrit à Bussy-Rabutin que le roi méritait d'avoir « d'autres historiens que deux poètes ». Bussy-Rabutin lui

---

1. Marc Fumaroli, *L'Âge de l'éloquence. Rhétorique et* res literaria *de la Renaissance au seuil de l'époque classique*, Genève, Droz, 1980, p. 42 *sq.*

répond que « ces gens-là décréditent les vérités quand il leur en échappe[1] ».

En réaction à l'instrumentalisation des historiographes, trois formes d'histoire se développent : les mémoires, les sermons et l'érudition. Quand l'historiographe élève un monument aux princes, le mémorialiste rétablit les faits parce qu'il en a été le témoin sur le champ de bataille, lors d'ambassades ou à la cour. En rédigeant leurs mémoires, Martin du Bellay (1569), Blaise de Montluc (1592), Michel de Castelnau (1621), Bassompierre (1665) et Retz (1677) ont l'ambition de dire les choses « telles qu'elles sont », montrant au passage combien ils ont contribué aux victoires du prince. L'histoire aime les harangues, les éloges, les parures, les ornements de style ; les mémoires pratiquent une diction sans recherche, une écriture simple, une « netteté aussi pure de fard que de crasse ».[2]

Du haut de sa chaire, Bossuet dévoile une autre « vérité » aux puissants de la cour : leur néant. La gloire n'appartient ni aux conquérants, ni à ceux qui les servent, mais au Créateur. C'est lui qui favorise ou abaisse, communique aux rois sa puissance ou la leur retire. Les inscriptions, les colonnes, les catafalques, la gloire des Condé, la gloriole des Cicéron sont les « vaines marques de ce qui n'est plus[3] ». L'homme d'Église est moins le courtisan du Roi-Soleil que l'organe de Dieu.

---

1. Cité dans Raymond Picard, *La Carrière de Jean Racine*, Paris, Gallimard, 1961, p. 318-320. La citation de Chapelain figure p. 79.
2. Le Moyne, cité dans Béatrice Guion, « "Une narration continue de choses vraies, grandes, et publiques" : l'histoire selon le père Le Moyne », *Œuvres et critiques*, XXV, 2, 2010, p. 91-102. Voir plus largement Marc Fumaroli, « Les mémoires, ou l'historiographie royale en procès », in *La Diplomatie de l'esprit. De Montaigne à La Fontaine*, Paris, Hermann, 1994, p. 217-246.
3. Jacques-Bénigne Bossuet, « Oraison funèbre de Louis de Bourbon, prince de Condé » (1687), in *Œuvres choisies*, Paris, Firmin-Didot, 1941, p. 520.

C'est Bayle, dans son *Dictionnaire historique et critique* (1697), qui prend le plus nettement ses distances avec l'histoire-éloquence et l'histoire-panégyrique. Le style pompeux du rhéteur ne convient pas à l'histoire, qui exige simplicité et gravité. L'indépendance vis-à-vis des souverains compte parmi les « règles de l'art historique ». Capriata, jurisconsulte et historien du XVIIe siècle, spécialiste de l'Italie et de Venise, se flatte d'avoir gardé l'équilibre entre la France et l'Espagne. Dupleix, tout attaché qu'il soit à la maison de Marguerite de Valois, a raison de dévoiler ses vices : « ministre public de la vérité », il contribue à « fixer la certitude de ces faits ». La liberté de l'historien ne souffre ni les dédicaces aux puissants, ni leurs récompenses. Il doit abandonner l'esprit de parti comme l'esprit de médisance. Quand on lui demande d'où il vient, il répond : « Je ne suis ni Français, ni Allemand, ni Anglais, ni Espagnol, etc. Je suis habitant du monde, [...] au service de la vérité, c'est ma seule reine[1]. » Dans le système des belles-lettres, la poésie et l'éloquence sont pour l'histoire des sœurs ennemies.

Naissance de l'écrivain et de la littérature

Comme l'histoire appartient aux belles-lettres, elle fera partie de la « littérature ». Au XVIe et au XVIIe siècle, ce terme désigne la connaissance des Lettres, c'est-à-dire l'ensemble des savoirs profanes, y compris les mathématiques. À mesure que se constituent les belles-lettres, la « littérature » devient l'érudition que procure la connaissance des grands textes, la fréquentation des Anciens, des orateurs, poètes, historiens : c'est la définition que donne le dictionnaire de Richelet en 1680. La contiguïté est telle que le terme devient un

---

1. Pierre Bayle, « Usson », *Dictionnaire historique et critique*, Rotterdam, 3e éd., 1715, vol. 3, p. 848-854, note F.

synonyme, puis un concurrent de « belles-lettres ». Le traité de l'abbé Batteux, *Cours de belles-lettres, ou Principes de la littérature* (1753), reparaît quelques années plus tard sous le titre unique de *Principes de la littérature*. Batteux y définit les grands genres littéraires (apologue, épopée, poésie lyrique, éloquence, histoire) ainsi que leurs règles de composition. À titre d'exemples, il cite Homère, Virgile, Racine ou La Fontaine.

D'où un deuxième glissement : la « littérature » en vient à définir le corpus des textes eux-mêmes. Elle renvoie moins à une compétence qu'à un patrimoine : l'important n'est pas d'apprendre la rhétorique ou de se frotter à la belle latinité des Anciens pour les imiter, mais d'apprécier les œuvres de l'esprit. Cette évolution est sensible dans le *Dictionnaire philosophique* (1765) de Voltaire : la littérature est la « connaissance des ouvrages de goût, une teinture d'histoire, de poésie, d'éloquence, de critique », mais la « belle littérature » désigne « un beau morceau de Virgile, d'Horace, de Cicéron, de Bossuet, de Racine, de Pascal[1] ».

Qui est digne de figurer dans ce canon ? Des « génies », dit Voltaire. Cette réponse indique une autre révolution lexicale : la naissance de l'écrivain. Dès le XVIIe siècle, les Académies, les salons, le mécénat, le droit d'auteur, la presse, la codification du langage définissent un champ social où circulent gens de lettres et de plume[2]. Alors que le mot « écrivain » revêt un caractère laudatif (le fait d'écrire consistant à produire une œuvre à visée esthétique), l'expression « gens de lettres » devient synonyme de pédant ridicule,

---

1. Voltaire, « Littérature », *Dictionnaire philosophique*, in *Œuvres complètes*, vol. 37, Paris, Crapelet, 1819 (1765), p. 136-139. Voir Philippe Caron, *Des « Belles Lettres » à la « Littérature ». Une archéologie des signes du savoir profane en langue française (1680-1760)*, Paris, Société pour l'information grammaticale, 1992.
2. Alain Viala, *Naissance de l'écrivain. Sociologie de la littérature à l'âge classique*, Paris, Minuit, 1985, chap. IX.

de « Jean-de-Lettres », comme s'en amuse Tallemant des Réaux. L'écrivain, qu'il soit historien, épistolier, fabuliste, poète ou romancier, crée pour le plaisir du public ; il est un homme du monde et un homme dans le monde. L'homme de lettres, lui, connaît le grec, la philosophie et l'algèbre ; il commente et cite les autres, pareil à l'« homme docte » selon La Bruyère, une personne humble, enfermée dans son cabinet, qui a médité, cherché et confronté toute sa vie. Au siècle des Lumières, quand l'homme de lettres triomphe, c'est sous la forme du « grand écrivain » engagé dans son siècle. Et Voltaire n'a que mépris pour les antiquaires et les érudits.

C'est à la fin du XVIIIe siècle que l'« écrivain » rencontre la « littérature » : il est celui qui crée des œuvres belles et originales, donc appelées à faire partie du canon. Il tire de son *ingenium* un univers où évoluent des héros doués de vie, Julie, Saint-Preux, Werther. Célèbre, adulé par ses lecteurs, Rousseau conserve ses brouillons et raconte sa vie, contrairement à un Cervantès ou à un Shakespeare, de vie obscure, dont le nom est moins le patronyme d'un individu qu'une marque de fabrique. Eux aussi deviennent rétroactivement des « écrivains » : l'un a engendré Don Quichotte, Sancho Pança, Dulcinée, et l'autre, refusant d'imiter les Anciens, a peint d'après nature avec toute la puissance de son génie. Vers 1800, au moment où Mme de Staël publie *De la littérature*, les frères Schlegel et leurs amis du cercle d'Iéna font de la littérature un absolu, une *poïesis* à l'état pur[1]. Tandis que, pour l'abbé Batteux, le génie consistait à former un plan et à puiser dans la réalité des matériaux pour le remplir, les romantiques font de l'écrivain un démiurge sans autre modèle

---

1. Philippe Lacoue-Labarthe, Jean-Luc Nancy (dir.), *L'Absolu littéraire. Théorie de la littérature du romantisme allemand*, Paris, Seuil, 1978 ; et Jean-Marie Schaeffer, *La Naissance de la littérature. La théorie esthétique du romantisme allemand*, Paris, Presses de l'ENS, 1983.

que lui-même. La « littérature » est devenue l'une des plus hautes valeurs spirituelles, et l'« écrivain » est son prêtre[1].

À cette époque, la littérature embrasse tous les genres. En l'espace de trois décennies, Rousseau écrit une dissertation sur la musique, un discours sur les origines de l'inégalité, un roman épistolaire, un essai de pédagogie, un traité politique, une autobiographie. Voltaire a la même amplitude. Vers 1770, à quelques mois de distance, l'Écossais James Beattie publie son poème *The Minstrel*, dont les tourments annoncent Byron et le romantisme, et un *Essay on the Nature and Immutability of Truth*, destiné à réfuter Hume. Les romantiques allemands veulent réunir dans le Roman tous les genres, poésie, rhétorique, philosophie, mais aussi faire fusionner poésie et prose, création et critique, jusqu'à « poétiser le *Witz* ». De son côté, Mme de Staël prend en compte, « sous la dénomination de littérature, la poésie, l'éloquence, l'histoire et la philosophie », tout en ayant soin de distinguer « les écrits philosophiques et les ouvrages d'imagination[2] ».

L'avènement de la littérature et de l'écrivain ne bouleverse donc pas le système des belles-lettres. En revanche, son centre de gravité se déplace vers le roman. Dans les *Hommes illustres qui ont paru en France pendant le XVIIe siècle*, Charles Perrault comptait « les hommes de lettres distingués, philosophes, historiens, orateurs et poètes ». Au milieu des tragédiens et des érudits habiles « dans la connaissance des belles-lettres », on ne trouve qu'un seul romancier, Honoré d'Urfé. Le roman est alors, selon les dictionnaires, une fable qui raconte des aventures d'amour ou de chevalerie : *L'Astrée* bien sûr, mais aussi *Cléopâtre* (1646), *Le Grand Cyrus* (1649)

---

1. Voir Paul Bénichou, *Le Sacre de l'écrivain, 1750-1830. Essai sur l'avènement d'un pouvoir spirituel laïque dans la France moderne*, Paris, José Corti, 1973.
2. Germaine de Staël, *De la littérature considérée dans ses rapports avec les institutions sociales*, Paris, GF-Flammarion, 1991 (1800), p. 90 et p. 66.

et *Faramond* (1661). À l'exception de Pierre-Daniel Huet et de quelques autres, on ne le tient pas en grande estime : il est invraisemblable, il offre le spectacle de tous les dérèglements, sa frivolité corrompt. Au contraire, l'histoire est maîtresse de vie. C'est grâce à elle qu'Henriette d'Angleterre perd le goût des romans : « Soigneuse de se former sur le vrai, elle méprisait ces froides et dangereuses fictions[1]. »

Un siècle plus tard, l'écrivain invente des mondes supraréels sous la forme de romans ou de correspondances « rassemblées » dans *Clarissa* (1748), *La Nouvelle Héloïse* (1761), *Les Liaisons dangereuses* (1782) ou *Delphine* (1802). Or ces fictions, par leur puissance d'évocation et leur enseignement, entrent en concurrence avec l'histoire. Pour Mme de Staël, les romans donnent une « connaissance intime de tous les mouvements du cœur humain », amour, ambition, orgueil, avarice. Ils peignent les caractères avec tant de force et de détails, ils donnent des passions un tableau si complet que le lecteur, en s'y projetant, devient sensible à la morale qu'ils portent. Une telle profondeur n'existe pas en histoire, qui offre le « grand tableau des événements publics », sans jamais toucher à la vie des hommes. La morale n'y existe « qu'en masse », au sujet des peuples et des nations[2].

L'histoire n'offre donc qu'une image tronquée du monde, indifférente à l'expérience commune. La fiction romanesque, elle, fondée sur le vraisemblable et l'identification, devient la vérité de la littérature. Ses thèmes sont les mouvements du cœur, la vie intérieure, les événements psychologiques, les aspirations de l'individu face aux contraintes sociales, l'exceptionnalité douloureuse. La vraie *historia magistra vitae*, c'est le roman. Blanckenburg en Allemagne, Clara Reeve

---

1. Jacques-Bénigne Bossuet, « Oraison funèbre d'Henriette d'Angleterre » (1670), in *Œuvres choisies, op. cit.*, p. 237.
2. Mme de Staël, *Essai sur les fictions*, Londres, Colburn, 1813 (1795), p. 37-41.

en Grande-Bretagne, Mme de Staël en France en seront les théoriciens dans les années 1770-1790.

Au sein de la « littérature », tous les genres n'ont pas le même statut. Alors que l'histoire occupait une position cruciale au sein des belles-lettres, elle est fragilisée non seulement par la montée en puissance du roman, mais par l'ambition même de la littérature au sens romantique. Comme le dit Schelling en 1796, « il n'y a plus de philosophie, il n'y a plus d'histoire, la poésie survivra seule à tout le reste des sciences et des arts[1] ». Véritable ontologie esthétique, la littérature fait coïncider le Dire et l'Être. Elle ne saisit pas le monde, elle s'y substitue. L'histoire, au contraire, n'a rien d'un absolu littéraire : sa vocation est précisément de rendre compte d'un hors-texte.

L'histoire ou la « troisième culture »

Alors que les humanistes plaçaient l'astronomie, les mathématiques et la poésie dans les Lettres, le champ des savoirs au XVIIIe siècle est de plus en plus normalisé, structuré par l'opposition entre « sciences » et « lettres » (au sens restreint, c'est-à-dire les belles-lettres). Fondées par Colbert dans les années 1660, l'Académie des sciences s'occupe de physique et de mathématiques, tandis que l'Académie des inscriptions et belles-lettres étudie l'histoire, les monnaies, les sceaux, les chartes, les textes anciens, auxquels elle consacre des centaines de mémoires tout au long du XVIIIe siècle.

À mesure que les sciences et les lettres se séparent, elles se voient attribuer des vertus et défauts caractéristiques. Qui étudie les sciences devient ami de la vérité, mais s'expose à des fatigues, des découragements, des périls, le long d'un sentier

---

1. Cité dans Philippe Lacoue-Labarthe, Jean-Luc Nancy (dir.), *L'Absolu littéraire...*, op. cit., p. 54.

escarpé ; les belles-lettres sont un jardin fleuri où l'esprit s'adonne aux délices du badinage et de la virtuosité. Cette guerre des disciplines est alimentée par l'idée, formulée par Fontenelle dès 1702, que les sciences « exactes » répondent davantage aux besoins de la société : ne font-elles pas progresser la navigation, la chirurgie, l'agriculture, les arts mécaniques ? L'utile avec les sciences vaut mieux que l'agréable avec les lettres. Tel abbé ripostera en rappelant « combien les sciences sont redevables aux belles-lettres », tel autre voudra établir « l'utilité des belles-lettres » et « les inconvénients du goût exclusif qui paraît s'établir en faveur des mathématiques et de la physique[1] ». Il n'empêche : au siècle des Lumières, les sciences sont parées de toutes les vertus.

Or l'histoire ne peut manquer d'être attirée par les sciences : comme elles, elle a l'ambition de dire le vrai et, comme elles, elle veut produire un savoir socialement utile. La méfiance des érudits à l'égard de l'histoire-art, grossie de rimes, de flatteries ou de figures à l'antique, les pousse à quitter le système des belles-lettres. Dans l'Antiquité, l'histoire thucydidéenne se méfiait du plaire ; à la fin du XVIIe siècle, un Bayle souffrait du voisinage de l'éloquence et du panégyrique. L'histoire a-t-elle encore sa place au sein de la littérature, au moment où le roman commence son irrésistible ascension ? Dans les années 1760-1770, l'abbé Batteux relègue l'histoire à la fin de son manuel de littérature, entre le genre oratoire et le genre épistolaire. L'historien, écrit-il, doit éviter les expressions fortes, les tournures recherchées et les pensées brillantes, parce qu'elles trahissent les passions et l'orgueil. « Tout son office est d'exposer la chose comme elle est[2]. » Moins on fera de littérature, plus on dira la vérité.

1. Voir Philippe Caron, Des « Belles Lettres » à la « Littérature »..., op. cit., p. 281 sq.
2. Abbé Batteux, Principes de la littérature, vol. 4, Paris, Saillant et Nyon, 1774 (5e éd.), p. 332-333.

L'histoire se trouve donc dans une situation inconfortable : littérature-croupion si elle reste dans le système des belles-lettres, mais sans légitimité parmi les sciences exactes. Plusieurs possibilités s'offrent à elle pour gagner en autorité. La première solution consiste à mettre en valeur ces « sciences » auxiliaires que sont l'épigraphie, la numismatique, la sigillographie. C'est la voie qu'a ouverte Louis Jobert avec sa *Science des médailles* (1692). Mais l'histoire antiquaire, où excelle l'Académie des inscriptions et belles-lettres, a peu en commun avec l'esprit philosophique. Préparant *Le Siècle de Louis XIV*, Voltaire n'a-t-il pas qualifié les détails en histoire de « vermine qui tue les grands ouvrages[1] » ?

On peut aussi tenter de récuser la hiérarchie des savoirs qui place les lettres au-dessous des sciences. Dans les années 1740-1750, plusieurs savants affirment que les sciences doivent beaucoup aux belles-lettres, à leur esprit critique, à leur goût de l'exactitude. Pour le jeune Britannique francophile Edward Gibbon, les lettres sont utiles à la société si elles savent raisonner, et l'histoire participe de l'esprit philosophique parce qu'elle est « la science des causes et des effets ». Qu'elle soit système, mise en rapport, concaténation, elle peut expliquer les actions humaines tout en restant dans la littérature[2].

Dernière perspective : les « sciences de l'homme ». Nées vers 1770 dans les milieux physiocrates et sensualistes, elles se proposent d'étudier l'individu dans ses dimensions physiques et morales, pour définir un art de gouverner qui reposerait sur les meilleures institutions et travaillerait au bonheur social. Dans son rapport de 1792 sur l'organisation de l'instruction publique, Condorcet distingue plusieurs

---

1. Voltaire, lettre à l'abbé Dubos (30 octobre 1738), in *Œuvres complètes*, vol. 43, *Correspondance générale*, tome II, Paris, Armand-Aubrée, 1830, p. 83.
2. Edward Gibbon, *Essai sur l'étude de la littérature*, Londres, Becket, 1762, p. 65.

classes de savoir, parmi lesquelles les « lettres » (y compris les beaux-arts et l'érudition) et les « sciences morales et politiques », chargées d'étudier les sentiments humains et les principes de justice naturelle dont procèdent les lois. L'histoire, qui s'intéresse aux hommes et aux institutions, peut-elle passer d'une classe à l'autre ?

À sa fondation en 1795, l'Institut comprend trois classes : les sciences physiques et mathématiques, les sciences morales et politiques, la littérature et les beaux-arts. La deuxième classe, animée par le groupe des Idéologues, s'occupe (entre autres) de recherches historiques, à l'initiative de Daunou. Cette même année, Volney prononce ses *Leçons d'histoire* à l'École normale : il refuse à l'histoire le nom de science, mais engage une réflexion sur son épistémologie et sa déontologie, afin qu'elle devienne plus solide, moins dogmatique, et soit en mesure d'éclairer la science du gouvernement. Entre lettres et sciences, l'histoire commence à incarner une « troisième culture[1] ».

En 1803, Bonaparte réorganise l'Institut en supprimant les sciences morales et politiques, trop subversives, et les historiens doivent rejoindre la nouvelle classe « d'histoire et de littérature anciennes ». Avec le déclin des sciences de l'homme sous le Consulat, sciences et lettres se retrouvent à nouveau face à face. « Savants » et « écrivains » s'affrontent dans une arène de plus en plus politisée. En opposant le siècle de Louis XIV, âge d'or des belles-lettres, et les Lumières entichées de science matérialiste, les défenseurs des lettres prennent des accents contre-révolutionnaires. En 1819, Louis de Bonald décrit les deux camps en présence : d'un côté, les « sciences exactes et naturelles », appuyées par des « troupes auxiliaires » comme la statistique et l'archéologie ;

1. Sur cette division, voir Charles Snow, *The Two Cultures and the Scientific Revolution*, Cambridge, Cambridge University Press, 1959 ; et Wolf Lepenies, *Les Trois Cultures. Entre science et littérature, l'avènement de la sociologie*, Paris, MSH, 1990.

de l'autre, les « lettres frivoles », avec la tragédie, l'épopée, l'histoire, alliées au roman et au vaudeville[1].

Dans cette « guerre des sciences et des lettres », les sciences de l'homme sont laminées. Quant à l'histoire, dénuée de toute ambition scientifique, coupée de l'archéologie, de la statistique et des antiquités, elle risque de n'être plus qu'un agréable passe-temps.

---

1. Louis de Bonald, « Sur la guerre des sciences et des lettres », *Mélanges littéraires, politiques et philosophiques*, vol. 2, Paris, Le Clère, 1819, p. 305-310. Voir Jean-Luc Chappey, « De la science de l'homme aux sciences humaines : enjeux politiques d'une configuration de savoir (1770-1808) », *Revue d'histoire des sciences humaines*, n° 15, 2006, p. 43-68.

2

Le roman, père de l'histoire ?

Éditant l'œuvre de Shakespeare pour la première fois, en 1623, Condell et Heminges, anciens acteurs de sa troupe, répartissent les pièces en trois ensembles : les comédies, les histoires, les tragédies. La bizarrerie de ce classement saute aux yeux. Dans les *histories* ne figurent que les pièces qui ont trait à l'histoire anglaise, rangées dans l'ordre chronologique des règnes : Jean sans Terre, Richard II, Henry IV, Henry V, Henry VI, Richard III, Henry VIII. Les pièces d'histoire antique (*Jules César*, *Antoine et Cléopâtre*) et *Macbeth*, du nom d'un roi écossais du XIe siècle, sont comptées parmi les « tragédies ». À l'inverse, certaines pièces « historiques » sont clairement tragiques (comme *Richard III*)[1].

En fait, le folio de 1623 exprime une conception de l'histoire : un récit politique, rythmé par la succession de rois chrétiens et anglais. Cette manière de voir tranche avec les *Chroniques* de Holinshed, historien du XVIe siècle et source du dramaturge pour *Macbeth* et *Le Roi Lear*. Si le théâtre (ou la « littérature ») de Shakespeare a influencé les historiens, c'est autant par sa représentation de drames politiques et ses portraits de souverains fous, ambitieux, cruels, que par la construction d'une histoire nationale « récente »

---

1. Anthony James West, *The Shakespeare First Folio : The History of the Book*, Oxford, Oxford University Press, 2001.

où interfèrent les dynasties et le peuple d'Angleterre. C'est pour des raisons analogues que le roman, au XIXe siècle, a façonné l'histoire.

Chateaubriand et l'épopée-histoire

Depuis l'*Essai sur les révolutions* (1797) jusqu'à la *Vie de Rancé* (1844) en passant par les *Mémoires d'outre-tombe*, Chateaubriand a fait de l'histoire – histoire de sa famille et de lui-même, histoire de l'Ancien Régime et de la France nouvelle, histoire de la Révolution et de Bonaparte. Dans la mesure où cette histoire embrasse l'« épopée de mon temps », Chateaubriand est à la fois historien, poète et orateur, tout comme Bossuet, qu'il cite. Mais l'« historien de hauts personnages » ne se reconnaît pas dans les érudits et les gens de lettres. Par exemple, il moque les gémissements des « antiquaires » sous Louis XIV (lorsque le roi fait abattre un temple romain pour construire un château) et les sophismes d'Adolphe Thiers, ce « brillant historien[1] ».

Dans la terminologie nouvelle, Chateaubriand se situe du côté des « écrivains ». Enfant chéri des muses, il attend l'inspiration à sa table de travail, auprès de ses tourterelles ; le succès d'*Atala*, accompagné des déclarations d'amour des lectrices, flatte sa « vanité d'auteur » ; il admire *Le Paradis perdu* de Milton, les poèmes d'Ossian, *Werther*, les *Études de la nature* de Bernardin de Saint-Pierre. Le monde des lettres selon Chateaubriand est très hiérarchisé. Au sommet se trouvent les « génies-mères », Homère, Dante, Shakespeare, qui ont « enfanté et allaité tous les autres » (Chateaubriand aime rappeler qu'il est lui-même l'âme de la génération romantique).

---

1. François-René de Chateaubriand, *Mémoires d'outre-tombe*, Paris, Garnier, Le Livre de poche, 1998 (1847), vol. 1, p. 401 et p. 758 ; vol. 2, p. 104 et p. 394.

Viennent ensuite, dans un ordre décroissant de prestige, les auteurs, les épigones, « une famille de René poètes et de René prosateurs », enfin les savants et les érudits-copistes.

De Homère à Byron, Chateaubriand compose une bibliothèque des écrivains séminaux, génies et inventeurs de mondes, mais la « littérature » désigne toujours l'ensemble des lettres (poésie, théâtre, roman, histoire, essai). Ainsi, au début du XIXe siècle, la génération des Benjamin Constant, Mme de Staël, Bonald et Chateaubriand a entraîné un « changement de littérature » et enfanté la « littérature nouvelle[1] ». Le système des belles-lettres mêle toujours différentes activités de plume, mais il est de plus en plus dominé par les écrits à visée esthétique, ceux qui offrent une gloire supérieure ou au moins égale à celle des hommes d'État (d'où l'entrecroisement permanent entre la vie de Chateaubriand et celle de Napoléon dans les *Mémoires d'outre-tombe*).

C'est dans ce contexte intellectuel que sont conçus *Les Martyrs* (1809). À la fois histoire, épopée, poème, récit des amours malheureuses d'un officier chrétien de Rome et d'une prêtresse d'Homère, l'ouvrage est une sorte de roman historique à thèse : le merveilleux chrétien est supérieur à la mythologie païenne. Un tel projet n'exclut en rien l'érudition. On sait que Chateaubriand s'est minutieusement documenté, visitant les principaux sites de l'Antiquité grecque et chrétienne, consultant des amis lettrés, dont un professeur de littérature grecque à la Sorbonne. Dans la préface, il cite ses sources et reconnaît qu'il a pris des libertés : il a peint Dioclétien un peu meilleur, il a placé la scène à Rome (et non pas à Nicomédie, séjour habituel de l'empereur), il a pressé « un peu les temps » pour réunir les grands hommes d'Église dans un seul livre.

Pourquoi cette épopée pleine d'invraisemblances et d'anachronismes a-t-elle soulevé l'enthousiasme des jeunes historiens

---

1. *Ibid.*, vol. 2, p. 48, p. 69 et p. 76.

libéraux ? *Les Martyrs* seraient-ils une proto-histoire, une méthode qui se cherche, appuyée maladroitement sur des protestations d'impartialité, des précisions livresques et topographiques, des « autorités » bibliographiques ? C'est plutôt le souffle des *Martyrs* qui, toute fiction qu'ils soient, révèle brusquement une nouvelle manière d'écrire l'histoire. Les détails fantaisistes dont regorge la description des Francs, inspirée de Tacite et de Sidoine (guerriers en sueur parés de dépouilles d'ours, yeux qui roulent du sang, cantiques de mort), ont une telle puissance d'évocation, ils témoignent d'un si grand sens de la dramatisation, que le récit en devient non seulement vraisemblable, mais vivant. C'est la « résurrection » du passé, comme Michelet la mettra en œuvre quelques décennies plus tard.

Vers 1810, au moment où le public découvre *Les Martyrs*, l'histoire est éclatée en trois pôles : les « écrivains » comme Chateaubriand, sur les brisées de Voltaire et de Gibbon, qui conjuguent l'histoire à un talent littéraire ; les « érudits », représentés à l'Institut (l'Académie des inscriptions et belles-lettres est rétablie en 1816) et dans les universités allemandes en voie de professionnalisation ; les « historiographes », comme Anquetil, héritier de Mézeray et de l'abbé Velly, auteur comme eux d'une *Histoire de France* abrégée en manuel de collège. Augustin Thierry n'a que mépris pour ces derniers, pour leur style pompeux, leurs formules de convention, leurs fariboles sur « Clovis fondateur de la monarchie française ». Parler des « faveurs du roi » et de la « galanterie » à la cour franque, alors qu'il s'agit de rudes Germains pilleurs en lutte contre la puissance romaine !

Devenu chef de file de la nouvelle école historique sous la monarchie de Juillet, Augustin Thierry raconte que la lecture des *Martyrs*, au collège de Blois, lui a fait éprouver un « éblouissement d'imagination » qui a décidé de sa vocation[1].

---

1. Augustin Thierry, préface aux *Récits des temps mérovingiens* (1840), in *Œuvres complètes*, vol. 4, Paris, Lévy frères, 1868, p. 10.

L'anecdote est sans doute un hommage à celui qui est désormais le patriarche des lettres françaises ; mais elle n'en est pas moins révélatrice du choc intellectuel que Chateaubriand a provoqué chez les historiens nés dans les années 1790. Son épopée est plus vraie que l'histoire à la Anquetil et Velly, qui ressemble à un conte pour enfants ou à une page du *Grand Cyrus*. La fiction est devenue moins fictive que l'histoire.

Scott et le roman historique

Les romans de Walter Scott, qui remportent un immense succès et sont traduits en France deux ans après la parution de *Waverley* (1814), provoquent une révolution historiographique. D'une certaine manière, Scott est moins historien que Chateaubriand : il n'est ni témoin de son temps, ni historien des révolutions, et sa biographie de Napoléon en onze volumes est fortement apologétique. Le passé qu'il évoque est fortement idéalisé, avec landes, forêts, *cairns*, manoirs, chevaliers, ménestrels, tournois et cornemuses.

Si Walter Scott a tout de même quelque chose d'un historien, ce n'est pas seulement parce qu'il situe *Ivanhoé* (1819) dans l'Angleterre du XIIe siècle et consacre *Quentin Durward* (1823) à un archer de Louis XI. C'est aussi qu'il s'appuie sur une documentation riche et variée pour camper l'arrière-plan de l'intrigue. C'est encore, comme il l'explique à ses admirateurs, parce qu'il adapte les techniques des chroniqueurs médiévaux français, Froissart et Commynes : topographie, tableaux, descriptions, portraits, scènes, actions, dialogues, détails. Cette « vivification de l'histoire[1] » fait sentir au lecteur que les hommes du passé, malgré la mort et l'éloignement, furent comme lui des êtres humains, doués de vie et habités par des passions.

---

1. Leslie Stephen, *Hours in a Library [...]*, Grosse Pointe, Scholarly Press, 1968 (1894), p. 220.

L'HISTOIRE EST UNE LITTÉRATURE CONTEMPORAINE

En quelques années, la narration historique est bouleversée. Les romans de Scott inspirent l'*Histoire des ducs de Bourgogne* (1824) de Barante, l'*Histoire de la conquête de l'Angleterre* (1825) d'Augustin Thierry et jusqu'à l'*Histoire de la marine française* (1835) d'Eugène Sue. Chez Barante, on assiste aux duels, aux tournois, aux festins, aux mariages, comme si les ducs étaient nos contemporains et que leur vie se déroulait sous nos yeux. Au milieu des années 1820, un critique observe que « l'histoire proprement dite a suivi la route ouverte par le romancier écossais. [...] Jusque-là, l'histoire moderne n'avait été qu'un squelette décharné ; Walter Scott, MM. de Barante et Thierry lui ont rendu ses muscles, ses chairs et ses couleurs[1] ». Dans les années 1830, Pouchkine écrit à la fois des poèmes, une étude savante consacrée à la révolte de Pougatchev et un roman d'amour historique inspiré de cette révolte (*La Fille du capitaine*), tout en hantant les bibliothèques et les archives pour préparer une histoire de Pierre le Grand.

Bien sûr, Scott invente, contrairement aux historiens. Mais la grande leçon, pour ces derniers, est de constater que ses *romances* font basculer dans le faux l'érudition des anciens maîtres : ils comportent plus de vérité que l'histoire elle-même. C'est la narration qui, animant les êtres, indiquant leurs relations, révélant la complexité des intérêts et des sentiments, arrache l'histoire à la fastidieuse litanie des règnes. Dès 1820, Augustin Thierry écrit qu'*Ivanhoé* fait revivre la conquête normande, alors que les historiens l'ensevelissent sous des banalités abstraites, pouvoir, gouvernement, successions. Les personnages de fiction, le vieux chef Cédric de Rotherwood, sa pupille Rowena, Rebecca la belle Juive, le chevalier lui-même, animent « le théâtre réel et vraiment historique où vient se placer

---

1. J.-J. V., « De la réalité en littérature », *Le Mercure du XIXe siècle*, vol. 11, 1825, p. 502-509.

la fable d'*Ivanhoé*[1] ». Ce qu'il y a de réel et de vrai dans cette fable, c'est la chaleur de la vie et l'intelligence du passé, dont la terne érudition est précisément incapable. Mais l'impact de Chateaubriand et de Scott n'est pas uniquement « littéraire ». L'apport de leurs œuvres ne se résume pas à la résurrection du passé, ni à la couleur locale. Ce que les historiens libéraux renouvellent au contact des romans, ce n'est pas seulement leur art d'écrire ; c'est aussi leur méthode.

Les objets. Dans sa sixième *Lettre sur l'histoire de France*, Augustin Thierry note que les romans de Scott ont fait naître de la curiosité pour le Moyen Âge, naguère décrié comme barbare, et pour certains épisodes, conquête normande, conflit entre le roi de France et le duc de Bourgogne, etc. Plus généralement, les *Waverley novels* manifestent un intérêt nouveau pour le peuple, représenté à la fois dans des figures (le porcher Gurth, le bouffon Wamba, le tambour-major), une quotidienneté (mœurs, occupations, habits, misère) et un principe politique (l'histoire est gouvernée par l'activité silencieuse des masses). Il s'agit de « rendre justice à tous les hommes[2] ». Le peuple entre en scène ; on le retrouvera chez Michelet et dans l'*Histoire socialiste de la Révolution française* de Jaurès. L'arrivée des anonymes démocratise l'histoire.

Les problèmes. Le couple conquête/asservissement est un des éléments clés de l'historiographie de Thierry. Son histoire est structurée par un conflit millénaire entre des sujets et des maîtres, les « vaincus » (Gallo-Romains, Saxons, serfs, tiers état) ployant sous le joug des « conquérants » (Francs,

---

1. Augustin Thierry, *Le Censeur européen* (27 mai 1820), in *Œuvres complètes*, vol. 3, Paris, Lévy frères, 1867, p. 442.
2. Walter Scott, *Waverley*, Paris, Gallimard, « Bibliothèque de la Pléiade », 2003, p. 287. Voir Louis Maigron, *Le Roman historique à l'époque romantique. Essai sur l'influence de Walter Scott*, Paris, Hachette, 1898, p. 86-95.

Normands, seigneurs, noblesse). Lui-même issu de la petite bourgeoisie, Thierry s'efforce de rendre à la roture la part de gloire qui lui revient : le tiers état n'est pas sorti de terre en 1789, mais a connu une longue ascension à travers le régime municipal romain et l'affranchissement des communes au Moyen Âge. Dans une certaine mesure, cette grille d'analyse trouve sa source dans *Ivanhoé*. Thierry ne cesse de rappeler son intérêt pour la conquête normande de l'Angleterre et l'asservissement des autochtones saxons : « Ce grand fait [...] avait frappé mon imagination, comme un problème non résolu, plein de mystères[1]. » Les romans de Scott ont donc contribué à élargir la problématique historienne, et la « lutte des races » de Thierry et Guizot inspirera à Marx son concept de « lutte des classes ».

Le champ d'investigation. Dans sa première *Lettre*, publiée en 1820, Thierry rappelle la nécessité d'écrire une « histoire de France ». La nouvelle école que Chateaubriand salue dans ses *Études historiques* (1831) est cimentée par un but commun : poser « les bases de notre histoire nationale ». Or, comme les poèmes d'Ossian sont censés refléter l'âme celtique, comme Herder se fait le chantre de la culture allemande, comme *Les Fiancés* de Manzoni suivent un couple d'humbles « Italiens » dans la Lombardie du XVIIe siècle, Scott célèbre la générosité des Écossais et l'esprit d'indépendance des Saxons. Ce romanesque national fait pendant à la conviction, profondément ancrée dans l'esprit des historiens, que quelque chose de décisif s'est passé en France entre 1789 et 1815. Le fait d'avoir vécu eux-mêmes ce drame – comme des héros d'épopée – qualifie les historiens-témoins, et leur compétence est enrichie par l'expérience qu'ils sont capables de mobiliser. La « personnalité moderne, si puissante et tant agrandie » qu'évoque Michelet dans sa préface de 1869, c'est

---

1. Augustin Thierry, *Dix Ans d'études historiques* (1834), in *Œuvres complètes*, vol. 3, *op. cit.*, p. 337.

celle dont la Révolution a accouché : les historiens ont vécu l'histoire avant de l'écrire. Ici réside la différence entre les bénédictins du XVIIe siècle, cloîtrés dans leur bibliothèque, et les Chateaubriand, les Thierry, les Guizot. Depuis la prise de la Bastille jusqu'à Waterloo, les événements leur ont appris « à voir le fond des choses sous la lettre des chroniques[1] ». Les historiens fondent la nation, la nation soutient les historiens : nomination de Daunou au Collège de France puis à la tête des Archives (1830), création de l'inspection des Monuments historiques (1830), de l'agrégation d'histoire (1831) et de la Société de l'histoire de France (1833), lancement de gigantesques collectes d'archives (1835), réouverture de l'École des chartes (1836). La geste nationale a fait naître un embryon de communauté scientifique, pourvue d'un programme de recherches unifié. La nation devient le cadre légitime de l'histoire – et pour longtemps.

La démonstration. Derrière chaque personnage de Scott, il y a une époque, une nation, une classe sociale, un combat, par quoi le singulier rejoint le collectif. Dès lors qu'il est révélateur, l'individu échappe à son unicité – et à la fiction – pour devenir type, exemple, symbole. C'est au roman que les historiens empruntent ce régime de représentativité. Dans les *Récits des temps mérovingiens* (1840), Thierry recueille « les faits les plus caractéristiques » et met en relief « quatre figures qui sont des types pour leur siècle » : Frédégonde, la barbare élémentaire ; Chilpéric, le barbare un peu civilisé ; Mummolus, le civilisé devenu barbare ; Grégoire de Tours, le civilisé nostalgique[2]. En tant qu'argument épistémologique,

---

1. Augustin Thierry, *Considérations sur l'histoire de France* (1840), in *Œuvres complètes*, vol. 4, *op. cit.*, p. 133.
2. Augustin Thierry, préface aux *Récits des temps mérovingiens*, *op. cit.*, p. 7. Voir Marcel Gauchet, « Les *Lettres sur l'histoire de France* d'Augustin Thierry », in Pierre Nora (dir.), *Les Lieux de mémoire*, vol. 2, *La Nation*, tome I, Paris, Gallimard, 1986, p. 247-316.

la significativité des individus et des actions survivra aux thèses de Thierry, réfutées dès la fin du siècle (la conquête normande a été rapidement effacée, le développement des libertés n'est pas la revanche des vaincus).

En résumé, la révolution méthodologique provoquée par le roman s'effectue dans quatre directions : les objets, c'est-à-dire les thèmes que l'historien choisit ; les problèmes, les questions que l'historien pose ; le champ d'investigation, soit le cadre d'intelligibilité qui est proposé ; la démonstration, avec les arguments mis en œuvre.

Le roman n'explique pas toute l'historiographie des années 1820-1830. Plus que lui, la Révolution détermine un nouveau rapport au passé, au patrimoine, à la mémoire, à cette période qui devient subitement l'« Ancien Régime ». Augustin Thierry travaille en historien : il se plonge dans les grandes collections bénédictines, rend hommage à Sismondi, Guizot et Barante, initiateurs d'une « véritable révolution dans la manière d'écrire l'histoire de France », et sa réflexion sur le tiers état prolonge les débats du XVIIIe siècle où s'affrontent Boulainvilliers, Saint-Simon, Mably et Sieyès.

En revanche, il est constant que le bardit des « quarante mille Barbares » dans *Les Martyrs*, les scènes de duel dans *Rob Roy* et *Ivanhoé* n'ont pas qu'une portée narrative. Si les fictions du poète épique Chateaubriand et du romancier Scott contiennent plus de vérité que les récits (ou plutôt les quasi-fictions) de l'historien Anquetil, c'est parce qu'elles font revivre le passé grâce à des personnages, des émotions, des atmosphères ; c'est aussi parce qu'elles isolent une action et formulent un problème, apportant au lecteur des outils d'intelligibilité. Poser une question, sélectionner des faits, raconter quelque chose, faire comprendre – autant de moyens « littéraires » par lesquels l'histoire acquiert peu à peu le statut de science. Au sein de la littérature, l'épopée et le roman accompagnent la montée en scientificité de l'histoire.

Les guerres de la vérité

Au début du XIXe siècle, des écrivains-historiens ont inspiré une génération d'historiens-écrivains tant sur le plan narratif et thématique que méthodologique et archivistique. Mais le succès de Scott, en lançant la mode du roman historique, crée des concurrents à l'histoire. *Bug-Jargal* (1820), *Han d'Islande* (1823), *Notre-Dame de Paris* (1831) de Hugo, *Cinq-Mars* (1826) de Vigny, *Les Chouans* (1829) de Balzac, *Chronique du temps de Charles IX* (1829) de Mérimée, sans oublier les romans de Dumas, forment une littérature parfaitement contemporaine des premiers ouvrages de Barante, Thierry, Guizot et Michelet. La redécouverte de Shakespeare encourage la vocation historienne des romantiques : ce ne sont pas seulement les événements qui apparaissent sur la scène, mais leurs ressorts cachés, leur envers. En alternant scènes nobles et basses, en montrant la chaumière au pied du palais et l'esclave présent à la victoire, le théâtre offre le tableau d'une « humanité complète[1] ». Dans la préface de *Cromwell* (1827), Hugo confie à la littérature une nouvelle mission : la peinture de la vie totale, de la bouffonnerie au sacrifice, du grotesque au sublime. Le drame dit la réalité parce qu'il n'en omet rien.

À l'intersection du drame néo-shakespearien et de l'« histoire de France walter-scottée[2] », Vigny raconte dans *Cinq-Mars* la conspiration ourdie par le marquis de Cinq-Mars pour abattre la tyrannie de Richelieu et rétablir la noblesse dans ses droits. La théorie du vrai qui s'y fait jour s'appuie sur l'histoire pour mieux la dépasser. Vigny distingue entre « la VÉRITÉ de l'art et le VRAI du fait ». La première accomplit le second :

---

1. François-René de Chateaubriand, *Mémoires d'outre-tombe*, vol. 2, op. cit., p. 664.
2. Honoré de Balzac, préface à *La Peau de chagrin*, Paris, Gosselin, 1831, p. 29.

elle perfectionne l'événement pour lui donner la signification morale qu'il doit conserver aux yeux de la postérité. L'artiste a besoin de l'histoire comme le sculpteur a besoin du marbre. Il lui faut connaître « tout le VRAI de chaque siècle », mais, s'il devait en rester à ce jeu de patience, l'art ne serait que le redoublement de la vie, une duplication de la « triste et désenchanteresse réalité ». Désertant le positif, l'écrivain doit élever les faits à une vérité supérieure, pendant que les témoins protestent et que les savants fouillent ou feuillettent[1]. Vigny sublime le réel auquel les historiens se cantonnent. En choisissant la forte beauté plutôt que le fait tremblotant, le génie de l'époque plutôt que le fourmillement des détails, la profondeur plutôt que la routine de l'exactitude, il retrouve la capacité d'idéalisation que possédait l'histoire-éloquence cicéronienne.

Mais il n'est pas si facile d'abjurer la religion du petit fait vrai. À la différence de Scott, Vigny place les personnages historiques au premier plan de son drame, ce qui exige de se documenter minutieusement. Ce souci de l'authentique ne risque-t-il pas de prendre l'écrivain post-scottien au piège de l'érudition ? Dans *Cinq-Mars*, lorsque Richelieu lit au père Joseph une page de ses mémoires, Vigny renvoie en note à la *Collection des mémoires relatifs à l'histoire de France*. Dès la deuxième édition (juin 1826), il éprouve le besoin de corriger ses erreurs et d'indiquer ses sources : le costume du cardinal est décrit dans les *Mémoires manuscrits de Pontis*, disponibles à la bibliothèque de l'Arsenal ; une lettre manuscrite de Cinq-Mars contenant ses dernières volontés est conservée à la Bibliothèque royale de Paris. Vigny, qui craignait d'abaisser son art au niveau du réel, finit par s'enchaîner au « vrai anecdotique ». L'écrivain n'est pas si libre qu'il l'espérait, et la beauté idéale devient seconde par rapport au fait.

---

1. Alfred de Vigny, « Réflexions sur la vérité dans l'art » (1827), in *Œuvres complètes*, vol. 2, Paris, Gallimard, « Bibliothèque de la Pléiade », 1993, p. 5-11.

C'est encore imiter le maître. Dans l'édition « Magnum Opus » de ses romans, Scott a ajouté près de 800 notes de toutes tailles. Il s'en explique dans la préface générale de 1829 : la mention des sources offrira au lecteur un deuxième plaisir, comme la « machinerie interne » d'une montre réveille la curiosité d'un enfant. Le prestige croissant de l'histoire pousse-t-il les romanciers à donner des gages de sérieux ? En 1843, accusé de colporter dans *Les Burgraves* la légende des meurtres rituels commis par les Juifs au XIIIe siècle, Hugo rappelle au directeur des Archives israélites que « le poète dramatique est historien et n'est pas plus maître de refaire l'histoire que l'humanité[1] ». Ce n'est pas l'indépendance du poète qui se fait entendre ici, c'est le scrupule de l'historien. L'accusation d'erreur (ou de mensonge) est si infamante que le romancier, pourtant souverain en son univers, ne peut la soutenir : sa liberté n'est pas assez grande pour balayer, au nom de la fiction, les procès en véridicité. Le roman historique ne peut s'affranchir de l'exigence d'exactitude.

C'est aussi que les historiens réagissent au succès du roman en l'attirant sur leur terrain. L'historien allemand Ranke, admirateur de Scott mais choqué par le traitement de Charles le Téméraire et de Louis XI dans *Quentin Durward*, se promet de ne jamais lui-même « poétiser[2] ». À propos du même roman, Guizot juge que le bourgmestre de Liège est représenté comme « un vrai bourgeois de comédie, gras, mou, sans expérience, sans audace », alors que les bourgeois de ce temps avaient toujours la cotte de mailles sur la poitrine et la lance à la main[3]. Les mêmes critiques se font

---

1. Cité dans Pascal Melka, *Victor Hugo, un combat pour les opprimés*, Paris, La Compagnie littéraire, 2008, p. 166-167.
2. Cité dans Cicely Wedgwood, *The Sense of the Past*, Cambridge, Cambridge University Press, 1957, p. 10-11.
3. François Guizot, *Cours d'histoire moderne. Histoire générale de la civilisation en Europe*, Bruxelles, Hauman, 1838 (1828), p. 215.

entendre contre *Cinq-Mars*. En 1826, dans *Le Spectateur*, Sainte-Beuve dénonce la liberté que Vigny prend avec les personnages, surchargeant leur conduite et leur caractère au gré de son imagination. Vingt ans plus tard, à l'Académie française, le comte Molé reproche à Vigny d'avoir porté de profondes atteintes « à la vérité, et par conséquent à la moralité de l'histoire ». L'accusation vise aussi les passages de *Stello* (1832) consacrés à la captivité d'André Chénier pendant la Terreur[1]. Dès lors que le romancier s'intéresse à l'histoire, il n'a pas le droit de malmener la vérité : la fiction est jugée à l'aune du réel.

L'historien-créateur

La doctrine de la « vérité de l'art » occasionne un premier affrontement entre les historiens et les romanciers : ces derniers honorent-ils ou bafouent-ils la vérité ? La question masque un deuxième affrontement : la création littéraire. Pour Vigny, la « chrysalide du fait » ne prend son envol que sur les ailes de l'imagination et du génie. Sans elles, l'histoire est condamnée à piétiner dans la poussière des détails. Autrement dit, le poète crée ; pas l'historien.

Contre cette profession de foi néo-aristotélicienne, qui exclut l'histoire de la « littérature » (au sens romantique), les historiens affirmeront qu'ils peuvent eux aussi être des créateurs. Non qu'ils inventent des êtres de fiction ; mais, en personnifiant des collectifs, en nommant des forces, ils font naître de nouveaux personnages. Chez Michelet, ce sera la France, le Peuple, la Sorcière, la Femme ; chez Ranke, l'Esprit du Temps, les Idées, les Puissances invisibles comme l'État et l'Église ; chez Bancroft, l'Amérique, le Progrès, la

---

1. Louis-Mathieu Molé, *Réponse au discours de M. le comte Alfred de Vigny [...]*, Paris, Firmin Didot, 1846.

Providence ; chez Carlyle, le Héros et, dans *French Revolution* (1837), le Soleil, la Guillotine, le Faubourg Saint-Antoine ou encore la Révolution elle-même, qui, « comme un ange de mort, plane sur la France[1] ». Ces historiens sont des démiurges parce qu'ils inventent des personnages qui existent. Michelet leur adjoint un autre peuple : les morts. L'archiviste-écrivain est le législateur de cette « admirable nécropole » où il est descendu travailler : « Doucement, messieurs les morts, procédons par ordre, s'il vous plaît[2]. » Il redonne vie aux défunts, aux assassinés, aux engloutis, verse des larmes pour eux, leur explique leur propre énigme, et cette responsabilité fait de l'historien un Prométhée, dont le feu réveille les voix glacées qui se sont tues. L'historien crée en transmettant son énergie aux hommes des siècles passés. Ce don de la vie est l'autre nom de la création littéraire. *French Revolution* est une reconstitution, un *reenactment* au cours duquel Carlyle interpelle les protagonistes par un « vous » sonore, pénètre dans leur for grâce au style indirect libre, varie les points de vue, emmène le lecteur des Assemblées aux tours de Notre-Dame. On peut prendre la mesure de ce travail en comparant le texte de Carlyle avec l'une de ses sources, l'*Histoire de France depuis la fin du règne de Louis XVI jusqu'à l'année 1825*, publiée par l'abbé Montgaillard. Le 28 février 1791, les sans-culottes du faubourg Saint-Antoine attaquent le donjon de Vincennes (parce que, selon la rumeur, les royalistes y stockent des armes) et des aristocrates se pressent aux Tuileries, armés de poignards, pour protéger le roi. La garde nationale, commandée par La Fayette, réprime ces deux mouvements séditieux.

---

1. Thomas Carlyle, *Histoire de la Révolution française*, vol. 3, Paris, Baillière, 1867 (1837), p. 325.
2. Jules Michelet, « Éclaircissement », in *Histoire de France*, tome II, Paris, Hachette, 1833, p. 701-702.

	Histoire de France (1827) de Montgaillard	*French Revolution* (1837) de Carlyle
La rumeur	« Depuis quelque temps le bruit se répand, à Paris, qu'on transporte la nuit, au donjon de Vincennes, des armes et des munitions de toute espèce. »	« Coblentz ou l'Autriche ne pourraient-elles pas sortir un beau matin de ces souterrains ; et avec des canons à longue portée, foudroyer le patriotique faubourg Saint-Antoine ! »
Le faubourg	« Une foule immense s'ébranle du faubourg Saint-Antoine pour aller démolir le donjon. »	« Saint-Antoine sort de son quartier comme il l'a déjà fait souvent. [...] Il se dirige vers l'est du côté de ce Vincennes qui afflige sa vue. »
Les royalistes	« La plupart de ces individus étaient en habits noirs, les cheveux roulés, et portaient sur eux des pistolets et des poignards. »	« Et vous, amis de la royauté, saisissez vos poignards perfectionnés, faits sur commande, vos cannes à épée, vos armes secrètes et vos billets d'entrée. »
La Fayette	« Après avoir repoussé les prolétaires à Vincennes, il vient dans la résidence royale disperser les habitués de la cour. »	« Échappé à peine au sans-culotte Scylla, il trouve sur son chemin l'aristocrate Charybde ! »

Personnification, symbolisation, exhortation, raccourcis dramatiques, implication du spectateur, formules et métaphores font contraste avec le récit linéaire de l'abbé Montgaillard. Ranke recourt aux mêmes procédés pour signaler la bravoure du jeune François Ier pendant la campagne de Milan en

LA GRANDE SÉPARATION

1515 : « Qui ne sait que, dans la nuit qui interrompit la bataille, il reposa tout armé sur un affût de canon, n'ayant posé que son casque ; qu'il étancha sa soif, comme les autres, avec l'eau des fossés pleins d'une fange sanglante ; qu'il recommença le combat au point du jour, avec un nouveau courage, et qu'il remporta la victoire[1] ? »

Cette histoire est foncièrement héroïque. Elle entraîne tout le monde dans l'épopée, le roi, les chevaliers du poignard, le faubourg, l'historien-dramaturge et le lecteur qui frissonne. Nul doute que ces grandioses compositions ont quelque chose d'enthousiasmant. Dans les années 1830-1840, l'*Histoire de France* de Michelet, *History of the United States* de Bancroft, *History of England* de Macaulay sont le chant de la nation qui s'auto-engendre, se régénère, fusion de visages où s'incarne l'universel. Ce n'est pas seulement parce qu'elle exalte la nation, la liberté, le progrès humain, que cette épopée est irrésistible ; c'est aussi que le *logos* anime sous nos yeux une fresque où, en se combattant, les tyrans et les peuples jouent le destin de l'humanité. Dans le premier XIXe siècle, Grimm, Michelet, Macaulay, Ranke touchent le public cultivé au-delà du cercle des spécialistes, comme aujourd'hui les historiens du totalitarisme et de la Seconde Guerre mondiale, Antony Beevor, Ian Kershaw ou Timothy Snyder.

« Ma vie fut en ce livre, elle a passé en lui », écrit Michelet dans la préface qui clôt son grand œuvre. L'art de l'historien est profondément personnel, ce qui ne veut pas dire arbitraire. C'est l'homme-créateur qui se manifeste, l'homme-historien qui agit, se jette dans la bataille, donne sa vie pour ranimer les morts. Cela encore fait de l'historien romantique un écrivain, mû par sa sensibilité, trouvant en lui-même la cohérence de son œuvre. Celle de Michelet,

---

1. Léopold Ranke, *Histoire de France, principalement pendant le XVIe et le XVIIe siècle*, Paris, Klincksieck, 1854, p. 93.

comme l'a montré Barthes, est unifiée par la dévoration-assimilation des morts, les rites de fécondité, l'érotique du voyeurisme, le pouvoir de la femme, le portrait animalier, la fascination pour le sang, sang noir, pourri, clos, ou riche, pléthorique, impétueux. Pour Ranke, l'histoire est littérature : elle mobilise le génie de la langue, les valeurs de l'écrivain, sa sensibilité esthétique, son courage, sa sincérité, sa capacité de recréation du matériel recueilli[1]. On n'est pas très loin des frères Schlegel.

Ce que l'on oublierait aisément, c'est que l'histoire romantique a une ambition scientifique. Formé à la philologie à l'université de Leipzig, Ranke retourne aux documents originaux, cite ses sources, établit un riche apparat critique ; et les lecteurs admirent l'impartialité avec laquelle l'historien protestant aborde l'histoire de la papauté, plein du « calme souverain de la science qui ne veut pas immoler la vérité au préjugé et au fanatisme[2] ». Quant à Michelet, il dirige la section historique des Archives nationales. Grand érudit, dévoreur d'archives, découvreur de documents inédits, il utilise des sources très variées dans son *Histoire de France*, dans son *Histoire de la Révolution française* comme dans sa précoce *Histoire romaine* (1831) : sols, paysages, inscriptions, médailles, manuscrits, imprimés rares, textes législatifs, minutes de procès, cahiers de doléances.

L'histoire qu'écrit Michelet est déjà scientifique : elle combine le « menu détail érudit », « mille documents variés », le cadre national, la problématisation, la vérification de la chronique, l'intelligence des ruptures, l'ouverture aux autres savoirs, la curiosité intellectuelle qui fait prendre en

---

1. Rudolf Vierhaus, « Historiography Between Science and Art », in Georg Iggers, James Powell (dir.), *Leopold von Ranke and the Shaping of the Historical Discipline*, Syracuse, Syracuse University Press, 1990, p. 61-69.
2. Alexandre de Saint-Chéron, introduction à Léopold Ranke, *Histoire de la papauté pendant les XVIe et XVIIe siècles*, Paris, Debécourt, 1838, p. XXIII.

compte l'économie, la langue, les œuvres d'art, les sensibilités, l'imaginaire, les maladies, l'alimentation ou encore le vêtement. Bien entendu, il arrive que Michelet se trompe ; ainsi, quand il évoque la peur de l'an mil, qui tient du mythe. Ce qui n'est pas une erreur, en revanche, c'est de vouloir comprendre les croyances (les « mentalités », disait-on il y a quarante ans) d'un serf sur son sillon, d'un captif au donjon, d'un moine hanté par la damnation. Armé de sa capacité d'analyse, Michelet rappelle même que « la méthode historique est souvent l'opposé de l'art proprement littéraire[1] ». C'est pourquoi il est moins un poète qu'un écrivain de l'histoire-science.

Balzac et les sciences morales

La concurrence du roman pousse-t-elle l'histoire vers cette « troisième culture » que constituent les sciences humaines renaissantes ? En 1832, devenu ministre de l'Instruction publique, Guizot rétablit l'Académie des sciences morales et politiques, afin de leur donner ce qui leur a « toujours manqué, un caractère vraiment scientifique ». Elle débat des grands problèmes du temps – paupérisme, abandon d'enfants, prisons – et, à ce titre, accueille des historiens (Michelet préside le prix d'histoire de 1837 consacré à l'abolition de l'esclavage). Daunou y appartient de droit, en tant que vétéran de l'époque des Idéologues. Pourtant, sa carrière illustre plutôt la pérennité du système des belles-lettres : membre puis secrétaire perpétuel de l'Académie des inscriptions et belles-lettres, il a participé à l'*Histoire littéraire de la France* et à l'*Histoire littéraire d'Italie* sous la Restauration, avant de devenir le maître d'œuvre d'un

---

1. Jules Michelet, « Préface de 1869 », in *Histoire de France*, vol. 1, Paris, Librairie internationale, 1871, p. xxx.

Cours d'études historiques sous la monarchie de Juillet. Poète, orateur, archiviste, admirateur de Boileau et des historiens grecs, contempteur du romantisme, Daunou incarne une histoire qui fait pleinement partie de la littérature[1].

Mais, de même que le roman a influencé l'histoire, de même il s'invite dans le projet des sciences morales et politiques. Les bouleversements révolutionnaires ont fait naître une angoisse : la société d'après 1789 serait devenue illisible. En tant qu'ils élucident le social, les romans de la monarchie de Juillet appartiennent au même régime herméneutique que les « tableaux de mœurs », « physiologies » et autres « enquêtes » (souvent commandées par l'Académie des sciences morales et politiques) : une sorte de pré-sociologie susceptible de décrypter la vie contemporaine, de sonder les plaies de la société, de comprendre les effets de la liberté. Par-delà les différences nationales et idéologiques, la proximité entre *Oliver Twist* et *Un chant de Noël* de Charles Dickens, *Des classes dangereuses* d'Honoré-Antoine Frégier, *Les Mystères de Paris* d'Eugène Sue, *La Condition de la classe ouvrière* de Friedrich Engels et *London Labour* de Henry Mayhew, publiés entre 1837 et 1850, signe l'imbrication entre journalisme en plein essor, roman en majesté et sciences sociales en gestation. C'est toujours le petit peuple de Londres et Paris qu'il s'agit de connaître, depuis la *street-life* jusqu'aux taudis.

Enfants de la révolution scottienne, le roman réaliste et l'histoire nationale entrent en concurrence sur plusieurs points : la visée de vérité, la capacité de déchiffrement, l'épiphanie du peuple, la régénération du passé. À plusieurs reprises, notamment dans la préface de *La Peau de chagrin*, Balzac soutient que le romancier devine la vérité au moyen d'« une sorte de seconde vue », inven-

---

1. Benjamin Guérard, « Notice sur M. Daunou », *Bibliothèque de l'École des chartes*, 1842, tome III, p. 209-257.

tant le vrai « par analogie ». De fait, il recourt à une forme de démonstration : la typisation. En concentrant sur un personnage des traits caractéristiques, il élabore un « modèle du genre », c'est-à-dire une fiction sociale porteuse d'intelligibilité (la femme de trente ans, la vieille fille, le célibataire de province, etc.)[1]. Cette épistémologie de l'exemplarité permet de comprendre le peuple informe et grouillant. On la retrouve partout, chez Augustin Thierry et Michelet, mais aussi dans les portraits de Mayhew (le marchand des quatre-saisons, la petite vendeuse de fleurs, la jeune prostituée), ainsi que dans *Les Français peints par eux-mêmes*, série de brochures illustrées présentant un « type social » (Balzac inaugure la série avec un portrait de l'épicier). Dans la pension Vauquer, l'habitat, le mobilier, les vêtements, les hôtes, tout concourt à l'atmosphère morale en même temps qu'à l'explication sociologique. Les personnages possèdent une histoire – naissance, qualités, fortune, profession – qui les situe à la fois dans la narration et dans la société française. Pour Henry James, qui l'admire, Balzac est autant un créateur qu'« un bénédictin du réel », enquêteur insatiable, tenaillé par le besoin de consigner et d'expliquer[2]. Mieux que l'histoire, à mi-chemin entre l'épopée nationale et les sciences morales et politiques, *La Comédie humaine* rend lisible la société post-révolutionnaire.

D'où ces revendications permanentes : Balzac se veut « plus historien que romancier », plus sensible aux mœurs

---

1. Jérôme David, « Une "réalité à mi-hauteur". Exemplarités littéraires et généralisations savantes au XIXe siècle », *Annales HSS*, n° 2, mars-avril 2010, p. 263-290.
2. Henry James, « Honoré de Balzac » (1902), in James Miller, *Theory of Fiction : Henry James*, Lincoln, University of Nebraska Press, 1972, p. 79-80. Voir Judith Lyon-Caen, *La Lecture et la vie. Les usages du roman au temps de Balzac*, Paris, Tallandier, 2006.

que les érudits uniquement « occupés des faits et des dates[1] », et le préfacier des *Études philosophiques* (1834) affirme que Balzac est supérieur aux « historiens en toge qui se croient grands pour avoir enregistré des faits ». La polémique contre l'histoire se poursuit dans l'avant-propos de *La Comédie humaine* (1842). En s'intéressant aux mœurs, qui changent selon les milieux et les époques, le romancier écrit une histoire contemporaine et démocratique, alors que l'historien, retranché derrière ses « sèches et rebutantes nomenclatures », ne fait qu'effleurer les sociétés. Balzac fait pour la France du XIXe siècle ce qui n'a pas été possible pour Rome, l'Égypte, la Perse ou l'Inde : fouiller, enregistrer, expliquer, établir la signification des actions et des choses. Non seulement l'écrivain fait un travail plus difficile que l'historien, mais ses romans sont plus authentiques, plus démonstratifs, plus vrais en somme. Le célèbre éloge du romancier capable de faire « concurrence à l'état civil » (avec Don Quichotte, Manon Lescaut, Robinson Crusoé, Werther ou Ivanhoé) vise à rabaisser l'historien, dont toute l'ambition consiste à « mettre en ordre les faits à peu près les mêmes chez toutes les nations ». Balzac reprend à son compte les deux bravades de Vigny : le romancier est meilleur historien que l'historien ; le romancier crée, pas l'historien.

Au XXe siècle, un démographe tirera son chapeau devant la « leçon d'histoire » administrée par Balzac : *La Comédie humaine* fournit à l'histoire et à la sociologie leur programme, par exemple la biologie de l'évolution sociale (vieillissement, générations, âges de la vie) et l'étude des classes sociales (hiérarchie, contacts, lieux, pratiques)[2]. Non

---

1. Honoré de Balzac, préface aux *Fragments des études de mœurs au XIXe siècle*, vol. 1, *La Femme supérieure [...]*, Paris, Werdet, 1838, p. LIII ; et *Béatrix ou les amours forcés*, Bruxelles, Méline, 1839, p. 6.

2. Louis Chevalier, « *La Comédie humaine* : document d'histoire ? », *Revue historique*, vol. 232, juillet-septembre 1964, p. 27-48.

content d'être un écrivain de génie, Balzac serait aussi le premier des historiens. Or, dans les années 1830-1840, les historiens revendiquent la même dualité : ils sont des créateurs à part entière, tout en ayant le monopole du vrai. Comme Ranke et Michelet, Augustin Thierry a l'ambition de concilier drame et exactitude, narration et problème, érudition et épopée, pour « faire de l'art en même temps que de la science[1] ».

L'histoire-science de l'âge romantique vit en osmose avec son milieu, la littérature, et ce miracle sera aussi son échec : les universitaires de la fin du siècle la déclareront trop narrative, trop lyrique, trop partisane, trop « littéraire » en somme, repoussant Michelet vers le pathétique de l'histoire-tragédie, Daunou vers le décorum de l'histoire-éloquence, Thierry vers les excès de l'histoire-panégyrique. Au début des années 1860, Sainte-Beuve trace une nouvelle ligne de partage entre les historiens et les poètes. Parmi ces derniers, Vigny, qui voit la réalité « à travers un prisme de cristal », mais aussi Michelet, qui pratique des « sciences à demi occultes[2] » : deux délires à partir de sources mal comprises.

---

1. Augustin Thierry, préface à *Dix Ans d'études historiques*, *op. cit.*, p. 347.
2. Sainte-Beuve, *Panorama de la littérature française de Marguerite de Navarre aux frères Goncourt*, Paris, LGF, Le Livre de poche, 2004, p. 1199 et p. 1213.

3
Histoire-science et « microbes littéraires »

Le terme de « réalisme », nom du pavillon où Courbet expose en 1855, titre d'une revue dirigée par Duranty et d'un recueil d'articles de Champfleury (1857), peut servir à caractériser une bonne partie des romans de la deuxième moitié du XIXe siècle. Il n'est pas difficile, en effet, de leur trouver des points communs : volonté de peindre la réalité sans l'expurger ni l'idéaliser, intérêt pour la vie du peuple et les choses du quotidien, évocation des grands problèmes du temps. Mais, défini de cette façon, le réalisme n'est pas fondamentalement nouveau. Au début du XVIIe siècle, des peintres comme Caravage et les frères Le Nain n'hésitent pas à représenter le petit peuple des villes et des campagnes. Defoe dans *Moll Flanders* (1722), Saint-Simon dans ses *Mémoires* (rédigés en partie dans les années 1720-1730), Fielding dans *Tom Jones* (1749) livrent une description du monde, de ses misères, de ses vices. Sous la monarchie de Juillet, Balzac peint la dureté de la société, tout comme Eugène Sue s'intéresse au sort des basses classes. Au sens large, la tradition réaliste prend sa source dans les Évangiles, où la parole de Dieu traverse l'existence d'artisans, de pêcheurs, d'infirmes et de prostituées[1].

---

1. Erich Auerbach, *Mimésis. La représentation de la réalité dans la littérature occidentale*, Paris, Gallimard, 1977, chap. II et III.

Depuis la Renaissance, la plupart des révolutions artistiques se sont faites au nom de la vérité. Mais le classicisme et le romantisme ne s'appuyaient pas sur l'autorité du savant. Au contraire, le roman réaliste des années 1860-1880 a l'ambition de tenir un discours de vérité fondé sur la science, dont Claude Bernard expose les fondements dans *Introduction à l'étude de la médecine expérimentale* (1865). Ce qui distingue le projet réaliste, né au croisement de la littérature, de l'enquête et de la biologie, n'est pas tant la représentation fidèle du monde (ou le spectacle des misères « sans fard ») que la volonté d'élaborer une science du réel. C'est sur ce point précis que se rencontrent le naturalisme et l'histoire méthodique à partir des années 1870.

La méthode naturaliste

Les écrivains réalistes s'efforcent de théoriser un art qui parvienne au vrai par l'intermédiaire de la science. Dès les années 1850, Flaubert prophétise que « la littérature prendra de plus en plus les allures de la science[1] », et les Goncourt expliquent dans la préface de *Germinie Lacerteux* (1864) que ce « roman vrai » s'est imposé les « devoirs de la science ». Cela explique que le réalisme s'identifie moins à la tradition romanesque qu'aux sciences naturelles et à la médecine. Dans l'avant-propos de *La Comédie humaine*, Balzac se recommande de Buffon, Cuvier et Geoffroy Saint-Hilaire, avant de faire quelques rapides allusions à Pétrone et à la chanson de geste. Sous un tel patronage, le réalisme est autant une forme littéraire, fiction et narration, qu'une intelligence du réel, « une méthode de penser, de voir, de réfléchir, d'étudier, d'expérimenter, un besoin d'analyser

---

1. Gustave Flaubert, lettre à Louise Colet (6 avril 1853), *Correspondance*, vol. 2, Paris, Gallimard, « Bibliothèque de la Pléiade », 1980, p. 298.

pour savoir », selon les termes d'un proche de Zola, familier des soirées de Médan[1]. C'est pourquoi la capacité d'invention n'éclipse jamais l'effort documentaire : les romanciers réalistes ne partent pas de rien, mais se font hommes de terrain, journalistes, archivistes, voyageurs, ethnologues, afin de recueillir leur matériau. Balzac se documente sur la Vendée pour *Les Chouans* et se remémore ses déboires d'imprimeur pour *Illusions perdues*. Hugo intercale dans ses romans de longs développements sur Paris, les barricades, les récifs de la Manche, les lords d'Angleterre, la Convention, Waterloo. Après avoir visité la Tunisie en 1858, Flaubert décide que le manuscrit de *Salammbô* est « complètement à refaire[2] ». Les romanciers américains seront aussi de grands enquêteurs. *The Jungle* (1906) s'inspire de l'expérience d'Upton Sinclair dans les abattoirs de Chicago. Avant d'écrire *Les Raisins de la colère* (1939), Steinbeck a rencontré des Okies et écumé les camps d'émigrants en Californie.

Ancien journaliste, Zola va bien au-delà de cette méthode d'investigation. Chacun de ses romans donne lieu à une longue préparation qui consiste à collecter des informations et des documents, faire des visites, rencontrer des gens, s'imprégner des ambiances. Zola lit (et parfois met en fiches) les ouvrages des grands aliénistes de son temps, ce qui lui permet de décrire avec précision les effets du delirium tremens et de diverses pathologies professionnelles. Il visite les Halles et le théâtre des Variétés, déambule dans les rayons du Bon Marché, descend à la mine, assiste à des réunions syndicales, entre dans les corons et les estaminets, sillonne

---

1. Paul Alexis, cité dans Jules Huret, *Enquête sur l'évolution littéraire* [...], Paris, Charpentier, 1891, p. 188 *sq*.
2. Cité dans Clémentine Gutron, « *Salammbô* : une leçon d'archéologie par Flaubert », in Alban Bensa, François Pouillon, *Terrains d'écrivains. Littérature et ethnographie*, Toulouse, Anacharsis, 2012, p. 35-66.

la Beauce, refait le chemin de l'armée à Sedan. Il y a dans *Germinal* (1885) toute une ethnologie de la vie quotidienne des mineurs – emploi du temps, habitudes alimentaires, rituels familiaux ou amoureux, fêtes, distractions, jeu de la crosse, partie de quilles, concours de pinsons, que Zola a observés ou s'est fait décrire. Le dossier préparatoire du roman révèle des sources très variées : coupures de presse, articles du Larousse, comptes rendus d'ouvrages sur les techniques d'extraction et l'hygiène des mineurs, plan d'un coron, notes sur la compagnie d'Anzin, lexique de la mine. Tout le livre témoigne de ce « sens du réel[1] ».

Fort de cette documentation, Zola procède à une expérience qui se veut scientifique. Il place les personnages dans un milieu donné, des conditions particulières et, en en déduisant l'action, teste la validité de son hypothèse de départ. Les organismes et les tempéraments se modifient sous la pression des circonstances ; le roman est le procès-verbal de cette expérience. « Au bout, il y a la connaissance de l'homme, la connaissance scientifique[2]. » En ce sens, l'écrivain n'invente rien. Il étudie des cas, résout des problèmes, poussé par la curiosité du savant et l'amour de la vérité. Le roman a une visée cognitive malgré son caractère de fiction.

Inutile de s'étendre sur les illusions de ce scientisme. Le procès du naturalisme a commencé avec le naturalisme lui-même : laideur, obscénité, simplisme, arbitraire, fatalisme. Le fait est que les « hypothèses » de Zola relèvent de croyances bien arrêtées : les individus sont prisonniers de leur hérédité, la modernité produit des hommes nerveux

---

1. Émile Zola, « Le sens du réel » (1878), in *Le Roman naturaliste. Anthologie*, Paris, Le Livre de poche, 1999 ; et *Carnets d'enquêtes. Une ethnographie inédite de la France*, Paris, Plon, « Terre humaine », 1986.
2. Émile Zola, *Le Roman expérimental* (1880), in *Le Roman naturaliste...*, *op. cit.*, p. 90.

et avides, bientôt rongés de monstruosités morales. Tout le cycle des *Rougon-Macquart* est déterminé par l'idée que le Second Empire, aggravant les dérèglements de la Révolution, a excité les ambitions, déchaîné les appétits, décuplé la soif de jouir, favorisé la bousculade démocratique où les individus se ruent et chutent, épuisés d'avoir vécu trop vite. Zola tient donc sa vérité avant d'écrire une ligne. Ses romans développent un postulat, illustrent un diagnostic bien plus qu'ils ne « démontrent » quoi que ce soit, en dépit du fait que Zola s'est énormément documenté.

Mais une chose est que les écrivains réalistes croient faire de la science ; une autre est qu'ils partagent les mêmes valeurs que les médecins, les physiciens et les biologistes. Les « lettres » sont de plus en plus influencées par les « sciences ». Dans la deuxième moitié du XIXe siècle, le scientisme subsume à la fois le roman et l'histoire, ces deux formes de littérature-méthode.

L'avènement de l'histoire-science

L'histoire doit adopter un « point de vue strictement scientifique », annonce Gabriel Monod en ouverture du premier numéro de la *Revue historique*[1]. Perceptible en terre allemande dès les années 1830, une révolution intellectuelle a lieu en Europe et en Amérique du Nord dans le dernier quart du XIXe siècle, qui fait entrer l'histoire dans la « science positive ». Cette révolution est jalonnée par la création de revues (la *Revue historique* en 1876), d'associations (l'American Historical Association en 1884), d'institutions (l'École française de Rome en 1875) et la mise au point d'une méthode (le collectif *Methods of*

---

1. Gabriel Monod, « Du progrès des études historiques en France depuis le XVIe siècle », *Revue historique*, tome I, janvier-juin 1876, p. 5-38.

Teaching History en 1883, l'*Introduction aux études historiques* de Langlois et Seignobos en 1898). La science historique qui triomphe à la fin du siècle repose sur trois piliers : l'idéal d'objectivité, la source documentaire, le milieu professionnel.

L'historien est celui qui étudie des faits. Cette définition vise à rompre avec les controverses post-révolutionnaires et l'histoire maîtresse de vie, mais aussi avec la philosophie de l'Histoire, qui cherche à établir des lois valables pour le passé comme pour l'avenir. C'est pourquoi le nouvel historien n'est pas un « positiviste » au sens d'Auguste Comte ; il n'essaie pas d'établir le sens de l'Histoire, les différents âges par lesquels passe l'humanité. En revanche, il est un « méthodique », un savant dont le travail repose sur une démarche scientifique.

L'historien ne polémique pas, ne conseille pas, ne spécule pas ; il se contente d'établir, selon la formule prêtée à Ranke, « ce qui est vraiment arrivé » (*wie es eigentlich gewesen*). Ce mot d'ordre, qu'on pourrait qualifier de norme rankéenne, érige l'idéaliste allemand en modèle de scientificité, en père fondateur de la discipline, et c'est ainsi que le vénèrent les historiens américains, de Herbert Adams dans les années 1880 à George Adams au début du XXe siècle. L'histoire objective, sans passion ni idées préconçues, vulgarise l'empirisme de Bacon et de John Stuart Mill : induction prudente à partir des observations, refus des généralisations hâtives et des théories métaphysiques, importance des taxinomies, volonté de « laisser parler » les faits pour produire une histoire définitive[1].

---

1. Voir Georg Iggers, « The Image of Ranke in American and German Historical Thought », *History and Theory*, vol. 2, n° 1, 1962, p. 17-40 ; et plus largement Peter Novick, *That Noble Dream. The « Objectivity Question » and the American Historical Profession*, Cambridge, Cambridge University Press, 1988, chap. 1-3.

Pour ce faire, l'historien s'appuie sur des sources, un matériau original constitué d'archives, de vestiges, d'inscriptions, de monnaies, et authentifié grâce aux sciences dites « auxiliaires », numismatique, paléographie, épigraphie, diplomatique. Pour Seignobos, les documents sont des traces, grâce auxquelles l'historien peut remonter jusqu'aux faits aujourd'hui disparus. En ce domaine, les Français et les Américains prennent exemple sur les savants allemands, Niebuhr, Böckh, Ranke, Harnack, Gervinus, Mommsen, Waitz, et s'inspirent de leurs grandes collections érudites, *Monumenta Germaniae* ou *Scriptores Rerum Prussicarum*. L'institutionnalisation de l'histoire – milieu professionnel unifié, publications savantes, lien avec l'enseignement supérieur – constitue un autre motif d'admiration, et de nombreux Américains et Français effectuent des voyages d'étude dans les universités allemandes (Monod dès 1867, Emerton et Herbert Adams en 1876, Seignobos en 1879, Camille Jullian en 1882). L'histoire quitte le cabinet de l'amateur pour entrer dans l'ère de la *Wissenschaft*. Désormais, l'historien est un universitaire, et l'enseignement supérieur s'organise autour de séminaires, de cursus, de programmes et de diplômes[1].

L'érudition allemande et l'institutionnalisation de l'histoire en France avaient transformé, dès la première moitié du XIXe siècle, la pratique de l'histoire ; mais c'est dans les dernières décennies du siècle qu'elle acquiert véritablement ses lettres de noblesse. Elle était un genre mineur dans l'Antiquité, sous-poésie, sous-rhétorique, sous-philosophie. Au Moyen Âge, écartelée entre les arts, la théologie et le droit, elle occupait une place secondaire à l'université. Quant aux historiographes de l'âge classique, ils étaient assimilés à des

---

1. Voir Charles-Olivier Carbonell, *Histoire et historiens. Une mutation idéologique des historiens français, 1865-1885*, Toulouse, Privat, 1976 ; et plus largement Christophe Charle, Jacques Verger, *Histoire des universités*, Paris, PUF, 2012, chap. V et VI.

courtisans. Pour la première fois, l'histoire, devenue profession, méthode, discours de vérité, n'est plus dominée. C'est en devenant science qu'elle acquiert définitivement sa dignité.

Le mode objectif

Impératif de documentation, enregistrement des faits, souci méthodologique, recherche de la vérité : la convergence épistémologique entre la littérature réaliste et l'histoire-science produit un effet de brouillage, comme au temps de Balzac. Pour les Goncourt, « le roman actuel se fait avec des *documents*, racontés ou relevés d'après nature, comme l'histoire se fait avec des documents écrits[1] ». Zola, dont le cycle *Rougon-Macquart* est consacré à l'« histoire naturelle et sociale » d'une famille sous le Second Empire, va encore plus loin : « Je fais de l'histoire[2]. » Inversement, lors d'un congrès international d'historiens en 1900, le président Henri Houssaye observe que le roman est fait avec des « documents humains », des notes de calepin, des observations directes, avant de conclure que « le romancier procède à peu près comme l'historien[3] ». Les uns étudient le passé, les autres le présent : seul l'objet change.

Le scientisme qui anime le romancier et l'historien leur crée un mode narratif commun, un fonds de techniques dans lequel ils puisent tous deux. La convergence a été préparée par les maîtres des années 1860, Fustel de Coulanges, Renan et Taine, historiens-écrivains annonciateurs de la révolution méthodique. Ce mode objectif a quatre dimensions.

---

1. Edmond et Jules de Goncourt (24 octobre 1864), *Journal*, vol. 1, Paris, Robert Laffont, « Bouquins », p. 1112.
2. Émile Zola, « Premier plan remis à Lacroix », in *Les Rougon-Macquart* […], vol. 5, Paris, Gallimard, « Bibliothèque de la Pléiade », 1967, p. 1757.
3. *Annales internationales d'histoire. Congrès de Paris, 1900*, Paris, Armand Colin, 1901, p. 7.

Le détachement du savant. Admirateurs de l'érudition bénédictine, les tenants de l'histoire-science affichent un idéal d'objectivité et de sérénité. Point de favoritisme, point de haine, point de rancune : le passé étant nettement séparé du présent, l'historien peut l'étudier avec toute la distance requise. Désintéressé, préservé de toutes les passions, il sait prendre du recul pour goûter « ce charme d'impartialité parfaite qui est la chasteté de l'histoire[1] ». On retrouve cette attitude chez Flaubert, qui veut traiter l'âme humaine avec la même neutralité, la même capacité d'indifférence que l'entomologiste devant une fourmilière. Et Taine d'avouer au maître, en 1877, son admiration pour le « calme » et la « perpétuelle absence » dont il fait preuve dans *Trois Contes*, coupant le lien ombilical qui rattache une œuvre à son auteur : « *Hérodias* est la Judée trente ans après J.-C., la Judée réelle. […] Vous aviez bien raison de me dire qu'à présent l'histoire et le roman ne peuvent plus se distinguer. » Ce principe d'impassibilité fait de Flaubert l'inspirateur ou, du moins, le précurseur des historiens de la fin du siècle[2].

L'expulsion du « je ». À partir des années 1850 et des travaux de Claude Bernard, la science entre dans un régime d'objectivité qui consiste à prémunir l'observation contre le sujet qui l'effectue[3]. La médiation humaine devient perturbation, déformation, risque d'erreur. Se passer de l'observateur, expulser le narrateur du texte. Équivalente est, chez Flaubert, la règle de la non-intervention : le romancier n'a pas le droit de donner son avis, « il doit, dans sa création, imiter Dieu

---

1. Numa Denis Fustel de Coulanges, *Questions contemporaines*, Paris, Hachette, 1919 (1893), p. 26.
2. Marianne Bonwit, *Gustave Flaubert et le principe d'impassibilité*, Berkeley, Los Angeles, University of California Press, 1950 ; et Bruna Donatelli, « Taine lecteur de Flaubert. Quand l'histoire rencontre la littérature », *Romantisme*, n° 111, 2001, p. 75-87.
3. Voir Lorraine Daston, Peter Galison, *Objectivité*, Paris, Les Presses du réel, 2012, chap. III et IV.

dans la sienne, c'est-à-dire faire et se taire[1] ». Pour Zola, ce n'est pas l'écrivain qui parle, mais les faits, les lois de l'hérédité. Fustel de Coulanges (et la plupart des historiens après lui) partage cette morale de l'abstention, écartant tout ce qui pourrait être entaché de subjectivité, gardant empire sur soi pour ne pas infliger au lecteur son individualité : « Le meilleur historien de l'Antiquité sera celui qui aura le plus fait abstraction de soi-même, de ses idées personnelles et des idées de son temps, pour étudier l'Antiquité[2]. » Il y a dans cet effacement du moi une abnégation, une modestie sacrificielle qu'on retrouve chez le moine Mabillon ou chez les « héros de la science » selon Renan, résignés à n'être que d'anonymes monographes. La vertu importe autant que la vérité : le moi en histoire est haïssable parce qu'il est narcissisme, mais aussi parce qu'il est non-science. Comme la chimie et l'astronomie sont impersonnelles, l'extinction du moi garantit l'objectivité des historiens. Elle certifie la neutralité axiologique, cette *Wertfreiheit* que Max Weber recommandera au début du XXe siècle.

Le point de vue universel. L'attitude de recul qu'adoptent le romancier et l'historien est une manière de dominer le panorama. La position de surplomb, point de vue de Dieu, permet de tout voir d'un seul coup. Cette vision générale est l'une des marques de fabrique du réalisme, mais les historiens la connaissent depuis que Polybe a inventé la *sunopsis*, narration synoptique qui permet de tout embrasser en un regard. On peut, dit Lucien de Samosate, voir d'en haut le camp romain et, l'instant d'après, le camp perse. À l'image de Zeus ou de l'aventurier dans *Icaroménippe*, l'historien est

---

1. Gustave Flaubert, lettre à Amélie Bosquet (20 août 1866), *Correspondance, op. cit.*, vol. 3, p. 517.
2. Numa Denis Fustel de Coulanges, « Comment il faut lire les auteurs anciens », in Camille Jullian, *Extraits des historiens français du XIXe siècle*, Paris, Hachette, 1908, p. 659 *sq.*

celui qui vole « au-dessus des nuages ». Point de vue externe ou point de vue omniscient ? Contrairement au romancier, l'historien n'est pas capable de pénétrer jusqu'au tréfonds des âmes ; mais, comme le romancier, il en sait toujours plus que ses personnages, ne serait-ce que parce qu'il connaît la suite de l'histoire. La focalisation zéro (pour reprendre la typologie de Gérard Genette), dans laquelle le narrateur est à la fois absent et omniprésent, sera le mode privilégié de l'histoire méthodique. En fin de compte, le « point de vue sans point de vue » de la science historique, « point de vue en survol et en surplomb de spectateur quasi divin[1] », rejoint le partout-et-nulle-part du narrateur flaubertien.

Le rêve de transparence. Pour accréditer l'idée qu'ils ont un accès direct à la réalité, les romanciers ont souvent recours à la métaphore de la vitre. « La maison de la fiction n'a pas en somme une fenêtre, mais un million », écrit Henry James dans la préface de 1908 à *The Portrait of a Lady* ; ces ouvertures, fenêtre ou trou dans un mur, donnent sur la « scène humaine ». Chez Zola, les architectures ouvertes, fenêtre, vitrine, serre, cabinet vitré, forment une immense « maison de verre » qui ne peut rien dérober aux regards. Ce vérisme hyalin se traduit par une parfaite clarté d'intrigue, une égale lumière jetée sur tous les personnages, une composition logique, un vocabulaire accessible à tous. Car, comme le dit Maupassant, les romanciers qui fuient la « simple réalité », exposant des faits douteux ou écrivant avec préciosité, font tomber « la pluie sur la propreté des vitres[2] ». Les historiens méthodiques n'ignorent pas que l'histoire est une connaissance indirecte, par traces ; mais leur

---

1. Pierre Bourdieu, *Science de la science et réflexivité. Cours du Collège de France, 2000-2001*, Paris, Raisons d'agir, 2001, p. 222.
2. Guy de Maupassant, « Le roman » (1887), in *Pierre et Jean*, Paris, Ollendorff, 1888. Voir Philippe Hamon, « Zola, romancier de la transparence », *Europe*, n° 468-469, avril-mai 1968, p. 385-391.

narration emprunte à l'hypotypose qui, comme la définit Quintilien, « place la chose sous nos yeux ». En donnant à voir, ce réalisme permet un accès direct aux « faits ». On assiste à la scène : le passé se rejoue devant nous, comme si le langage et la narration s'effaçaient. Le scientisme justifie le mode objectif auquel empruntent tant la littérature réaliste que l'histoire méthodique. Par-delà la technique de narration, on peut discerner un véritable habitus de l'objectivité : discrétion, assurance, maîtrise de soi, associées à la légitimité du savant et du résultat. Les positions épistémologiques et morales déterminent donc les choix d'écriture. Les poéticiens dans la mouvance de Barthes ont montré l'« effet de réel » qui en résulte, la part d'illusionnisme que véhicule la *mimesis*, privilège et tour de force du narrateur-Dieu[1].

Didactisme, idéal de clarté-limpidité, lissage, narration sans couture, principe d'impassibilité, absence ubiquiste de l'énonciateur, point de vue absolu, accès direct à la réalité, ton de l'évidence, telles sont les structures indissociablement cognitives et narratives d'une histoire (au double sens du terme) qui se raconte toute seule. Cette « objectivité » en majesté finit par acquérir une dimension mythologique. Comme Zola décrivant les rayons du grand magasin, Ernest Lavisse, suppléant de Fustel de Coulanges à la Sorbonne puis professeur et directeur de l'École normale supérieure, raconte les fêtes à la cour de Louis XIV :

> D'exquis raffinements étaient trouvés dans la splendeur de ces réjouissances. [...] Après qu'une collation eut été servie dans le bosquet du Marais au bruit mêlé des eaux, des violons et des hautbois, l'*Alceste* de Lulli fut jouée dans

---

[1]. Voir Gérard Genette, Tzvetan Todorov (dir.), *Littérature et réalité*, Paris, Seuil, 1982, notamment Roland Barthes, « L'effet de réel » (1968), p. 81-90, et Philippe Hamon, « Un discours contraint », p. 119-181.

la cour de Marbre toute ornée de caisses d'orangers, de girandoles, de guéridons et de vases d'or. Les eaux coulaient de la fontaine enguirlandée ; pour qu'elles ne fissent pas trop de bruit, leur chute s'assourdissait dans des vases de fleurs. C'était un des plus chers plaisirs du Roi de se promener en gondole, à la nuit tombante ou tombée, suivi d'un vaisseau qui portait Lulli et sa troupe[1].

L'histoire méthodique n'est pas une pensée de la preuve. Il y a là une exposition de faits, un enchaînement de certitudes, bien plus qu'une démonstration. Les eaux coulent de la fontaine, Louis XIV et sa cour nous apparaissent. On glisse sur un récit sans origine ni aspérité. Car le paradoxe du mode objectif, c'est qu'il est un mode qui se nie, se fuit, dissimule sa présence et ses attributs jusqu'à disparaître, par une vertu d'auto-effacement qui laisse la réalité parler « d'elle-même ».

À propos du Salon de 1859, Baudelaire écrit que le positivisme caractérise la peinture réaliste, attachée aux choses « telles qu'elles sont ». En fait, l'équivalent de l'histoire objective, dans le domaine de l'art, n'est pas la peinture de Courbet mais la peinture académique. Les « pompiers », Cabanel, Gérôme, Bouguereau, Meissonier, Laurens, Detaille, en lien avec les grandes institutions publiques, Académie, École des beaux-arts, Salon, offrent des Vénus et des charges de cavalerie à la bourgeoisie au pouvoir. Producteurs d'art officiel, passionnés de détails où s'exhibe leur virtuosité technique, ils peignent en érudits. L'exactitude se niche jusque dans les boutons de guêtre.

Comme les historiens d'État des années 1870-1890, les peintres académiques rejouent le passé national sur la scène de l'Histoire. Leur histoire-événement, où officient les rois

---

1. Ernest Lavisse, *Histoire de France depuis les origines jusqu'à la Révolution*, tome VII, Paris, Hachette, 1905, p. 155-156.

et les éminences grises, est une histoire léchée où l'imitation a pris le pas sur l'intelligence. Dans le champ artistique comme dans le champ historien, c'est le même monopole de la légitimité, le même professionnalisme, le même souci de lisibilité, le même point de vue frontal et universel, la même « esthétique du fini » qui escamote l'impression et l'esquisse, fait disparaître le maître derrière son œuvre, déréalise la réalité à force de distance et d'impersonnalité. Il faudra tout le génie de Manet non seulement pour démoder cette manière de peindre, mais pour renverser le système de l'Académie[1]. L'université française, elle, n'a pas eu son Manet.

Voyants contre mandarins

Dans les dernières décennies du siècle, les méthodiques de l'université (Seignobos, Lavisse, Lanson, Durkheim) radicalisent, jusqu'à en faire une loi d'airain, les principes épistémologico-narratifs introduits par les scientistes de la première génération. Pourtant, ces derniers avaient une pratique beaucoup plus souple de l'histoire-science, qui n'ignorait pas sa dimension littéraire.

Dans ses préfaces aux *Essais de critique et d'histoire* (1858), Taine prône une histoire expérimentale à la Claude Bernard, avec analyse des faits, classement, abstraction, formulation, en vue de réussir une « anatomie dans l'histoire humaine ». Cela ne l'empêche pas de rendre hommage à Lessing, Scott, Carlyle, Thierry et Michelet, pionniers de l'historiographie moderne, qui ont cherché derrière les textes l'homme vivant doué de passions. Dans un article consacré à la « psychologie du Jacobin » (1881), il propose une histoire psychologique

---

1. Pierre Bourdieu, *Manet. Une révolution symbolique*, Paris, Seuil, Raisons d'agir, 2013.

d'autant plus proche de la littérature qu'elle est fondée sur l'intuition, l'imagination, la capacité d'introspection, l'identification de l'historien à son objet, la technique du monologue intérieur[1]. Quant à Renan, philologue, il écrit la *Vie de Jésus* (1863) après avoir voyagé en Palestine, sur les sentiers que le Nazaréen a foulés, devant les horizons qu'il a contemplés. Comme l'introspection et la psychologie, l'imagination figure parmi les outils du biographe : pour faire revivre les âmes du passé, « une part de divination et de conjecture doit être permise ».

Non seulement ces scientistes première manière vivent encore à l'heure des belles-lettres – art de la plume, talent de l'homme de lettres, refus de la spécialisation, essayisme, voyages d'érudition, succès mondains –, mais ils ont parfaitement conscience que l'histoire appartient à la littérature. Au contraire, la génération des méthodiques récuse tout lien de parenté : cette « science pure » qu'est l'histoire risquerait de se contaminer. Dans les dernières décennies du siècle, l'histoire rompt avec la littérature. Plus exactement, elle s'arrache à la classe des textes « littéraires ».

Ce divorce a plusieurs causes. La première est une situation de rivalité aiguisée par l'usage du mode objectif. La bataille de la vérité des années 1830 se poursuit. L'histoire sera-t-elle une meilleure science sociale que le naturalisme ? Qui tiendra le discours le plus pertinent sur la réalité ? Le roman est la forme que prennent l'enquête sociale et l'histoire contemporaine à une époque où les historiens de profession, contrairement à Zola, ne s'intéressent pas aux métiers, aux salaires, aux budgets, à la hiérarchie sociale, aux modes de vie, à la naissance, à la mort, à la maladie,

---

1. Patrizia Lombardo, « Hippolyte Taine Between Art and Science », *Yale French Studies*, n° 77, 1990, p. 117-133 ; et Nathalie Richard, *Hippolyte Taine. Histoire, psychologie, littérature*, Paris, Classiques Garnier, 2013, p. 140 *sq.* et p. 245 *sq.*

au sexe, à l'amour ni à aucun des thèmes qui passionneront l'école des *Annales* et l'histoire des mentalités au XXe siècle. À ce titre, le naturalisme a joué un rôle précurseur, comme le roman scottien en son temps. Alors que le petit peuple intéresse les écrivains depuis les années 1830 et les sociologues de Chicago depuis les années 1920, il faudra attendre le travail de Georges Lefebvre dans l'entre-deux-guerres et surtout la « nouvelle histoire » des années 1970 pour que les historiens aient l'idée de travailler sur les humbles, les anonymes, les silencieux, les choses du quotidien.

Les transformations institutionnelles constituent un autre facteur de rupture. Avec l'autonomisation parallèle de l'université et du champ littéraire, deux figures se cristallisent : le « savant » (Claude Bernard, Pasteur, Lavisse), artisan de la vérité et de la gloire nationale, notable couvert d'honneurs ; l'« artiste » (Baudelaire, Verlaine, Van Gogh), en butte à la société bourgeoise et à l'incompréhension de ses contemporains[1]. Or ces dynamiques entrent en conflit. Le poète mène la vie de bohème, affiche son mépris des conventions, son dégoût pour la quotidienneté prosaïque (et donc le naturalisme). L'utilitarisme de la science et l'impératif documentaire contrarient sa soif de liberté. Voyant contre mandarin. Génie incompris contre institution. Chef-d'œuvre immortel contre découvertes périssables. Passion christique contre méticulosité. Gratuité de l'art contre idéologie du progrès.

Représentants d'une profession, les historiens ne se reconnaissent plus dans les artistes, poètes et autres « hommes de lettres ». Les provocations de l'avant-garde dérangent leur quête de respectabilité scientifique. La discipline collective n'est pas compatible avec les envolées du moi et les fugues de l'imaginaire. La morale de l'humilité ne peut tolérer les prétentions d'auteur. En avouant, au début de son étude *Des réputations*

---

1. Voir Christophe Charle, *Naissance des « intellectuels », 1880-1900*, Paris, Minuit, 1990, p. 24 *sq.*

littéraires (1893), qu'il recherchait la gloire *post-mortem*, Paul Stapfer, doyen de la faculté des lettres de Bordeaux, s'est ridiculisé : il a oublié que le métier de critique et d'historien « ne vaut que par l'effacement de notre personne[1] ». Sous Louis XIV, la plupart des hommes de lettres évoluaient dans le milieu des académies ou étaient financés par l'État. Au XIXe siècle, c'est toujours le sort des universitaires – mais plus des écrivains. L'histoire vit inféodée : elle dépend de la nation, de la faculté, de la corporation, des archives. La littérature, elle, s'est affranchie. Dans ce système très polarisé, Zola occupe une place centrale mais ambiguë. Fraiera-t-il avec les artistes maudits ou avec les savants de la République ? Il serait plutôt du côté de l'expertise, du succès commercial, de la Légion d'honneur ; mais les sciences et l'histoire n'acceptent plus les hommes de plume.

Octroyer à l'historien le monopole du réel, du sérieux, de la science, de la vérité, et laisser l'écrivain régner dans la littérature, l'art, l'imagination, la subjectivité, revient à condamner le projet naturaliste. L'entre-deux devient suspect, voué à l'échec. C'est dans ce contexte que Gustave Lanson, professeur à la Sorbonne et futur directeur de l'École normale (en 1919, après Lavisse), invente une science de la littérature, en appliquant aux textes les méthodes de l'érudition, de la philologie et de l'histoire. Les critiques « littéraires », Brunetière, Faguet, Nisard, sont renvoyés dans la littérature, c'est-à-dire la non-science.

Les enjeux de cette clarification institutionnelle expliquent la violence anti-zolienne dont Lanson fait preuve dans son article « La littérature et la science » (1892) et qui outrepasse largement le ton de la discussion savante. Pour lui, les naturalistes offrent la forme « la plus outrée et la plus dégradée

---

1. Gustave Lanson, « L'immortalité littéraire » (1894), in *Hommes et livres. Études morales et littéraires*, Genève, Slatkine, 1979 (1895), p. 295-315.

de la littérature scientifique » ; ils se produisent comme les charlatans dans les cafés-concerts de province, « entre une niaise chanson et des cochons savants ». Le projet zolien est le nœud qu'il faut trancher pour enfin séparer la science et l'art, l'objectivité et l'écriture. Que chacun désormais campe sur son territoire. Le possible, l'inconnu, l'indémontrable, l'irréel forment la matière de la littérature ; les objets de la science ne sauraient donner matière à invention poétique, romanesque ou oratoire. Pour marcher en terrain sûr et fonder une science du littéraire, il est nécessaire de se doter d'une méthode. Et Lanson de se réjouir : « L'histoire, de nos jours, a rompu avec la littérature[1]. »

Que la littérature perde tout espoir de dire la vérité ; c'est le rôle de la science et de ses nouvelles recrues – histoire, histoire littéraire, sociologie – au sein de l'université. Le savant ne fait pas de littérature ; il peut seulement la lire et la commenter. Cet adieu à la création est le prix à payer pour entrer dans le temple du savoir et conquérir l'autonomie professionnelle au sein d'un système de disciplines spécialisées. L'histoire-science s'oppose désormais à la littérature-art.

Deux millénaires oubliés

Savants et écrivains : c'est le nouveau tracé de la frontière. Mais cette ligne traverse l'histoire elle-même. La séparation d'avec la littérature, le roman, la poésie, l'univers des lettres, se double d'un mépris pour les historiens eux-mêmes trop « littéraires » (qu'ils soient antiques ou modernes). L'histoire qu'ils pratiquent est à la fois le contraire et le passé de la science historique : dramatisation, anecdotes, pittoresque,

---

1. Gustave Lanson, « La littérature et la science » (1892), in *Hommes et Livres...*, *op. cit.*, p. 317-364. Voir Antoine Compagnon, *La Troisième République des Lettres, de Flaubert à Proust*, Paris, Seuil, 1983, p. 35-51.

couleur locale, rhétorique, subjectivité, éclectisme, divination, passions contemporaines. Au sein de la discipline, « littéraire » devient un terme dépréciatif. En 1855, Michelet s'agace qu'on le loue comme écrivain ou poète, car c'est l'appellation « sous laquelle on a cru jusqu'ici accabler l'historien[1] ». Fustel de Coulanges est blessé quand on célèbre son « talent » d'écrivain et son « admirable *Cité antique* »[2]. La parenté de la science ennoblit, le voisinage de la littérature dégrade.

Pour Monod, Langlois et Seignobos, l'histoire est un genre littéraire jusqu'aux romantiques. C'est seulement à partir des années 1860 qu'elle entre dans la modernité en devenant science. Les méthodiques se choisissent quelques prédécesseurs à partir de la Renaissance (jésuites, bénédictins, érudits allemands) : ceux-là incarnent un long tâtonnement, la préhistoire de l'histoire, les degrés qu'on gravit pour accéder à la Science. Les autres, livrés aux caprices de leur imagination, ont été « des littérateurs avant d'être des savants[3] ». *Exeunt* Hérodote et les Grecs, Tacite et les Latins, les chroniqueurs médiévaux, les mémorialistes de l'âge classique, les Guichardin, les Bayle, les Voltaire, les libéraux, les romantiques, tous ces autodidactes pleins de charme et de passion. Victimes collatérales de la révolution méthodique, ils relèvent désormais de la « littérature ».

Voltaire ? Un philosophe. Gibbon ? Un écrivain du siècle des Lumières. Michelet ? Un poète doté d'un puissant tempérament. Même Monod, qui conserve ses papiers intimes et lui consacre un cours au Collège de France, regrette que

---

1. Jules Michelet, lettre à Taine (1855), cité dans Roland Barthes, *Michelet*, Paris, Seuil, « Points », 1988 (1954), p. 76.
2. François Hartog, *Le XIXe Siècle et l'histoire. Le cas Fustel de Coulanges*, Paris, Seuil, « Points histoire », 2001, p. 156-157.
3. Gabriel Monod, « Du progrès des études historiques… », art. cit., p. 29-30.

ses livres ignorent « la précision scientifique, la méthode[1] ». Michelet a le mérite d'avoir ressuscité le passé, mais il n'a plus rien d'un savant, d'un érudit, d'un dévoreur d'archives, d'un inventeur de concepts – jusqu'à ce que Lucien Febvre foudroie les « pauvres hères » de la génération de 1870-1890 qui l'avaient ravalé au rang de « littéraire[2] ». C'est ainsi que l'histoire-méthode rétrécit et dénature les historiens qui ont pensé autrement qu'elle : ils deviennent des « écrivains de talent », des artistes essentiellement soucieux de style, de couleur, de vie, portés par leur enthousiasme. Qui ne cherche pas à dégager des faits est condamné à errer dans les brouillards de l'imagination. La norme rankéenne a effacé la complexité de Ranke.

La liberté de création dont jouissait l'homme de lettres ne peut survivre à la spécialisation des disciplines et aux exigences de la carrière. La mort de Macaulay en 1859, saluée comme « un génie presque universel, un poète, un orateur, un critique, un historien, un biographe[3] », marque à cet égard la fin d'une époque, bien avant la disparition de Renan et Taine au début des années 1890. Rares, désormais, sont les historiens qui osent pratiquer un autre genre que l'histoire. Henry Adams, *academic* et futur président de l'American Historical Association, publie deux romans dans les années 1880, *Democracy* et *Esther*, mais sans les signer. Amoureux de la vigne bourguignonne, Gaston Roupnel est à la fois romancier et historien des campagnes, mais il mène une carrière en demi-teinte ; seul Febvre refuse de voir en lui « un amateur un peu

---

1. Gabriel Monod, *Les Maîtres de l'histoire. Renan, Taine, Michelet*, Paris, Calmann-Lévy, 1894, p. 181. Voir Yann Potin, « Les fantômes de Gabriel Monod. Papiers et paroles de Jules Michelet, érudit et prophète », *Revue historique*, n° 664, 2012, p. 803-836.

2. Lucien Febvre, *Michelet et la Renaissance*, Paris, Flammarion, 1992, p. 53.

3. Amédée Pichot, avant-propos à Macaulay, *Œuvres diverses. Biographies, essais historiques, critiques et littéraires. Première série*, Paris, Hachette, 1860, p. IX.

fantaisiste[1] ». Plus rares encore sont les savants qui tentent de concilier, dans une même recherche, art et science. Les rêveries-promenades d'Élisée Reclus, écrites à la première personne, sans bibliographie, afin d'instruire et de toucher, sont « à la fois science et poésie[2] ». Mais il est dédaigné comme un géographe excentrique, plus « littéraire » que « scientifique », malgré sa *Nouvelle Géographie universelle* en dix-neuf volumes. Il est vrai que ce bourgeois protestant ose se dire anarchiste, féministe et végétarien.

La vocation littéraire est perçue comme une preuve de dilettantisme, un manque de sérieux, une prétention risible. L'historien ne saurait être un écrivain ; sa culture, désormais, est celle du *compilator* ou du *commentator*. Cette hantise de l'écriture, cette phobie du littéraire qui pourrait souiller l'histoire, révèle la force du paradigme scientifique. Deux siècles après que les lettres et les sciences se sont séparées, l'histoire a changé de camp. Elle s'est arrachée à la littérature, à la poésie, à l'épopée, à l'éloquence, au roman, qui lui ont tant apporté. Cette répudiation, comme une honte des origines, porte un coup fatal au système des belles-lettres.

D'où l'alternative à laquelle les historiens sont confrontés. Soit ils font de la littérature et touchent le grand public, mais leur écriture, pré-scientifique voire anti-scientifique, leur ferme les portes de l'université ; soit ils font de l'histoire et ont le privilège du vrai, mais en se soumettant aux règles d'un milieu professionnel. Il y a deux catégories d'historiens, observe un jeune poète à la veille de la Première Guerre mondiale : l'école universitaire, de Seignobos à Aulard, qui a fondé l'histoire-science ; l'école académique, qui vise l'Académie française en se spécialisant dans les récits de

---

1. Lucien Febvre, « Les morts de l'histoire vivante : Gaston Roupnel », *Annales ESC*, n° 4, 1947, p. 479-481.
2. Élisée Reclus, lettre à son éditeur, cité dans *Histoire d'une montagne*, Gollion, Infolio, 2011 (1880), p. 18-19.

bataille et les portraits de monarque[1]. Entre la vérité solide et la puissance de vie, entre le sérieux et l'évocation, il faut hélas choisir.

La rupture des années 1880 se répercute dans les classements normatifs. Pour le *Larousse du XXe siècle* comme pour le *Lagarde et Michard*, la littérature inclut les historiens antiques, médiévaux et romantiques, jusqu'à Renan et Taine ; après eux, l'histoire n'en fait plus partie.

Naissance du non-texte

Mais ce n'est pas parce qu'ils dénoncent la littérature que les méthodiques y échappent. D'abord, on l'a vu, ils partagent avec les écrivains réalistes un ensemble de techniques : le mode objectif. Or les effets de réel plongent le lecteur dans une narration théâtralisée, récit-spectacle qui entraîne au cœur de l'« Histoire ». Le vérisme hyalin, loin de garantir l'objectivité, la fragilise en faisant de l'histoire un récit qui va de soi, une évidence où le moi du savant est d'autant plus actif qu'il se sait invisible. Il n'est donc pas étonnant que la hargne anti-littéraire des méthodiques aille de pair avec une écriture dramatisée et partisane. En ce sens, ils pratiquent une histoire massivement « enlittératurée » : *L'Invasion dans le département de l'Aisne* (1872) du jeune Lavisse est une épopée qui tient de l'histoire-tragédie ; les manuels d'histoire républicains, avec leurs hommes illustres et leurs leçons de morale, appartiennent au genre de l'histoire-éloquence ; le nationalisme exacerbé qu'on retrouve chez Monod et Lavisse ressuscite l'histoire-panégyrique.

Surtout, l'histoire universitaire élabore une poétique du savoir. Introduction, « nous » de majesté, citation, note en

---

1. Henri Franck, « Henri Houssaye », in *La Danse devant l'arche*, Paris, NRF, 1912, p. 219-222.

bas de page et bibliographie constituent des « procédures littéraires » par lesquelles l'histoire « se soustrait à la littérature, se donne un statut de science et le signifie[1] ». Cette écriture fonctionne donc comme un antidote : l'historien est d'autant plus historien (c'est-à-dire scientifique) qu'il traque les métaphores, se débarrasse « des faux brillants et des fleurs en papier », veille à « ne jamais s'endimancher[2] ». À l'image de Pasteur, il détruit les « microbes littéraires » qui se logent dans les introductions, les transitions et les conclusions[3]. L'écriture est un facteur parasite qu'il faut réduire au minimum, puisqu'on ne peut s'en débarrasser complètement. Elle est un ornement de mauvais goût, la crinoline de l'histoire, presque une maladie honteuse.

Comme il faut bien véhiculer un propos, les manuels et textes théoriques abordent la question de l'écriture, mais c'est toujours à la fin, une fois que tout a été traité. Langlois et Seignobos ne s'en soucient que dans les dernières pages de leur *Introduction*. Même chez Monod, sensibilisé à la question par sa ferveur micheletienne, l'écriture est ce qui vient en dernier. Quand on fait de l'histoire, il faut d'abord réunir des matériaux, les classer, ensuite critiquer les sources et les faits, puis synthétiser l'ensemble ; enfin vient l'« exposition historique », c'est-à-dire la présentation des résultats. Cette étape, laissée au « talent personnel » de l'historien, introduit une déformation fâcheuse mais inévitable, en rajoutant à la réalité un « élément subjectif et individuel[4] ». L'écriture est la finition du travail savant, l'additif auquel il faut bien se résigner. En tant que touche finale, elle incombe au « talent »

---

1. Jacques Rancière, *Les Noms de l'histoire…, op. cit.*, p. 21.
2. Charles-Victor Langlois, Charles Seignobos, *Introduction aux études historiques*, Paris, Kimé, 1992 (1898), p. 252.
3. Charles-Victor Langlois, « L'histoire au XIXe siècle », in *Questions d'histoire et d'enseignement*, Paris, Hachette, 1902, p. 229.
4. Gabriel Monod, « Histoire », in *De la méthode dans les sciences*, Paris, Alcan, 1909, p. 360.

de l'historien, mais elle reste soumise aux règles de la profession qui commandent de la serrer de près.

En fait, ces interdits reposent sur une division sociale : la hiérarchie universitaire pèse de tout son poids sur les pratiques d'écriture. En 1913, Lavisse, âgé de soixante et onze ans, personnage officiel de la République, comblé d'honneurs, est le « patron » de l'histoire française. Il exerce sur les contributeurs de l'*Histoire de France contemporaine*, qu'il dirige chez Hachette, une véritable censure. Raturant les épreuves de *La Révolution* de Philippe Sagnac, premier volume de la collection, il tempère le verbe trop généreux, bride l'élan de la conviction, fait prévaloir son point de vue libéral et bourgeois, met en valeur le consensus national[1]. Mais personne ne censure Lavisse quand il vante les bienfaits de Sully, et encore moins quand il glorifie la République auprès des écoliers.

Dans le monde académique, l'écriture reflète la répartition des pouvoirs. Ceux qui fixent et transgressent les règles sont au faîte de la gloire. Ils laissent courir leur plume en un style ample et agréable. Ils ont le droit d'indiquer leurs préférences, d'exalter la France dans des manuels ou des essais qui marquent l'apogée d'une carrière. Leur « je » a droit de cité dans les préfaces, les autobiographies et, bientôt, les « ego-histoires », introduites par Pierre Nora à la fin des années 1980. Pour tous les autres, c'est-à-dire le gros de l'université, l'écriture est le vêtement qu'il faut bien enfiler pour sortir – entre collègues. Ambiguë nécessité des mots : on ne peut raisonnablement paraître nu en public, mais il serait malséant de se faire remarquer par un accoutrement baroque ou une apparence « endimanchée ». L'écriture doit être aussi discrète que possible, parce qu'elle est l'emballage

---

1. Alice Gérard, « Philippe Sagnac revu et corrigé par Ernest Lavisse : un modèle de censure discrète », *Revue d'histoire moderne et contemporaine*, vol. 48, n° 4, octobre-décembre 2001, p. 123-159.

d'une chose infiniment plus précieuse qu'elle : la réalité « objective ». Comme l'explique Seignobos, « les formules de l'éloquence ne sont pas des ornements inoffensifs ; elles cachent la réalité ; elles détournent l'attention des objets, pour la diriger vers les formes[1] ».

L'extériorité du langage est l'un des principes de l'histoire méthodique. En littérature, dit Lanson, la « forme » est plus importante que le « fond ». Dans les sciences, c'est le contraire : la vérité préexiste à la forme, elle lui est supérieure. Dès lors, « si la vérité peut être saisie en elle-même, la forme n'est qu'un vêtement gênant ; la vérité est plus belle en sa nudité[2] ». Pour accéder à cette vérité, pour être fidèle aux « faits », il est nécessaire de se couler dans un style aseptisé et un plan à tiroirs, protections contre la subjectivité. L'écriture est devenue le tourment de l'histoire, qui doit effectuer sur elle-même un perpétuel effort de contrainte. Écrire, mais le moins possible. Utiliser des mots, mais insonores ; un plan, mais mécanique ; se rendre insignifiant, couleur muraille.

L'avènement des méthodiques est ce moment un peu absurde où l'histoire a cru qu'elle pouvait expulser la littérature d'elle-même, comme une chose morbide – « émancipation » dont elle est sortie mutilée, orpheline et épistémologiquement appauvrie. La codification de l'histoire-science par une communauté professionnelle a constitué une révolution, mais elle a eu un coût. La théorie du style-vêtement, qui affirme le caractère à la fois utilitaire et inessentiel de l'écriture, a envahi les publications savantes. Le mépris pour le littéraire, la préférence pour le « contenu », l'éloge du neutre et du modeste, la hantise du « brillant » se sont cristallisés dans un non-texte dont la

---

1. Charles Seignobos, *L'Histoire dans l'enseignement secondaire*, Paris, Armand Colin, 1906, p. 38-39.
2. Gustave Lanson, « La littérature et la science », art. cit., p. 346.

fonction est d'abjurer sans cesse sa littérarité. En quittant le système des belles-lettres pour rallier le camp de la science, l'histoire a abandonné l'idée qu'elle était aussi une forme. Il y a donc un lien entre la mise au point de la méthode et la victoire du non-texte, entre l'appétit de scientificité et le reniement de la littérature, comme si la nouvelle dignité de l'histoire exigeait de faire table rase du passé. Désormais, le non-texte est gage de scientificité. Être objectif, c'est non-écrire.

La révolution méthodique n'empêchera pas certains de faire œuvre. Marc Bloch écrira *L'Étrange Défaite* (1940), à la fois témoignage, introspection et analyse de l'effondrement français. Au XXe siècle, il y aura Johan Huizinga, C. L. R. James, Mona Ozouf, Michelle Perrot, Georges Duby, Saul Friedländer. Des historiens de profession écriront, en marge de leur recherche, des romans ou des autobiographies. Mais il n'y aura plus grand monde pour défendre l'idée que l'histoire peut être – en tant que science sociale – une création littéraire.

L'adieu à la littérature a permis à l'histoire de conquérir son autonomie intellectuelle et institutionnelle. Il a aussi fonctionné comme un purgatif. Car l'historien abandonne aux lettres tout ce dont il rougit désormais : l'engagement du moi, les défis de l'enquête, les incertitudes du savoir, les potentialités de la forme, l'émotion, le plaisir du lecteur. Cette neutralité plus ou moins forcée deviendra, au fil du temps, tradition, obligation professionnelle, modestie mal comprise, autocensure, austérité maussade. Dans l'université, les mécanismes sont en place pour justifier une totale indifférence à l'écriture, au texte, à la construction, au rythme, à la langue et bien sûr au lecteur, parce que ce dédain est une preuve de scientificité. Une seule narration est licite, et elle se nie : c'est le mode objectif. Tout un ensemble de règles tacites engagent l'historien (et ses nouveaux collègues, l'historien de la littérature et le sociologue) à étouffer sa créativité, à ne pas produire un texte, ou plutôt à produire un non-texte emballé dans une non-écriture.

Les sciences sociales et la « vie »

Face à la génération des Langlois et des Lanson, qui affirme que seule l'histoire accède à la vérité des hommes, la sociologie naissante et la jeune littérature réagissent avec vigueur. En se durcissant, le conflit installe une inimitié triangulaire.

La sociologie contre l'histoire. Bien qu'elle se dise « érudition » ou « science pure », l'histoire entretient toujours des liens avec la « troisième culture ». Monod entre à l'Académie des sciences morales et politiques en 1897 ; au Collège de France, il ranime l'esprit de la chaire « d'histoire et de morale » occupée par Daunou et Michelet. Mais la sociologie que Durkheim fonde dans les années 1890, héritière d'une tradition désormais séculaire, est sévère à l'égard de l'histoire. Au début du xxe siècle, répondant à un ouvrage de Seignobos, *La Méthode historique appliquée aux sciences sociales*, François Simiand, élève de Durkheim, intente aux historiens un procès en scientificité. Ils restent en dehors de la science parce qu'ils vénèrent trois « idoles » : le fait politique ou militaire, l'individu ou le cas unique, l'origine ou le rouleau chronologique. Les sciences sociales, elles, privilégient l'étude des institutions, des régularités, des phénomènes collectifs, afin d'établir des lois. En un mot, il ne s'agit pas d'étudier pour la centième fois l'« affaire du collier », mais l'état de l'agriculture et de l'industrie au temps de Turgot[1]. Les durkheimiens repoussent l'histoire du côté des lettres, c'est-à-dire de la non-science : la sociologie méprise l'histoire comme l'histoire méprise la littérature.

La littérature contre l'histoire et la sociologie. Les lettres sont riantes et douces, les sciences arides. Au xixe siècle, ce

---

1. François Simiand, « Méthode historique et science sociale » (1903), repris dans *Annales ESC*, 15e année, n° 1, 1960, p. 83-119.

poncif débouche sur le procès de la « science moderne », accusée d'assécher la vie, de désenchanter le monde, de vouloir disséquer au scalpel les beautés de la nature et les chatoiements de l'être. La critique, formulée par les écrivains catholiques des années 1800 contre les encyclopédistes, est reprise par Nietzsche dans « De l'utilité et des inconvénients de l'histoire pour la vie » (1874). À la Belle Époque, les prétentions des méthodiques et des durkheimiens suscitent l'ire des écrivains conservateurs. Comme Agathon, Paul Bourget et Henry Bordeaux, Péguy reproche aux savants de la nouvelle Sorbonne (républicaine) leur rationalisme, leur esprit critique, leur intellectualisme jargonnant, destructeurs de la sensibilité et de la vie intérieure. Tandis que Péguy exécute les historiens à fiches dans *Clio* et « Langlois tel qu'on le parle » (1912), Proust construit *La Recherche* contre Sainte-Beuve et Lanson. Les écrivains n'ont pas besoin des sciences sociales pour raconter la vie, pour dire la vérité des hommes. À propos des *Buddenbrook* (1901), Thomas Mann affirme qu'il a trouvé tout seul, « sans aucune lecture, par intuition directe », l'idée que le capitalisme relevait de l'éthique protestante ; après coup, il a reconnu son idée dans Weber et Sombart[1]. Paul Bourget, qui connaît un énorme succès, inscrit son *Étape* (1902) dans le sillage d'une « sociologie » de Balzac et de Le Play porteuse de « vérités scientifiques » : fièvre égalitariste née de 1789, individualisme sans frein, mort de l'esprit de famille, déracinement des hommes.

La sociologie contre la littérature. Dès sa naissance, la sociologie doit se distinguer de la littérature, puisque celle-ci nourrit, depuis des décennies, un projet identique au sien : comprendre la société. À cette concurrence épistémologique se superpose un clivage de nature politique. Impressionniste et idiographique, la littérature est plutôt « vieille France », alors que la sociologie, scientifique et républicaine, née

---

1. Cité dans Wolf Lepenies, *Les Trois Cultures...*, op. cit., p. 296.

des bouleversements du XIXᵉ siècle, appartient à la modernité. C'est sur cet arrière-plan que se déroule la lutte des durkheimiens contre Tarde et Bourget, à la fois hommes de lettres, romanciers et sociologues. Comme les historiens « littérateurs » et les critiques « de plume », les écrivains « sociologues » sont exclus du champ disciplinaire. Sociologie n'est pas amateurisme. La littérature intéresse le sociologue dans la mesure où elle lui offre des exemples à développer et des types à analyser. C'est ainsi que Faust, Werther et René illustrent *Le Suicide* (1897) et que Saint-Simon est l'un des principaux informateurs de Norbert Elias dans *La Société de cour* (1969).

Avec la querelle des durkheimiens et des historiens, avec la révolte de Péguy contre les patrons de l'université républicaine, avec l'institutionnalisation de la sociologie, un système bien verrouillé se met en place où tout le monde est étranger à tout le monde, où chacun se définit par opposition aux autres : la sociologie n'est pas l'histoire, qui n'est pas la littérature, qui n'est pas la sociologie. Quittant le système des belles-lettres, l'histoire se rallie à la science dans les années 1880 et aux sciences sociales autour de 1930, avec les *Annales*. Mais, au moment où l'université exclut l'écriture de son aggiornamento méthodologique, le roman est en pleine révolution.

4

Le retour du refoulé littéraire

La cause est entendue : un historien fait de la science et, s'il persiste à vouloir écrire (mû par quelque « talent personnel »), son travail perdra en scientificité. Les vases communiquent : plus l'histoire est littéraire, moins elle est scientifique, et vice versa. En 1931, devant ses collègues de l'American Historical Association, Carl Becker n'hésite pas à invoquer les mânes « des bardes, des conteurs et des troubadours », ancêtres des historiens, mais c'est pour mieux rompre avec le scientisme du XIXe siècle[1].

Dans la France de l'après-guerre, la deuxième génération des *Annales* – statistiques, forces collectives, conjoncture, longue durée – a intégré la critique des durkheimiens. L'ironie, c'est qu'elle pratique une histoire profondément littéraire. Les travaux d'inspiration labroussienne, qui déroulent l'« économique », le « social » et le « mental », répondent aux mêmes automatismes que la *dispositio* de l'ancienne rhétorique. Dans *La Méditerranée* (1949), Braudel offre une fresque grandiose, avec une intrigue, des actions, une mise en scène, une héroïne (la mer) et des métaphores qui la décrivent comme un « Far West », une « machine à collecter les métaux précieux », une « vieille reine » détrônée par l'Atlantique, une personne qui « a failli à sa tâche de distributrice de biens ». Dans quelle

---

1. Carl Becker, « Everyman His Own Historian », *American Historical Review*, vol. 37, n° 2, 1931, p. 221-236.

mesure ces images dispensent-elles de fournir des preuves ? Que signifient des formules comme l'« éternelle histoire » et la « physique de l'histoire »[1] ?

Ici, la littérarité de l'historien est d'autant moins avouable qu'elle masque, par son éclat, les faiblesses de la démonstration : l'histoire-poésie et l'histoire-rhétorique éloignent bel et bien des sciences sociales. Cette impossibilité de s'assumer comme écrivain a transformé Braudel, le plus romancier des historiens du XXe siècle, en emblème de l'histoire-science.

La logique de Langlois et Seignobos s'est donc maintenue dans l'école des *Annales* : la science et la littérature s'excluent mutuellement, et cette dernière travaille contre le savoir. Il est acceptable, à la rigueur, que la « plume » se dispense d'obéir à la méthode, du moment qu'elle donne de la chair au passé et du plaisir au lecteur. Dès lors, les historiens-écrivains éprouvent le sentiment de commettre une transgression, sinon un crime de lèse-scientificité. Il faut le courage de Georges Duby, dont l'histoire est composée de décors et de scènes, d'événements et d'introspections, de vie et de passion, pour se réjouir que *Guillaume le Maréchal* (1984) se lise « comme un roman de cape et d'épée ». Mais il a le sentiment d'un retour en arrière : « Je revenais carrément au récit[2]. »

Le « scandale » narrativiste

« Revival of narrative », « Renaissance du récit » : c'est le titre de l'article que l'historien britannique Lawrence Stone publie dans *Past and Present* en 1979 (« Retour au

---

1. Paul-André Rosental, « Métaphore et stratégie épistémologique : *La Méditerranée* de Fernand Braudel », in Daniel Milo, Alain Boureau (dir.), *Alter histoire. Essais d'histoire expérimentale*, Paris, Les Belles Lettres, 1991, p. 109-126.
2. Georges Duby, *L'Histoire continue*, Paris, Odile Jacob, 1991, p. 192-193.

récit », traduira *Le Débat* l'année suivante). L'épuisement du paradigme éco-démographico-quantitativiste, explique Stone, qu'il soit incarné par le marxisme, les *Annales* ou la cliométrie américaine, pousse l'historien à redécouvrir la narration, sa fonction immémoriale de *story-teller*, et à investir de nouveaux territoires : les réprouvés, l'intime, les mentalités, émotions, famille, amour, sexe, mort.

Le règne de l'histoire-science aurait donc été interrompu par le retour du récit et de la biographie dans les années 1980, illustré par le travail de Georges Duby, de Natalie Zemon Davis ou de Robert Darnton. Une telle analyse a le tort de prendre au sérieux les dénégations des historiens des années 1870-1970, comme si, tout méthodiques ou quantitativistes qu'ils fussent, ils avaient une seule seconde arrêté de *raconter l'histoire*. Dès lors, on retombe dans la dichotomie scientifique/littéraire, selon le principe désormais classique des vases communicants. La « science » avait banni le « récit » ; l'art de conter s'exprime à nouveau, alors que décline l'histoire statistique et démographique ; la description remplace l'analyse ; le post-impressionnisme artiste tranche avec l'obsession pour les structures.

C'est que l'analyse de Stone ne retire à peu près rien des décennies de réflexion sur l'écriture de l'histoire. Souscrivant à l'idée que l'histoire est un « médium narratif[1] », des penseurs comme Gallie, Danto, Kracauer, Certeau, Veyne, rejoints dans les années 1980-1990 par Ricœur et Rancière, ont montré que l'intelligence du passé a expressément besoin d'intrigue, de mise en scène, de descriptions, de portraits, de figures de style. Comme l'explique Arthur Danto dans *Analytical Philosophy of History* (1965), on ne peut expliquer un événement que dans le contexte d'une histoire (*story*), c'est-à-dire en le reliant à d'autres événements. L'idée sera

---

1. Siegfried Kracauer, *L'Histoire. Des avant-dernières choses*, Paris, Stock, 2006 (1969), p. 100.

reprise par Veyne dans *Comment on écrit l'histoire* (1971) et par Ricœur dans *Temps et récit* (1983). La connaissance historique dérive de la « compréhension narrative », cette compétence que nous avons à raconter ou à suivre une histoire ; mais ce « caractère ultimement narratif de l'histoire » ne se confond pas avec la défense de l'histoire-récit traditionnelle[1]. En fait, qu'elle soit écrite par Macaulay, Seignobos, Braudel ou Ginzburg, l'histoire a toujours la même structure : « Il est arrivé une série d'événements à tel ou tel sujet », ce sujet étant un meunier, Guillaume d'Orange, la France ou la Méditerranée[2].
D'où la conclusion, qui sonne comme un défi : oui, l'histoire s'écrit. Oui, faire de l'histoire, c'est raconter une histoire, un récit d'événements vrais. Oui, il y a une littérarité de l'histoire, et l'historien, ce « poète du détail », effectue une « mise en scène littéraire[3] ». Depuis les années 1870, on l'avait complètement oublié !

Aujourd'hui, le narrativisme a quelque peu perdu son caractère iconoclaste : ses arguments paraissent évidents à tout un chacun. Mais c'est aussi qu'il se laisse bercer par l'ennuyeux balancement entre science et littérature. Pour Paul Veyne, la profonde narrativité de l'histoire va de pair avec son absence de méthode : littéraire, elle est non scientifique. Inversement, pour Labrousse, l'histoire se décline en chiffres, séries, cycles et moyennes : scientifique, elle est non littéraire. Dès lors, affirmer que « l'histoire s'écrit » est une façon de créer la polémique, de rabattre le caquet aux collègues : « Soyez donc un peu plus modestes ! Vous vous croyez scientifiques, mais vous

---

1. Paul Ricœur, *Temps et récit*, vol. 1, Paris, Seuil, « Points Essais », 1983, p. 165 et p. 255 *sq.*
2. Jacques Rancière, *Les Noms de l'histoire...*, *op. cit.*, p. 9.
3. Michel de Certeau, *L'Écriture de l'histoire*, Paris, Gallimard, « Folio histoire », 1975, p. 111 et p. 119.

êtes des littéraires. » Si l'on s'était avisé de soumettre cette pseudo-dichotomie aux historiens libéraux et romantiques, à Thierry, à Carlyle, à Michelet, ils auraient répondu avec un haussement d'épaules. Ce qui n'est pas évident, en revanche, c'est de mesurer les choix de littérarité que les historiens opèrent. Car enfin, s'il est bien vrai que toute histoire est narration, il ne fait aucun doute que Renan et Duby ont opté pour une forme plus « littéraire » que les autres.

Le « tournant rhétorique »

Danger de la position narrativiste : son indulgence vis-à-vis du scepticisme. Veyne laisse entendre qu'il n'y pas de « différence fondamentale » entre histoire et fiction[1], et Ricœur évoque la « référence croisée » qui relie l'une à l'autre. Or leurs ouvrages historiographiques, parus dans les années 1970 et 1980, sont contemporains du *linguistic turn*, courant de pensée selon lequel, tout étant langage, l'histoire n'est qu'une construction discursive parmi d'autres. Un de ses principaux théoriciens, Hayden White, professeur de littérature comparée, développe dans *Metahistory* (1973) une thèse stimulante : l'histoire combine un langage tropologique (métaphore, métonymie, synecdoque, ironie) et trois modes d'explication, la mise en intrigue (romanesque, tragique, comique ou satirique), l'argumentation (formiste, mécaniciste, organiciste ou contextualiste) et l'implication idéologique (anarchisme, radicalisme, conservatisme ou libéralisme). L'histoire est donc régie par des choix esthétiques, logiques, politiques, dans tous les cas précognitifs, qui forment la matrice du discours, le substrat « métahistorique » du récit.

---

1. « Entretien avec Paul Veyne », *L'Homme*, n° 175-176, juillet-septembre 2005, p. 233-249.

Cette approche, qui met en évidence la préfiguration narrative de l'histoire, révèle sa dimension rhétorique et poétique. Contrairement à ce que croient les scientistes, l'écriture n'enveloppe pas un « contenu » d'histoire ; elle en est constitutive. Mais, ce faisant, White procède à un double déplacement. Non seulement il réduit l'histoire à un pur objet littéraire, mais il la rapproche de la fiction sur la base de leurs formes communes. Non seulement les tropes et les idéologies déterminent les « stratégies » narratives des historiens, mais l'histoire et la fiction sont de même nature. L'histoire, devenue composition, artifice, « fiction verbale[1] », n'a plus aucun régime cognitif propre. C'est ainsi que le *linguistic turn* tente de ruiner l'histoire, lui déniant toute capacité à dire, davantage qu'une fiction, le vrai. Jamais Veyne, Certeau et Ricœur ne franchissent ce pas : c'est toute la différence entre la position narrativiste et le relativisme sceptique.

Le *linguistic turn* est la résultante de plusieurs courants de pensée. Le premier est celui du doute généralisé. Pyrrhon d'Élis, philosophe grec actif autour de 300 avant J.-C., est considéré comme l'un des fondateurs du scepticisme, mais c'est Sextus Empiricus qui, cinq siècles plus tard, transforme son enseignement en doctrine dans *Esquisses pyrrhoniennes* : contradiction de toutes les écoles de pensée entre elles, indécidabilité des opinions, suspension du jugement, aporie. Le « pyrrhonisme » est redécouvert au XVIe et au XVIIe siècle par Henri Estienne, qui traduit les *Esquisses pyrrhoniennes* (1562), par Saint-Réal, dans son *Traité de l'usage de l'histoire* (1671), et par La Mothe Le Vayer, auteur *Du peu de certitude qu'il y a dans l'histoire* (1668). L'histoire ne peut parvenir à aucune vérité, parce que la vérité n'est pas de

---

1. Hayden White, « The Historical Text as Literary Artifact » (1974), in Brian Richardson (dir.), *Narrative Dynamics : Essays on Time, Plot, Closure, and Frames*, Ohio State University Press, 2002, p. 191-210.

ce monde et qu'il n'y a aucun critère pour arbitrer entre les différentes versions des faits. Incapable de certitude, elle doit se contenter d'énoncer le vraisemblable et de décrire les passions des hommes.

On en arrive à la deuxième tradition, le pan-poétisme, qui noie l'histoire dans l'océan des textes « littéraires ». Pour Quintilien, l'histoire ne démontre pas. Elle raconte, elle est une sorte de poésie en prose, libérée des contraintes métriques. C'est surtout au modèle saussurien que le *linguistic turn* emprunte, jusqu'à la caricature : le langage est un système fermé de signes, il n'y a que du texte, les mots ne renvoient qu'à eux-mêmes. L'histoire est donc condamnée à demeurer prisonnière du langage, machine sémiologique qui produit des significations sans rapport avec le réel, construction verbale déliée de tout hors-texte.

Cette position rejoint celle des poéticiens. Ces derniers, sous prétexte que le romancier réaliste et l'historien méthodique recourent à des effets de réel, concluent que toute histoire use du mode objectif et se confond avec la fiction. Autrement dit, puisqu'il arrive à l'histoire d'utiliser les techniques du réalisme, elle aussi est la dupe de l'« illusion référentielle ». C'est Barthes qui, dans un article de 1967, permet la transition entre la position sémioticienne et le *linguistic turn* : l'histoire feint de croire qu'il y a un référent extérieur au discours, mais ce qu'elle désigne comme le « réel », les *res gestae*, n'est qu'un signifiant privé de signifié. Le référent entre directement en rapport avec le signifiant et le discours « exprime » le réel. Conclusion : « Le fait n'a jamais qu'une existence linguistique[1] » (c'est la phrase que White placera en épigraphe de *The Content of the Form*, vingt ans plus tard). Puisque tout texte est autoréférentiel,

---

1. Roland Barthes, « Le discours de l'histoire » (1967), in *Le Bruissement de la langue. Essais critiques IV*, Paris, Seuil, « Points Essais », 1984, p. 163-177.

la seule différence entre le roman et l'histoire tient à ses effets rhétoriques, aux arguments d'autorité dont elle se pare. D'où le lien avec la troisième tradition : la critique du Pouvoir. L'histoire, dit Barthes, est une « élaboration idéologique » ; en quoi il rejoint le postmodernisme et sa méfiance à l'égard des « grands récits » destinés à tromper les masses. L'histoire voudrait « nous » faire croire à ses épopées légitimantes, qui servent de paravent à la domination de l'Occident ou à l'exploitation sociale (White dira de son côté que l'histoire moralise). Idéologie, autorité, norme, domination : l'histoire est « bourgeoise ». La détruire, c'est subvertir le réel, c'est s'affranchir du passé réactionnaire pour entrer, libres, dans l'avenir de tous les possibles. La révolution, qu'elle soit d'extrême droite ou d'ultra-gauche, ne peut que haïr l'histoire, comme les Gardes rouges « profanant les reliques » dans le temple du lieu où est né Confucius[1]. Les critiques des années 1970 présentent les pamphlets antisémites de Céline et les excitations pronazies de Genet comme autant de motifs « fictionnels ».

Naviguant entre nihilo-dandysme et scepticisme paranoïaque, le *linguistic turn* a été rapidement perçu comme un danger. Il a été combattu par les historiens, Arnaldo Momigliano dès 1981, Carlo Ginzburg, son élève, puis Krzysztof Pomian et Roger Chartier. Tous ont fait valoir que l'historien a pour mission la recherche du vrai, qu'il se soumet ultimement au réel, que son savoir est vérifiable, prouvé par des textes, des témoignages, des vestiges, des monnaies ou encore des techniques de datation[2]. Car la

---

1. *Ibid.*, p. 176.
2. Arnaldo Momigliano, « The Rhetoric of History and the History of Rhetoric : on Hayden White's Tropes » (1981), *Settimo contributo alla storia degli studi classici e del mondo antico*, Rome, Edizioni di storia e letteratura, 1984, p. 49-59 ; et Roger Chartier, *Au bord de la falaise. L'histoire entre certitudes et inquiétude*, Paris, Albin Michel, 1998, chap. III et IV.

théorie de White, influencée par l'idéalisme du philosophe fasciste Giovanni Gentile, fournit des armes à ceux qui affirment que les chambres à gaz ne sont qu'un « discours ». Ses derniers échanges avec les historiens se feront d'ailleurs autour du génocide[1].

En définitive, le *linguistic turn* aura eu un effet ambigu. Il a obligé les historiens à affûter leur argumentaire méthodologique, mais en en excluant l'écriture, perçue comme le cheval de Troie de la rhétorique et de la fiction. Il y a là un lamentable gâchis. Au moment où les narrativistes réussissaient à montrer que l'histoire s'écrit et se raconte, le scepticisme postmoderne a obligé l'histoire à se définir – à nouveau – contre la littérature. C'est ainsi que se perpétuent le vieil interdit aristotélicien et le tabou du XIXe siècle : l'histoire ne peut être *poïesis*, faute de quoi elle sombrerait dans la non-science, la poésie, le relativisme, le délire. C'est ainsi que s'éternise la guerre froide entre les deux superpuissances, science et littérature.

Aujourd'hui, le *linguistic turn* est mort, mais il a laissé flotter dans le débat le relent de son cadavre : la croyance que l'histoire ne peut être un genre littéraire sans déchoir aussitôt. La réflexion sur la poétique de l'histoire en reste souillée. Ceux qui veulent écrire les sciences sociales sont soupçonnés soit de regretter les belles-lettres sans méthode, soit d'être les fourriers du relativisme panfictionnel.

Les « séductions » de la littérature

Un certain nombre de chercheurs travaillent aux frontières. Il y a la sociologie historique, la sociologie économique,

---

1. Voir Saul Friedländer (dir.), *Probing the Limits of Representation. Nazism and the « Final Solution »*, Cambridge, Harvard University Press, 1992, notamment Carlo Ginzburg, « Just One Witness », p. 82-96.

l'anthropologie historique, la géographie historique, l'histoire-science sociale. Pourtant, les disciplines, territorialisées, vivent toujours des interdits qu'elles érigent. Le domaine du sociologue, c'est en gros la société actuelle. L'historien étudie le passé, quelquefois le « temps présent ». Il peut s'intéresser aux écrivains et aux institutions littéraires, mais il n'explique pas les textes et n'en produit pas. Le littéraire, lui, ne se préoccupe pas directement d'histoire. S'il veut comprendre le contexte d'une œuvre, le petit morceau d'« histoire » qui l'intéresse, il devra se plonger dans un livre d'histoire. Dans les universités, historiens et littéraires sont souvent réunis dans la même unité de recherche. Ces « lettres et sciences humaines » s'opposent aux « sciences dures », comme si les unes étaient molles et les autres inhumaines. Quant à l'écrivain, il ne fait pas de sciences (ni dures ni humaines). Il invente, il crée, il « écrit ». La sociologie et l'histoire se méfient de la littérature, car celle-ci signifie fiction, faconde, futilité, fantaisie ; la littérature-création fuit à tire-d'aile la grisaille et le carcan de la recherche.

Cette division est profondément sexuée, suivant une tradition qui associe la poésie à la féminité tentatrice et la vérité au masculin sévère. Si l'on admettait la « muse voluptueuse » dans la République, dit Platon, on risquerait de remplacer la raison par les éléments inférieurs de l'âme, plaisirs de la chair ou lamentations des pleureuses. Pour Lucien de Samosate, l'histoire se ridiculise en revêtant les ornements de la poésie, comme un athlète arborant la pourpre des courtisanes. À l'âge classique, le « charme » est l'apanage des belles-lettres, et le roman est associé aux femmes, au cœur, aux larmes, à la sensibilité, voire à l'extase amoureuse. Cette vision érotico-hédoniste englobe aussi l'histoire trop « écrite ». Comme le dit Sainte-Beuve, Michelet regarde « jusque dans le sein de Clio ». L'histoire narrative révèle la dimension humaine et psychologique des événements ; les textes littéraires mettent du mouvement, de la couleur, de la chair sur l'austérité des statistiques. Qu'on le déplore ou qu'on s'en réjouisse, la littérarité féminise l'histoire. Moins de *gravitas*, mais plus de charme. Peu rigoureuse, mais si sensible ! L'homme-science apporte le concept, la littérature-femme donne la vie : en histoire comme ailleurs, il y a une division sexuelle du travail.

Cette répartition des tâches se retrouve en sociologie. Pour Bourdieu, la littérature moderne (Flaubert, Proust, Woolf) possède une excellente intuition, mais elle reste opaque à elle-même tant que le sociologue n'est pas venu « dévoiler » le texte, au besoin en rompant le « charme » (ce que font précisément *Les Règles de l'art*). Pour ce maître en scientificité qu'est le sociologue, la « tentation » littéraire de la sociographie devient un danger.

> Il faudrait bien de la vertu pour ne pas céder à de telles invites et à ce qu'elles promettent de conquêtes faciles. Les censeurs sourcilleux, gardiens du Temple méthodologique, s'en émeuvent parfois, mais comme d'un vice privé [...]. L'invitation au sabbat est pourtant un appel qui se fait entendre au plus intime de l'interprétation sociologique, dans l'insatisfaction même de son travail amer de production des connaissances, quelque chose comme une jalousie à devoir regarder de si loin les noces orgiaques et pourtant fécondes de la *-graphie* et de la *-logie* lorsqu'elles s'opèrent dans les charmes de la littérature[1].

Tout ce passage est structuré par une opposition entre la littérature-corruption-plaisir et la sociologie-vertu-dépit. Le sociologue ne jouit pas, puisqu'il a choisi de dire le vrai. Rigueur contre orgie, pureté scientifique contre syphilis littéraire. La domination masculine, c'est aussi celle du sociologue sur la littérature : il la « dévoile », mais sans y « céder ».

---

1. Jean-Claude Passeron, *Le Raisonnement sociologique. Un espace non poppérien de l'argumentation*, Paris, Albin Michel, 2006 (1991), p. 355-356.

Cette structuration de l'imaginaire savant explique que le débat sur la scientificité (ou la littérarité) de l'histoire soit toujours plein d'arrière-pensées. Il ne s'agit plus de rabaisser le caquet du chercheur, mais de lui imposer une morale de l'austérité : « Tu veux faire de la science ? Eh bien ! Renonce aux plaisirs de la littérature. » Le chercheur obtempère, mais en gardant au fond de lui comme un regret, le sentiment d'être frustré. La littérature, il n'en fait pas (bien entendu), mais il voudrait bien en faire (un peu).

À cette condescendance envieuse, l'écrivain répond par l'argument des « vérités supérieures ». C'est la position aristotélicienne classique : la poésie touche au général, alors que l'histoire reste prisonnière du particulier. L'écrivain-rhapsode a une vision instantanée de la vérité, alors que l'historien est condamné à la rechercher besogneusement, et sans jamais l'atteindre. Fable de l'aigle et du rat. La fulguration de la vérité constitue un aspect du « sacre de l'écrivain », perceptible chez Diderot, Chénier ou Hugo ; et les naturalistes s'attribueront ce don sous une forme laïcisée. Face à la concurrence des sciences et de l'histoire, les écrivains ont la possibilité de se tourner vers l'exploration intérieure, domaine où la quête de la « vérité » reste toujours possible : cœur humain, tréfonds de l'âme, sentiments, motivations secrètes, nuances de la personnalité. À la fin du XVIIIe siècle, Rousseau écrit : « Je puis faire des omissions dans les faits, des transpositions, des erreurs de dates ; mais je ne puis me tromper sur ce que j'ai senti, ni sur ce que mes sentiments m'ont fait faire. [...] L'objet propre de mes confessions est de faire connaître exactement mon intérieur dans toutes les situations de ma vie. » La certitude et l'exactitude ne bénéficient pas à l'histoire des rois ou des grandes civilisations, mais à l'« histoire de mon âme[1] ».

---

1. Jean-Jacques Rousseau, *Les Confessions*, in *Œuvres complètes*, vol. 1, Paris, Gallimard, « Bibliothèque de la Pléiade », 1959, p. 278.

Ce partage du monde, encore en vigueur aujourd'hui, garantit un royaume à la fiction. Aux historiens, la vérité « extérieure », les événements, les grands hommes ; aux romanciers, la vérité « intérieure », le vécu, les gens ordinaires. C'est ainsi que les romans, en racontant des histoires dont tout le monde sait qu'elles ne sont pas « vraies », disent transmettre une connaissance plus « vraie » que l'histoire : la finesse du rendu psychologique fait comprendre au lecteur ce que, dans sa propre vie, il ressent confusément. Pour Kundera, le roman révèle l'incertitude, la contradiction, l'ambivalence, la relativité des choses humaines, c'est-à-dire l'absence de vérité définitive. Le suicide d'Anna Karénine met en lumière l'aspect acausal, impondérable des actions humaines, et Kafka nous dit sur notre condition « ce qu'aucune réflexion sociologique ou politologique ne pourra nous dire[1] ». La vérité du roman, qui est l'absence de vérité, permet de résister à la vérité de l'État totalitaire.

Le conflit théâtralisé entre l'histoire et le roman pousse chacun à s'identifier à sa fonction, bien moins intellectuelle que sociale. Le succès de fictions à vocation historique, *Les Bienveillantes* (2006) et *Jan Karski* (2009), lointaines héritières de *La mort est mon métier* de Robert Merle, a donné lieu à des polémiques où les rôles sont distribués par avance. L'historien, gardien de la « vérité historique », corrige l'écrivain, qui revendique en retour son droit à dire ce qu'il veut, au nom de la « liberté de création ». Après que Claude Lanzmann eut attaqué son *Jan Karski*, Yannick Haenel a répliqué : « Contrairement à ce tribunal de l'histoire, d'où parle Lanzmann, la littérature est un espace libre où la "vérité" n'existe pas[2]. »

---

1. Milan Kundera, *L'Art du roman*, Paris, Gallimard, 1986, p. 17-18 et p. 138-139.
2. Yannick Haenel, « Le recours à la fiction n'est pas seulement un droit, il est nécessaire », *Le Monde*, 26 janvier 2010.

L'écrivain gagne alors sur tous les tableaux. Philosophant sur la Shoah, offrant au public une histoire « vraie », il est de ceux qui livrent leur vision de l'« Histoire », mais sans avoir aucun compte à rendre à la vérité, puisqu'il fait de la « littérature » (entendue comme fiction). La liberté de l'écrivain s'apparente à un refus de toute autorité, y compris celle des faits et des documents – prolongation de l'autonomie conquise au XIXe siècle. Cette profession de foi le fait glisser insensiblement sur le terrain politique, où il retrouve les rebelles du *linguistic turn* : l'écrivain est celui qui conteste l'ordre (historique) établi.

Après le divorce

Un écrivain écrit, un historien fait de l'histoire. Dès lors que littérature et histoire constituent deux domaines distincts, il est possible d'étudier leurs relations. Paradoxalement, le divorce a permis d'instaurer un certain dialogue. Vis-à-vis de l'histoire, la littérature peut être trois choses : un document, un objet d'étude, une source d'inspiration.

La littérature, tout particulièrement le roman du XIXe siècle, fournit à l'historien (ainsi qu'au sociologue) des informations, des exemples, des illustrations. Elle devient une « source », quitte à la rectifier en disant qu'elle exagère ou qu'elle se trompe. Au début de son *Histoire de la littérature anglaise* (1863), Taine écrit qu'une œuvre littéraire est une « copie des mœurs environnantes et le signe d'un état d'esprit », sorte de coquille laissée par les hommes d'autrefois. Entre 1916 et 1936, Henri Bremond publie une *Histoire littéraire du sentiment religieux* en douze volumes.

C'est au moment où l'histoire devient une science sociale que le statut documentaire des œuvres se généralise. Pour reconstituer la « vie affective d'autrefois », Febvre propose de s'appuyer sur des archives judiciaires, des œuvres d'art et des écrits littéraires, lesquels enregistrent les différentes nuances de sensibilité[1]. Dans sa grande étude sur le peuple de Paris au XIXe siècle, Louis Chevalier utilise *La Comédie humaine* comme source, en posant la question de sa véracité. Il n'est pas question de prendre ces romans pour argent comptant. C'est par le détour de la démographie et de la statistique que Chevalier met en évidence leur « surprenante qualité », c'est-à-dire leur conformité avec ce que les archives révèlent. Cette approche libère l'histoire sociale de sa « sujétion à la littérature » : elle permet non seulement de vérifier l'inégale vérité des œuvres, mais de rivaliser avec la littérature elle-même, en dressant face à elle des « monuments rivaux[2] ».

Les historiens se sont aussi efforcés d'historiser l'objet littérature, en s'interrogeant sur l'évolution des genres, des corpus, du milieu professionnel, des expériences de lecture, du marché de l'édition, des institutions littéraires. Ce programme, ébauché par Lanson et salué avec enthousiasme par Febvre, n'a été véritablement réalisé qu'à partir des années 1980, avec les travaux de Roger Chartier, Robert Darnton, Pierre Bourdieu et Christophe Charle. Son point focal est moins le texte que le livre, qui donne lieu à une histoire culturelle, mais aussi sociale et économique. Barthes, désireux de liquider la vieille histoire littéraire à la Picard, ne peut qu'applaudir à la captation de l'objet littérature par les *Annales* et la sociologie : entre l'histoire-science sociale et la critique poéticienne, il n'y a plus rien[3].

---

1. Lucien Febvre, « La sensibilité et l'histoire », in *Combats pour l'Histoire*, Paris, Armand Colin, « Agora », 1992, p. 221-238.
2. Louis Chevalier, *Classes laborieuses et classes dangereuses à Paris pendant la première moitié du XIXe siècle*, Paris, Hachette, « Pluriel », 1984 (1954), p. 19-21.
3. Roland Barthes, « Histoire ou littérature ? », in *Sur Racine*, Paris, Seuil, 1963, p. 145-167. Sur ce mouvement de « réhistoricisation du littéraire », voir le numéro spécial des *Annales HSS*, « Littérature et histoire », dirigé par Christian Jouhaud, vol. 49, n° 2, mars-avril 1994.

Enfin, la littérature est cette muse qui apporte à l'historien la sensibilité, l'émotion, l'intuition, un sixième sens (autant de qualités « féminines »). Ainsi, on dira que Proust a « senti » le déclin de l'aristocratie et l'ascension de la bourgeoisie progressiste, le pouvoir des stratégies culturelles de distinction, l'apparition d'hybrides sociaux comme Albertine, à la fois petite-bourgeoise, sportive et homosexuelle[1]. Cette prescience, même si elle est pré-science, ouvre pour l'historien de nouvelles pistes de recherche. La littérature a quelque chose d'un adjuvant épistémologique. Elle sensibilise les historiens à ce qu'ils ignorent ou méconnaissent : le rôle du hasard, l'idée de contingence, la dimension privée des grands événements[2]. La littérature est une boîte à outils cognitifs où l'on peut emprunter des modèles d'historicité ou d'exemplarité, des catégories de perception du réel, des philosophies du temps et des formes d'interprétation du monde (qui devient « homérique », « dantesque », « balzacien » ou « kafkaïen »)[3]. En lisant, l'historien s'abreuve à une source d'inspiration souterraine.

Tous ces travaux sont novateurs et stimulants, mais ils reposent sur une tristesse secrète : l'histoire n'est plus littérature. Exilée d'elle-même, elle se veut farouchement non-littérature, non-texte, non-écriture. Confondue avec la « première culture » des lettres dans l'Antiquité et à l'âge classique, fascinée par la « deuxième culture » scientifique au XIXe siècle, l'histoire intègre la « troisième culture » des sciences sociales vers 1930, mais avec cette croyance que la non-écriture garantit sa scientificité. Une littérature sans

---

1. Voir Catherine Bidou-Zachariasen, *Proust sociologue. De la maison aristocratique au salon bourgeois*, Paris, Descartes, 1997 ; et Jacques Dubois, *Pour Albertine. Proust et le sens du social*, Paris, Seuil, 1997.
2. Mona Ozouf, « Récit des romanciers, récit des historiens », *Le Débat*, n° 165, mai-août 2011, p. 13-25.
3. Voir le numéro spécial des *Annales HSS*, « Savoirs de la littérature », dirigé par Étienne Anheim et Antoine Lilti, vol. 65, n° 2, mars-avril 2010.

méthode a fait place à une méthode sans littérature. Ce renoncement est une haine de soi. Car la littérature n'est pas expulsable de l'histoire ; on peut seulement l'affadir, la rendre plate et insignifiante. Cette automutilation a quatre causes : l'absence de méthode qui caractérisait les belles-lettres ; le prestige de la science, utile et solide ; l'hégémonie du roman, devenu un quasi-synonyme de littérature ; la menace sceptique. L'histoire, qui n'est pas fiction, qui repose sur une méthode, qui vise à énoncer le vrai, est fondée à se méfier d'une certaine conception de la littérature. Mais, enivrée de son nouveau statut, elle en est venue à se renier. Pour sortir de ce piège, il faut s'extraire du cadre disciplinaire (où il y a des « historiens », des « littéraires », des « écrivains », avec leurs domaines de spécialité et leurs concurrences) et isoler ce qui, intellectuellement, fonde l'histoire en tant que science sociale.

Le raisonnement historique

5
Qu'est-ce que l'histoire ?

Mettons-nous à la place du sémioticien ou du *linguistic turner* qui, ouvrant un livre d'histoire, n'y voit qu'un agencement de mots, une narration, un discours. Il a raison sur un point : au-delà de leur identité syntaxique, la fiction et l'histoire peuvent être rassemblées sous le paradigme du récit. « L'histoire est un roman qui a été ; le roman est de l'histoire, qui aurait pu être », notent les Goncourt[1], un siècle avant que Paul Veyne ne qualifie l'histoire de « roman vrai ». Ces définitions ne sont pas sans rapport avec les *nonfiction novels* que des journalistes américains publient dans les années 1960-1970.

Mais, comme il apparaît évident à n'importe qui, raconter quelque chose n'équivaut pas à raconter quelque chose de vrai. Qu'est-ce que l'histoire a donc en commun avec la fiction réaliste, le roman historique et les « choses vues » ?

Les effets de vérité

La représentation de la réalité dans l'art est l'un des grands thèmes de réflexion en Occident. « Simulacre de simulacre » selon Platon, agencement d'actions pour Aristote, imitation

---

1. Edmond et Jules de Goncourt (24 novembre 1861), *Journal*, vol. 1, *op. cit.*, p. 750.

de la nature à l'âge classique, « miroir qui se promène sur une grande route » selon Stendhal, elle est donc une technique avant d'être un contenu (le petit peuple, les choses du quotidien, etc.). Pour Jakobson, le réalisme a besoin de motiver les actions, d'épaissir le récit par des métonymies ou des synecdoques, de caractériser les personnages par des traits inessentiels[1]. Pour Auerbach, le réalisme est plutôt fondé sur le sérieux de ton, la cohérence du récit, le procédé de l'hypotaxe qui mime la complexité du réel, l'intégration des personnages dans un contexte historique connu[2]. Par exemple, il arrive que Zola dédouble son modèle, présent à la fois sous sa forme réelle et sous une forme fictive. La compagnie d'Anzin, sur laquelle est calquée celle de Montsou, est nommément citée dans le roman ; Lantier lit l'ouvrage du docteur belge qui a servi à Zola. Le baromètre au-dessus du piano (chez Flaubert) et la petite porte dans la cellule de Charlotte Corday (chez Michelet) sont un luxe narratif, un détail sans autre utilité que de faire « apparaître » la réalité dans le livre. C'est l'effet de réel, selon l'analyse de Barthes.

Mais, ainsi définie, la notion de réalisme finit par se dissoudre. Comme le note Jakobson, tous les courants artistiques se veulent fidèles à la réalité. En outre, toute littérature est réaliste parce qu'elle renvoie ultimement au réel, à l'expérience du lecteur, à des objets ou à des sentiments qui lui sont familiers. Don Quichotte n'existe pas, mais un âne, un moulin à foulon et *Amadis de Gaule* existent, eux. Quand Dante, évoquant un damné en enfer, dit qu'« il tenait sa tête coupée par les cheveux, suspendue à la main comme une lanterne[3] », sa description est à la

---

1. Roman Jakobson, « Le réalisme en art » (1921), in *Questions de poétique*, Paris, Seuil, 1973, p. 31-39.
2. Erich Auerbach, *Mimésis...*, *op. cit.*, p. 487.
3. Dante Alighieri, *La Divine Comédie*, Paris, Diane de Selliers, 2008, chant XXVIII, p. 158.

fois irréaliste et saisissante de réalisme. Les fables les moins crédibles, les poèmes les plus abscons sont réalistes : c'est la condition pour que l'on se figure les personnages, que l'on comprenne l'action ou que l'on s'imprègne des images. En fin de compte (comme le note aussi Jakobson), c'est le lecteur qui juge du réalisme : est « réaliste » ce qui me parle, ce qui correspond à mes habitudes. Détails, vraisemblance et motivation sont réalistes du moment qu'ils satisfont notre désir de croire. Et cette croyance même suscite du plaisir.

Non seulement l'histoire raconte, non seulement elle représente des actions, mais elle recourt à des effets de présence qui, abolissant toute distance entre l'objet et le lecteur, le mettent directement en contact avec la « réalité », dans une prodigieuse opération de faire-voir/faire-croire. À ce titre, l'histoire est pleinement réaliste. Mais cette capacité n'a aucune valeur si elle n'est pas facteur de compréhension. L'histoire n'a pas vocation à refléter le réel « le plus fidèlement possible », mais à l'expliquer. Comme le dit Platon dans *La République*, l'imitateur n'a aucune connaissance de ce qu'il imite, et Barthes a raison de rappeler que la *mimesis* comporte une part d'illusionnisme. Le lecteur croit ce qu'il lit, mais la croyance est précisément ce avec quoi la connaissance entend rompre. Chez Zola, si le réalisme est porté à son point de perfection, le niveau d'explication est extrêmement faible : déterminisme biologique, dégénérescence, désordres causés par la Révolution, avidité financière. C'est précisément cette *doxa* que les sciences sociales veulent dépasser. Au fond, le réalisme existe en histoire, mais, ni nécessaire ni suffisant, il ne constitue pas un élément de réflexion pertinent.

Un puissant facteur romanesque consiste à mouvoir des personnages sur la toile de fond d'un passé connu, l'« Histoire ». La tradition des hommes illustres, symbolisée par la muse Clio, dont la trompette et les lauriers servent à célébrer (*kleô*), entretient la confusion entre l'Histoire comme récit des faits mémorables et l'histoire comme activité intellectuelle : certaines personnes, certaines actions, certaines périodes seraient plus importantes, plus « historiques » que d'autres, et il suffirait de prononcer le nom de Mme de Pompadour ou de Bismarck pour faire de l'histoire. Cette conception épico-poétique, réaménagée au XIXe siècle par l'idéalisme hégélien et le positivisme, transforme l'historien en philosophe ou en précepteur, à moins qu'il ne devienne plus banalement le héraut de ses héros.

Cette Histoire est le milieu où baignent le roman historique et la peinture d'histoire : papes, empereurs, rois, ministres, intrigues de palais, assassinats, batailles, traités, pénitence à Canossa, victoire de Lépante, coup d'éventail du dey d'Alger au consul de France. Cette conception mène du *Roman d'Alexandre* d'Albéric de Pisançon, vers 1120, aux récits d'aventures d'Alexandre Dumas et de Maurice Druon. Mais elle a un point faible : « Si vos figures de premier plan sont historiques, elles appartiennent donc à l'histoire, et nous avons sur elles, puisque vous nous le donnez, un droit de vérification et de contrôle[1]. » On peut désarmer cette inquisition en projetant, comme Mme de La Fayette, Walter Scott et Stendhal, des actions anonymes et fictives sur un écran « historique », les princes étant relégués à l'arrière-plan. Le roman historico-réaliste met alors en œuvre des effets d'Histoire : allusions de contexte, clins d'œil, importations « réelles », éclat de la cour de Henri II, admiration de Julien Sorel pour Napoléon, etc.

Dans *La Marche de Radetzky* (1932), Joseph Roth mobilise des effets d'Histoire. Le roman, s'il met en scène l'empereur François-Joseph, évoque surtout les « destins privés que l'Histoire, aveugle et insouciante », a laissés tomber sur son passage[2]. Mais il ne s'agit pas de raconter les tribulations

---

1. Louis Maigron, *Le Roman historique...*, *op. cit.*, p. 42-43.
2. Joseph Roth dans la *Frankfurter Zeitung* (1932), cité dans *La Marche de Radetzky*, Paris, Seuil, « Points », 1995, p. II.

de quelques inconnus entre 1859 et 1918 : l'extinction des Trotta accompagne métonymiquement la désagrégation de l'Autriche-Hongrie. Autrement dit, des événements fictifs et d'ordre familial reproduisent en miniature le mouvement de l'« Histoire ». Comment le faire sentir au lecteur ? La question de l'information est ici capitale. Recourant à la focalisation zéro, le narrateur révèle incidemment ce que les personnages ignorent. L'ennui de Charles-Joseph : « En réalité, ce qu'il cherchait, c'était une expiation volontaire. Il n'aurait jamais été capable d'exprimer cela lui-même, mais nous pouvons bien le dire pour lui. » Le destin des officiers russes et autrichiens : aucun ne savait qu'« au-dessus des verres dans lesquels ils buvaient la mort invisible croisait déjà ses doigts décharnés ».

Jamais le narrateur ne délivre la signification du roman sous la forme d'un message, du type « le préfet Trotta ignorait que sa lignée était vouée à disparaître, tout comme l'Empire ». En revanche, pour ne pas laisser le lecteur dans l'ignorance (cette ignorance du futur qui est celle des protagonistes), Roth utilise des procédés de divulgation. Le comte Chojnicki et le docteur Skowronnek choquent leur ami Trotta en assurant que l'Empire court à sa perte. Dans la confusion de la fin juin 1914, Charles-Joseph, voyant les choses comme « à travers un pur cristal », assure aux autres officiers que le prince héritier a été assassiné à Sarajevo. Finalement, le préfet Trotta comprend que son monde a sombré et que le « prophétique Chojnicki » avait raison. Le 28 juin 1914 éclate un orage « surnaturel », auquel s'ajoute une invasion de corbeaux, qui restent perchés, « noirs, sinistres fruits tombés des airs ». Ce sont des effets d'Histoire : Chojnicki annonce la suite des événements devant le préfet incrédule, l'ivresse de Charles-Joseph lui fait deviner la vérité.

Les oracles (sur le modèle de Cassandre) et les présages (sur le modèle de la foudre), qu'on retrouve dans la mythologie grecque et chez Hérodote, résolvent un des problèmes narratologiques du roman, qui consiste à manifester la connaissance du futur chez des personnages qui ne peuvent le connaître. L'histoire est racontée de leur point de vue, avec leur information lacunaire, leur cécité d'êtres humains. Notre supériorité sur eux, et la source de notre plaisir, c'est que le narrateur nous souffle des informations par-dessus leur tête. Ce faisant, Roth réussit à la fois à respecter la vraisemblance et à entretenir avec le lecteur la connivence de ceux qui savent. Ces procédés sont typiques du roman historico-réaliste, où l'« Histoire » s'incarne dans le destin fictif d'individus ou de familles anonymes : Évariste dans *Les dieux ont soif*, les deux frères des *Thibault*, don Fabrizio dans *Le Guépard*.

Pour l'historien, en revanche, la divulgation de l'information n'est jamais un problème. Il sait tout et dit tout, alors que le romancier sait tout, mais distille et suggère son savoir. L'un affiche son recul, l'autre se tient incognito auprès de ses personnages. Pour cette raison, le roman a besoin d'augures ou de personnages particulièrement lucides. Quand l'historien éclaire l'expérience des « hommes du passé », c'est toujours crûment, depuis le phare du présent. À propos de l'assassinat de l'archiduc héritier, le 28 juin 1914, un historien n'aura pas besoin d'inventer un orage surnaturel, annonciateur de la catastrophe à venir. Il se contente d'écrire que « personne ou presque n'avait cru que ce regrettable accident puisse se transformer en drame mondial[1] ».

Bien entendu, l'empereur, la défaite de Solferino, la marche de Radetzky, l'Autriche-Hongrie, la Première Guerre mondiale, tous ces éléments sont réels, et l'entrecroisement de la fiction et de l'Histoire a quelque chose de fascinant. Cette magie, que le naturalisme s'efforce aussi de maîtriser, c'est celle de la réalité « entrant » dans

---

1. Jean-Jacques Becker, Serge Berstein, *Victoire et frustrations, 1914-1929*, Paris, Seuil, « Points Histoire », 1990, p. 20.

un texte, pour nous parvenir « telle quelle ». D'où la puissance des *analecta* : évocations, allusions, comptes rendus, détails vrais.

Différente est la fiction tirée d'un fait réel, par exemple un crime. Employé dès le XIXe siècle, le label « inspiré d'une histoire vraie » a cours aujourd'hui au cinéma comme en littérature, comme si le fait d'avoir été vécue rendait une histoire plus émouvante. Mais, outre le fait que de nombreux récits « inspirés d'une histoire vraie » sont arrangés pour être plus dramatiques, un petit fait brut ou une accumulation de « choses vues » ne fait pas davantage comprendre qu'une fiction. Il y a des récits et des témoignages qui n'ont aucun intérêt parce qu'ils sont plats, bourrés de poncifs, naïfs ou ennuyeux, radotages du temps jadis, banalités familiales et autres bluettes. Si la micro-histoire de Giovanni Levi et la description dense de Clifford Geertz ont quelque valeur, ce n'est pas parce qu'elles font une moisson de détails « vrais » (la vie d'un exorciste piémontais, un combat de coqs à Bali, une razzia de moutons), mais parce qu'elles révèlent des structures de signification[1].

La densité, ici, c'est l'intelligibilité, soit le contraire d'une biographie de mille pages où la prétention à l'exhaustivité tient lieu de méthodologie. Quand on veut faire comprendre ou même raconter « ce qui s'est passé », il faut construire un récit, hiérarchiser les faits, laisser de côté les détails non signifiants. Ainsi, un chroniqueur judiciaire ne fera pas mention des mouches qui ont traversé le prétoire ou des personnes qui ont éternué, sauf si cela a un lien avec l'affaire[2].

---

1. Giovanni Levi, *Le Pouvoir au village. Histoire d'un exorciste dans le Piémont du XVIIe siècle*, Paris, Gallimard, 1989 ; et Clifford Geertz, « La description dense », *Enquête. Anthropologie, histoire, sociologie*, n° 6, 1998, p. 73-105.

2. Arthur Danto, *Analytical Philosophy of History*, Cambridge, Cambridge University Press, 1965, p. 131.

Ce double critère d'intelligibilité et de pertinence montre que, dans une histoire, l'argument de la vérité ne suffit pas. Un gouffre sépare le petit fait vrai, donné comme tel, et la production de connaissances. Beaucoup de choses sont vraies : que de Gaulle était un partisan des blindés, qu'il s'est rendu à Alger en 1943, qu'il a publié une saynète comique à l'âge de seize ans ; ou bien que les Grecs étaient des philosophes, les Romains des bâtisseurs. Mais comment distinguer, parmi toutes ces choses, l'aphorisme banal, l'anecdote sans intérêt et le propos de chercheur ? Imaginons qu'un drone ait filmé la bataille de Koursk, en 1943, ou qu'on ait pu installer une caméra de surveillance dans la chambre à coucher de Louis XIV. Ces images « réelles » et même « historiques » feraient-elles comprendre quelque chose ? Le réel est la chose brute donnée dans son in-signification, alors que le vrai, résultat d'une opération intellectuelle et facteur de connaissance, concourt à l'intelligibilité.

Les sciences sociales doivent souvent adopter une position anti-phénoménologique, capable de s'éloigner du vécu, voire de le répudier, pour y revenir avec plus de force. C'est la différence entre un témoignage et son analyse, entre la source et sa critique, entre le il-y-a-quelque-chose et l'énoncé de vérité.

De la mimesis à la gnôsis

L'histoire est un texte, bien sûr, mais elle se sépare de trois formes qui n'offrent pas une réponse satisfaisante à la question de *la vérité par et dans un texte* : l'imitation, le mémorable, la matière, c'est-à-dire, pour le dire en termes narratologiques, l'effet de réel, l'effet d'Histoire et l'effet de vécu. Naturellement, il arrive à l'historien de recourir à ce genre d'effets, mais il ne faut pas confondre l'accessoire et l'essentiel : l'histoire s'intéresse moins au « réel » qu'au vrai, moins à l'« Histoire » qu'aux hommes, moins aux « choses vues » qu'aux preuves. Ce passage de la représentation à la connaissance est assuré par le raisonnement.

Le raisonnement historique consiste à *essayer de comprendre* et donc, en particulier, à s'en donner les moyens. Quel intérêt y a-t-il à dire que ma grand-mère a été condamnée à cinq ans de prison ou que les États-Unis ont gagné la guerre froide, si je n'explique pourquoi je le dis, comment je le sais, avec quelles preuves, dans quel contexte, au nom de quoi ? Coupés d'un raisonnement et d'une démonstration, les faits ne valent pas grand-chose ; ils sont, à la limite, réels. « Hitler était un petit peintre paysagiste », affirme un personnage dans *Baisers volés* de Truffaut. Il a raison, mais il n'est pas évident d'expliquer pourquoi il a profondément tort, comment, à partir de quelque chose de réel, il a fabriqué du faux. Bien sûr, on sent que sa déclaration est tendancieuse ; mais, le fond de l'imposture, c'est qu'elle est en état de mort cérébrale. Car, si l'on veut commencer à comprendre quelque chose de Hitler, il faut admettre que, peintre (raté) sans doute, mais aussi et surtout soldat pendant la Grande Guerre, chef du parti nazi, chancelier allemand, stratège militaire, criminel, il ne peut être ramené ni même associé à la profession d'artiste ; ensuite, on peut se demander comment il est arrivé au pouvoir, comment il a appliqué son programme, etc.

On obtiendrait le même genre de solécisme en identifiant Napoléon à ses victoires ou en réduisant l'esclavage à son abolition. Focaliser sur un élément du tableau, au détriment de tout le reste, est une forme de tromperie. Le bout de réel isolé, orphelin de raisonnement, n'est pas dans un rapport avec le vrai. Il n'est pas acceptable tant qu'on ne l'a pas examiné, prouvé, compris, expliqué, relié, comparé, critiqué ; alors il devient connaissance, « acquis pour toujours », selon la formule de Thucydide. Et l'on peut dire, si l'on veut, que les faits sont établis.

C'est pour cette raison que le raisonnement historique est le cœur de l'histoire. Cette affirmation, qui pourrait sembler un truisme, a une portée considérable. Non seulement elle permet de distinguer entre l'activité intellectuelle, d'une part, et la profession, le diplôme, le genre institutionnalisé, de l'autre, mais elle conduit à relativiser l'objet même que se donne l'étude : la valeur de l'histoire ne réside pas dans telle période, tel personnage, tel phénomène, tel résultat, mais dans la qualité des questions qu'un chercheur (se) pose. En tant qu'elle est un raisonnement, l'histoire met en œuvre des opérations universelles : chercher, comprendre, expliquer, démontrer. Elle appartient à tous et tout humain y est apte.

La Grèce archaïque pensait que la vérité était le privilège de certaines figures, poètes, devins, rois, « maîtres de vérité[1] ». Au XIXe siècle, l'université a prétendu s'arroger le monopole du savoir. Cette fermeture oligarchique fait naître une histoire où les techniques prennent le pas sur les problèmes. En 1931, Carl Becker défendra au contraire l'idée que tout homme peut être son propre historien : en fouillant dans ses papiers, en vérifiant quelque chose, en expliquant un incident, M. Tout-le-monde fait de l'histoire, au moins à un niveau pratique[2]. L'activité scientifique, explique Collingwood dans *The Idea of History*, commence quand un détective cherche « qui a tué John Doe », quand un mécanicien explique pourquoi la voiture ne démarre pas.

---

1. Marcel Detienne, *Les Maîtres de Vérité dans la Grèce archaïque*, Paris, Le Livre de poche, 2006 (1967).
2. Carl Becker, « Everyman His Own Historian », art. cit.

LE RAISONNEMENT HISTORIQUE

L'histoire tient donc du raisonnement naturel. L'homme peut l'appliquer à sa propre vie, à la vie de ses proches, à celle de ses disparus ou, ce qui revient au même, à celle des êtres qu'il n'a pas connus, parce qu'ils sont déjà morts ou qu'ils vivent hors de son voisinage immédiat. Un écrivain, un journaliste, un *muckraker*, un détective, un juge, un conservateur de musée, un commissaire d'exposition, un documentariste, un citoyen, un petit-fils, s'ils acceptent de mettre en œuvre un raisonnement, participent à la démocratie historienne. Nous verrons plus loin les modes de pensée qu'il recouvre. Pour le moment, notons que le raisonnement, antidote au scepticisme généralisé, est l'activité par quoi l'histoire se définit. C'est sa présence qui, seule, a le pouvoir de rendre historiques la chronique, le tableau « exact et fidèle », le témoignage et même le roman.

Comprendre ce que les hommes font

Même si on laisse de côté l'Histoire et autres choses « dignes de mémoire », l'histoire admet plusieurs acceptions. Elle peut être définie comme « le miroir de la vie humaine » (La Popelinière), « une narration continue de choses vraies, grandes et publiques » (Le Moyne), « ce qui s'est passé parmi les hommes » (Leibniz), « le récit des faits donnés pour vrais » (Voltaire), la « réalité passée » (Beard), les « affaires humaines passées » (Hempel), « le passé, pour autant qu'on le connaît » (Galbraith), la « science des sociétés humaines » (Fustel de Coulanges), la science « des hommes, dans le temps » (Bloch), la « science du passé, science du présent » (Febvre). Inversement, on peut rappeler ce que l'histoire n'est pas : une fable, un réquisitoire, une glorification, une plainte.

Je voudrais proposer une autre définition : faire de l'histoire en tant que science sociale, c'est *essayer de comprendre ce que les hommes font.* Cette définition large, transdisciplinaire par nature, a plusieurs implications.

Une méthode pour comprendre. Nos connaissances sont variées, nos sources d'information innombrables, et la tentation est grande de croire qu'on a tout compris tout de suite. En fait, « essayer de comprendre » suppose de se mettre dans certaines dispositions intellectuelles et morales, où le raisonnement figure en bonne place. Sa méthode repose sur l'idée qu'il n'est pas évident de comprendre, que le savoir n'est pas un bien immédiat, inconditionnel, définitif, mais le fruit d'une réflexion, ce à quoi on parvient en posant des questions appropriées et en faisant tout pour y répondre. C'est la démonstration qui fait le lien entre compréhension et connaissance. La recherche, fondée sur des arguments et des preuves, consiste donc à tout faire pour essayer de comprendre ce que les hommes font en vérité.

Une démarche plus qu'un contenu. L'histoire est une activité intellectuelle définie par une démarche, non par un sujet et encore moins par un sujet « noble ». Comme Napoléon, un pauvre sabotier analphabète appartient à l'histoire : « Tout est historique, donc l'Histoire n'existe pas[1]. » Puisque l'histoire est d'abord un raisonnement, elle admet toutes sortes de supports : films, expositions, bandes dessinées, mythes, épopées, romans et, dans le cas de l'Inde du XVIIIe siècle, textes épiques en sanskrit, *kāvya* (poésie de cour) ou *purāna* (« antiques » qui racontent les mythes de l'Inde post-védique)[2]. Le genre académique – mode objectif, notes en bas de page, digressions savantes – est donc une forme d'histoire parmi d'autres. Toute cette littérature est d'une grande richesse, même si ses formes ne sont pas toutes équivalentes.

---

1. Paul Veyne, *Comment on écrit l'histoire…*, *op. cit.*, chap. II.
2. Velcheru Narayana Rao, David Shulman, Sanjay Subrahmanyam, *Textures du temps. Écrire l'histoire en Inde*, Paris, Seuil, « La Librairie du XXIe siècle », 2004.

Une éthique capabiliste. Il ne faut pas se cacher que l'histoire, même définie comme une science, repose sur des prémisses morales. L'historien se donne pour objet l'humanité plurielle et ondoyante, les êtres dans leur infinie diversité, et non l'« homme » au singulier, les lois de l'« Histoire », ni l'œuvre de la Providence. L'homme est maître de son destin. Même au Moyen Âge, les historiens parlent moins de ce qui est advenu que de ce qui a été fait, effectué par des hommes agissant ; ce que reflètent les termes *actus, facta, res gestae*. Chercher à comprendre « ce que les hommes font » plutôt que « ce qui leur arrive » est une manière d'adhérer au principe capabiliste de Karl Popper, Amartya Sen et Martha Nussbaum : les hommes naissent libres et égaux, ils sont doués de raison, capables d'être quelque chose et de faire quelque chose – ce qui ne doit pas conduire à nier les déterminismes qui pèsent sur eux. Vouloir « expliquer » l'esclavage par l'infériorité native des Noirs (ou la Shoah par l'inassimilabilité des Juifs) ne relève pas de l'histoire, mais du racisme (ou de l'antisémitisme). L'histoire est humaine, donc humaniste.

Les hommes dans le temps. De l'universel polybéen à la « représentation de tout » selon La Popelinière, du panorama civilisationnel voltairien à la « vie intégrale » ressuscitée par Michelet, des nouveaux territoires d'Alain Corbin à l'histoire connectée de Sanjay Subrahmanyam, l'histoire ne se fixe d'autre borne que l'humanité. Bien sûr, elle s'intéresse aux objets, aux animaux, aux arbres, aux maladies, au climat, mais c'est en tant qu'ils affectent la vie des hommes. Puisque l'historien fait profession de comprendre les « mille et une manières d'être humain[1] », il n'y a aucune raison qu'il prenne comme point de départ l'invention de l'écriture, vers 3000 avant J.-C. L'histoire englobe nécessairement

---

1. Romain Bertrand, *L'Histoire à parts égales. Récits d'une rencontre Orient-Occident, XVIᵉ-XVIIᵉ siècle*, Paris, Seuil, 2011, p. 12.

la préhistoire, même s'il reste à déterminer quand apparaît ce que nous appelons l'homme : apparition du genre *Homo* il y a plus de deux millions d'années, conception d'outils, bipédie qui libère la main, inhumation des morts, développement de la pensée symbolique avec l'utilisation de pigments et de parures, premières manifestations artistiques, émergence de l'homme anatomiquement moderne, révolution néolithique ? C'est aussi que le paléontologue et l'historien construisent leur raisonnement sur la même base : des traces venues du passé. La césure par l'écriture est dérisoire, car elle monte en épingle une simple technique, au détriment de la (très) longue durée. Elle conduit à nier 98 % de l'histoire des hommes et 100 % dans les régions de tradition orale[1].

L'histoire jusqu'à aujourd'hui. On a coutume de dire que l'historien étudie le passé. Une telle association n'est pas fausse, mais elle risque de dresser une barrière entre « eux », piégés dans leur autrefois, et « nous », les modernes, maîtres du présent. Or – autre truisme – l'historien étudie le passé à travers ce qu'il en reste, à partir de traces qui existent *hic et nunc*. Les questions qu'il leur pose sont les questions de son siècle, de sa cité, de sa vie. La maxime de Faulkner selon laquelle « le passé n'est pas encore passé » a une valeur heuristique : ce passé qu'étudient les historiens vibre encore dans leur présent, dans notre présent, sous la forme de mots, d'institutions, d'œuvres, de paysages, de frontières, de bâtiments, de coutumes, si bien que notre présent est constitué de différentes strates de passé additionnées, sédimentées en multiples concrétions, comme l'abbaye de Westminster où Chateaubriand voit le « temple monolithe de siècles pétrifiés ». Marc Bloch le dit autrement : « Le passé commande le présent. Car il n'est presque pas un trait de la physionomie rurale de la France d'aujourd'hui dont

---

1. Jean Guilaine, *Archéologie, science humaine. Entretiens avec Anne Lehoërff*, Actes Sud, Errance, 2011, p. 22 et p. 150.

l'explication ne doive être cherchée dans une évolution dont les racines plongent dans la nuit des temps[1]. »

Nul présentisme ici. Nous sommes le point de départ et d'arrivée de l'étude historique, mais aussi son objet : humains dans le temps, charriés au fil de ses eaux tumultueuses, nous serons bientôt des morts, des « hommes du passé ». En faisant de l'histoire, nous nous penchons sur notre propre historicité. Nous nous projetons dans une réflexion toujours en mouvement, où le présent, rejointé au passé qui l'aspire, est une étape avant d'autres points de fuite. Les hommes que nous étudions ont été, comme nous, des « hommes du présent », des modernes. C'est pourquoi un historien cherche à comprendre ce que les hommes font, non ce qu'ils ont fait dans le jadis-et-naguère.

L'histoire n'est pas d'abord une discipline académique, mais un ensemble d'opérations intellectuelles qui visent à comprendre ce que les hommes font en vérité. Il en découle que l'histoire (comme raisonnement) est présente dans des activités qui n'ont rien d'« historique » : le reportage, le journalisme, l'enquête judiciaire, la relation de voyage, le récit de vie. L'histoire dépasse de loin l'Histoire. C'est une très bonne nouvelle.

Explication causale et compréhension

Que faut-il pour que l'histoire soit une science ? De nombreux penseurs, de Platon à Toynbee en passant par Comte, ont tenté de mettre au jour des « lois de l'Histoire » indiquant la destination finale de l'humanité : émancipation, servitude, décadence ou progrès à travers des âges,

---

1. Marc Bloch, *Les Caractères originaux de l'histoire rurale française*, Oslo, Institut pour l'étude comparative des civilisations, 1931, p. 250.

stades, cycles. Au XIXe siècle, l'histoire-science des méthodiques est hostile à toute philosophie de l'Histoire, mais certains historiens espèrent dégager, expérimentalement, des lois analogues à celles qui gouvernent la nature. Pour ces positivistes au sens strict, la découverte de lois donnerait à l'histoire ses lettres de noblesse et transformerait l'historien en « nouveau Darwin[1] ». Les durkheimiens partagent cette conception nomologique, mais ils en excluent l'histoire : seule la sociologie est capable d'établir des lois (ou du moins des régularités), c'est-à-dire de proposer une explication scientifique.

Hempel, lui, place l'histoire et les sciences naturelles sur le même plan : elles subsument un événement sous des lois, « hypothèses de forme universelle » validées par l'expérience[2]. En déduisant l'événement de ces lois, on l'explique. Hempel ne donne pas d'exemple à l'appui de sa théorie, hormis l'explosion d'un radiateur de voiture pendant une nuit de gel. Mais, même si l'on pouvait lister l'ensemble des éléments déclencheurs de la Révolution française (diffusion des Lumières, nouvelle culture du livre, constitution d'une sphère publique, déchristianisation, montée de la bourgeoisie, excès de l'absolutisme, pourrissement de la monarchie, pression fiscale, mauvaises récoltes, cherté des denrées), il ne s'ensuivrait pas que la réunion de ces « conditions déterminantes » déclenche à chaque fois une révolution.

Aucun modèle ne pourra jamais capturer la diversité, la complexité et la liberté humaines. Ou alors le degré de généralisation devient si élevé qu'on obtient, en guise de loi, une espèce de maxime. « Expliquer » l'assassinat de

---

1. Henry Adams, « The Tendency of History », *Annual Report of the American Historical Association*, 1894, p. 17-23.
2. Carl Hempel, « The Function of General Laws in History », *The Journal of Philosophy*, vol. 39, n° 2, 15 janvier 1942, p. 35-48.

Trotski consisterait alors à dire que « tout tyran cherche à faire disparaître ceux qui menacent son pouvoir » ou que « celui qui a vécu par le glaive périra par le glaive ». Par ailleurs, même si des lois de l'Histoire pouvaient être formulées, elles ne suffiraient pas à conférer à l'histoire le statut de science ; c'est précisément contre l'historicisme (platonicien, hégélien, marxiste) que Popper définit la logique de la découverte scientifique.

Le *covering law model*, comme dit William Dray, est plus intéressant si l'on considère les liens de cause à effet qu'il établit. Il est évident que la valeur d'un récit historique repose en partie sur sa capacité explicative. Fondateur est le geste de Polybe soulignant, à propos de la guerre entre Rome et Carthage, « la différence qu'il y a entre le début, d'une part, et les causes, ainsi que les motifs invoqués, d'autre part, les causes étant à l'origine de tout, tandis que le début ne vient qu'ensuite[1] ». À la fin du XVIe siècle, pendant les guerres de Religion, La Popelinière écrit que le bon historien part à la recherche des causes « sans lesquelles aucun ne se meut », c'est-à-dire des motifs qui font agir les hommes au privé (ambition, haine, amitié, vengeance) comme au civil (séditions, tyrannie, famines, épidémies)[2].

Mais la recherche des causes vise moins à énoncer des généralités qu'à expliquer l'événement dans sa plus intime singularité : Staline voulait éliminer un rival et un opposant politique, Staline était jaloux d'un héros de la Révolution qui lui faisait de l'ombre, le NKVD a longuement planifié l'opération, Mercader a réussi à s'infiltrer dans l'entourage de Trotski. Le rôle de l'historien est de présenter et de

---

1. Polybe, III, 6.
2. Henri Lancelot-Voisin de La Popelinière, *L'Histoire des histoires, avec L'Idée de l'histoire accomplie [...]*, Paris, Fayard 1989 (1599), vol. 2, p. 94-95.

hiérarchiser un ensemble de causes, et cela constitue un travail de dentellière. Il reste que l'explication causale n'est pas l'alpha et l'oméga de l'activité historienne. Elle n'en est qu'un aspect, à supposer qu'elle ait un sens. Car, enfin, la Shoah a-t-elle des « causes » ?

Contre les positivistes, la tradition herméneutique affirme que l'histoire est une science, mais pas comme les autres : une « science de l'esprit ». Elle vise à comprendre les humains, alors que les « sciences de la nature » expliquent les molécules et les galaxies. En suivant Dilthey, Weber et Marrou, on peut dire que l'histoire n'est pas une science expérimentale en quête de lois, mais une science interprétative en quête de sens[1]. Profondément compréhensive, elle vise à éclairer, sur la base de l'humanité commune au chercheur et aux hommes qu'il étudie, l'intentionnalité de ces derniers et le sens qu'ils donnaient à leurs actions.

Face aux sciences de l'esprit, Hempel répond que la méthode de compréhension (par exemple l'empathie) est un procédé heuristique, non une explication. Popper, lui, critique le séparatisme herméneutique en rappelant qu'un physicien cherche lui aussi à « comprendre » l'univers, puisqu'il en fait partie. Plus largement, les humanités et les sciences de la nature partagent la même épistémologie, qui consiste à résoudre des problèmes[2]. De fait, on voit mal en quoi la compréhension pourrait s'opposer à l'explication. Pour comprendre l'expérience des poilus pendant la Grande Guerre, on peut recourir à l'empathie du *Verstehen* (quoiqu'il soit difficile de se mettre dans des conditions physiques et psychologiques aussi extrêmes). On peut aussi tenter d'expliquer comment les hommes ont subi et accepté une telle épreuve, pris dans un rets de

---

1. Voir Clifford Geertz, « La description dense », art. cit.
2. Karl Popper, *La Connaissance objective*, Paris, Aubier, 1991 (1972), p. 267-287.

contraintes qui engage le patriotisme, la culture de guerre, le code de l'honneur, le devoir d'obéissance, le sentiment de ne pas avoir le choix, la menace d'être traduit devant un tribunal militaire.

La mise en ordre du monde

L'histoire peut donc être une science à divers titres : elle produit des explications causales, elle décrit le monde objectivement, elle est compréhensive. Mais la question de savoir si elle est ou non une science a aujourd'hui perdu de sa force. Le débat a trop longtemps été pollué par des considérations de prestige : être « élevé au rang » de science, n'être « que » littérature. Au fond, la seule chose qui compte, c'est que l'histoire explicite et valide ses énoncés, c'est-à-dire démontre en suivant une méthode et un raisonnement. C'est à ce titre qu'elle est une science sociale – manière de réconcilier Seignobos et Simiand.

Les phénomènes que l'historien étudie peuvent être compris par le biais d'une description-explication qui intègre des modes d'intelligibilité assez disparates : intentions, motifs, causes, circonstances, interactions, hasards. La narration opère ensuite la « synthèse de l'hétérogène[1] ». Raconter un événement, c'est indissociablement l'expliquer et le comprendre, répondre à un comment-pourquoi qui le rend intellectuellement appropriable. Un récit est donc en soi une explication. À l'inverse, une histoire filandreuse, sans queue ni tête, qui part dans tous les sens, n'est pas un récit. La narration n'est donc pas le carcan de l'histoire, son mal nécessaire ; elle constitue au contraire l'une de ses plus puissantes ressources épistémologiques.

---

1. Paul Ricœur, *Temps et récit*, vol. 1, *op. cit.*, p. 339. Voir aussi Arthur Danto, *Analytical Philosophy of History*, chap. VII.

L'HISTOIRE EST UNE LITTÉRATURE CONTEMPORAINE

Essayer de comprendre ce que les hommes font. Dans la Grèce antique, l'histoire naît en même temps que la pensée rationnelle : Thalès observe le mouvement des astres, Anaximandre représente l'univers, Hécatée cartographie la terre, Hérodote l'arpente pour connaître les hommes, leurs coutumes, leurs actions. Fidèle à la tradition ionienne, il symétrise l'œcoumène. Au nord, la Scythie froide ; au sud, la Libye chaude. Le Danube et le Nil, avec leurs cours est-ouest supposés, forment des parallèles de part et d'autre de la Méditerranée[1]. Au milieu du XVIe siècle, le juriste Jean Bodin vient à l'histoire parce qu'elle permet de découvrir l'ordre sous le chaos apparent, l'universel derrière les contingences. Les axes sur lesquels on peut ordonner les faits (chronologie, géographie, climat, nombre) sont les structures d'intelligibilité du réel[2].

Science sociale, instrument de compréhension-explication, discours de la méthode, l'histoire introduit de l'intelligibilité dans la vie des disparus, dans nos existences pleines de bruit et de fureur, afin que le monde soit moins confus, la réalité moins opaque. Comme Robinson sur son île, le chercheur en sciences sociales se donne pour mission de fouiller, nommer, inventorier, déchiffrer le monde dont il a hérité. À partir de traces, il tente de comprendre l'organisation des faits, la cohérence d'une culture, la mécanique du social. Il dégage la syntaxe du réel.

---

1. François Hartog, *Le Miroir d'Hérodote. Essai sur la représentation de l'autre*, Paris, Gallimard, « Folio histoire », 2001 (1980), p. 72.
2. Claude-Gilbert Dubois, *La Conception de l'histoire en France au XVIe siècle (1560-1610)*, Paris, Nizet, 1977, p. 94 *sq.*

6

Les écrivains de l'histoire-science

De Platon à Barthes en passant par Descartes et Simiand, toute une tradition oppose histoire et vérité : l'histoire est une non-connaissance, un pur empirisme, un cabinet de curiosités. Elle ne saurait être une science parce qu'elle n'a pas de méthode et ne vise que le particulier. En conséquence, la vérité doit être cherchée ailleurs, dans la philosophie, les mathématiques, la sociologie, la littérature, etc.

La révolution méthodique, à la fin du XIXe siècle, tranche avec cette routine du dénigrement. Mais elle ne doit pas être considérée comme l'acte de naissance de l'histoire-science ; elle est plutôt l'aboutissement d'une réflexion millénaire. Car l'histoire s'est toujours donné des règles. En grec, la vérité se dit négativement : *alètheia* (absence d'oubli) ou *atrekeia* (absence de mensonge). À partir du moment où la vérité n'est plus délivrée par une autorité magico-religieuse, mais démontrée par la raison d'un homme face à ses semblables, elle change de statut[1]. Il y a donc une positivité de la vérité, qui consiste à la rechercher avec des arguments, grâce à des techniques, au moyen de preuves. C'est le raisonnement historique, né à une époque où l'histoire était communément considérée comme une littérature.

---

1. Marcel Detienne, *Les Maîtres de Vérité...*, *op. cit.*

Raisonnements d'Hérodote

La légende noire d'Hérodote nous dresse le portrait d'un *homo fabulator*, menteur ou crédule, très inférieur à Thucydide, sauf pour le style. Qu'il y ait chez Hérodote des erreurs, des naïvetés, des « explications » par la divinité ou la fortune, c'est une évidence. Mais cette vision ne rend pas justice à la profondeur historiographique du « père de l'histoire », dont la fiabilité est attestée par les découvertes archéologiques récentes et qui reste, pour les guerres médiques, notre principale source[1]. L'obsession de l'*Enquête*, c'est le choc entre les Grecs et les Barbares. À l'intérieur de cette problématique générale, les peuples victimes des Perses sont systématiquement décrits, avec leurs traditions, leurs mœurs, leurs dieux, leur habitat. Qui dit coutumes dit passé, et Hérodote se fait aussi historien de l'Égypte, de l'Arabie et de la Scythie. Thucydide, lui, privilégiera l'histoire politique et militaire contemporaine.

Ce sont surtout les raisonnements d'Hérodote qui méritent d'être pris en considération. L'*Enquête* repose sur les observations du voyageur-témoin et sur les renseignements recueillis au cours de pérégrinations en Asie Mineure, en Perse, en Babylonie, en Égypte et en Grèce dans les années 440-430. Comme Hérodote raconte ses voyages et fait part de ses rencontres, il est amené à indiquer l'origine de ses informations : « j'ai vu » (*opsis*), « j'ai entendu » (*akoe*), « je me suis informé » (*punthanomai*), « j'ai enquêté » (*historeo*). Parfois, le récit est ponctué d'un simple « m'a-t-on dit ». Ailleurs, il admet ses limites : « Il ne m'a pas été possible d'obtenir

---

1. Voir Amédée Hauvette, *Hérodote, historien des guerres médiques*, Paris, Hachette, 1894, p. 500 ; et Arnaldo Momigliano, « La place d'Hérodote dans l'histoire de l'historiographie » (1958), in *Problèmes d'historiographie ancienne et moderne*, Paris, Gallimard, 1983, p. 169-185.

des renseignements précis sur le chiffre de la population scythe, et j'ai entendu des avis très différents[1]. »

Si Hérodote est capable de trancher en son âme et conscience, il lui arrive aussi de rapporter telles quelles les opinions qu'il a entendues. Éloquente à cet égard est l'ouverture de l'*Enquête*, qui juxtapose la version des Perses et celle des Phéniciens à propos du rapt d'Io. Ce qu'on a interprété comme un signe d'amateurisme ou une preuve de tolérance peut aussi être lu comme une prudence méthodologique. L'expression du doute, aveu de l'absence de certitude, est une sorte d'autocontrôle critique. Que représentent les statues de femmes nues dans le palais de Mykérinos ? « Je ne puis, là-dessus, que répéter ce que l'on raconte[2]. »

L'histoire que pratique Hérodote n'a rien de rudimentaire. Ses questions pourraient figurer à l'ordre du jour : l'impérialisme perse depuis Cyrus, la « guerre de civilisation » entre les Grecs et les Barbares, le combat de la liberté contre la tyrannie, le rôle des cités ioniennes dans le conflit. Pour y répondre, Hérodote recourt à plusieurs formes de raisonnement[3]. La première, la plus fragile, est l'analogie. Dans un lac situé sur l'île de Cyrauis, près de la côte libyenne, des jeunes filles récoltent des paillettes d'or à l'aide de plumes trempées dans la poix. Or, sur une île grecque, on se sert d'une branche de myrte pour retirer la poix d'un lac. « Donc » ce qu'on dit sur l'île de Cyrauis peut être vrai. La parenté est preuve.

La deuxième forme est le raisonnement par vraisemblance. Ne pouvant vérifier les informations qui lui sont fournies, Hérodote est obligé d'estimer leur véracité, de les soupeser pour ainsi dire, en fonction de leur cohérence, de

---

1. Hérodote, *L'Enquête*, Paris, Gallimard, « Folio », 1964, IV, 81.
2. *Ibid.*, II, 130.
3. Voir Catherine Darbo-Peschanski, *Le Discours du particulier. Essai sur l'enquête hérodotéenne*, Paris, Seuil, 1987, p. 127 *sq*.

leur logique ou de leur probabilité. C'est ainsi qu'il récuse une allégation « invraisemblable » (les abeilles auraient envahi les régions au-delà de l'Istros), « inadmissible » (un tyran disposant d'un grand nombre de mercenaires aurait été vaincu par une poignée d'exilés) ou carrément « fausse » (le Nil proviendrait de la fonte des neiges). Au sujet de l'affranchi Salmoxis, qui a passé trois ans dans une cachette souterraine avant de réapparaître aux yeux du monde, prétendument ressuscité, Hérodote reste dubitatif : il ne veut « ni nier ni admettre aveuglément » cette histoire[1]. Dans le cas d'un événement complexe, le critère de la plausibilité permet de discriminer entre plusieurs explications.

Quand il n'existe aucune certitude, l'historien ouvre l'éventail des possibles et formule une hypothèse, troisième forme de raisonnement. Aristodèmos, rescapé des Thermopyles, a-t-il été exempté de combat en raison de son ophtalmie, est-il resté en arrière par couardise, a-t-il été chargé de porter un message hors du camp ? Examinant les différentes versions dont il dispose, l'historien conserve celle qui satisfait aux réquisits de la logique, de la vraisemblance ou du connu. C'est Éphialte qui a indiqué aux Perses le sentier qui mène aux Thermopyles, et la tradition qui incrimine un autre est infondée. En effet, Éphialte a pris la fuite et sa tête a été mise à prix[2].

Enfin, Hérodote pratique des raisonnements « sémiologiques », fondés sur des signes et des indices. Éphialte se conduit en coupable ; le Nil charrie des alluvions, puisqu'on en trouve au large des côtes ; les Égyptiens ignorent Poséidon et les Dioscures, donc ils n'ont pas emprunté leurs dieux aux Grecs. Ce type de raisonnement peut faire songer au « paradigme indiciaire » selon Ginzburg, qui appréhende

---

1. Hérodote, IV, 95-96.
2. *Ibid.*, VII, 213-214 et 229-230.

une réalité à partir de détails, de faits marginaux, de traits sous-estimés et de traces imperceptibles[1].

Tous ces choix méthodologiques ont des conséquences sur la composition de l'œuvre. Hérodote indique ses sources, interrogeant, citant, discutant, mettant au jour les soubassements de son enquête – visites, observations, interlocuteurs, impressions, doutes, étonnements. Il ne s'efface pas, comme Thucydide, devant une histoire qui parle toute seule, mais il assume son statut d'enquêteur. Il ne se contente pas de décrire ; il dévoile ses difficultés. Il se trompe, sans doute, mais il ne cesse de réfléchir à ses sources, au droit qu'il a d'affirmer ceci plutôt que cela. Ses « je crois », ses « d'après moi » et ses « pour mon compte » ne scellent pas le statut pré-scientifique de l'enquête, mais le scrupule du chercheur, c'est-à-dire, au fond, sa scientificité. Hérodote parle sous conditions.

La rhétorique d'Aristote et de Cicéron

Carlo Ginzburg a montré que le livre dans lequel Aristote parle le plus d'histoire (au sens où nous l'entendons) n'est pas la *Poétique*, mais la *Rhétorique*[2]. La première contient le fameux passage où la poésie est opposée à l'histoire ; mais c'est dans la deuxième qu'Aristote expose sa théorie de la preuve, jetant les bases de la rhétorique agonistique qu'on retrouve dans le *probare* cicéronien.

---

1. Carlo Ginzburg, « Traces. Racines d'un paradigme indiciaire », in *Mythes, emblèmes, traces. Morphologie et histoire*, Paris, Flammarion, 1989, p. 139-180.
2. Carlo Ginzburg, « Aristote et l'histoire, encore une fois », in *Rapports de force. Histoire, rhétorique, preuve*, Paris, Gallimard, Seuil, « Hautes études », 2003, p. 43-56. Voir aussi Adriana Zangara, *Voir l'histoire...*, *op. cit.*, p. 112-116.

Comme l'orateur antique, l'historien prouve. Lui aussi recourt à la rhétorique pour démontrer, attester ou réfuter ; lui aussi utilise, dans le cadre de son raisonnement, des preuves matérielles ainsi que des preuves verbales, indice sûr (*tekmerion*) ou signe (*semeion*). Il est frappant à cet égard que Barthes, fin connaisseur de la rhétorique ancienne, n'ait pas senti que l'histoire pouvait être autre chose qu'un discours rehaussé d'effets de réel. Pourtant, la herse qui sépare l'histoire-récit (dépréciée dans la *Poétique*) et l'*historia*-enquête (fondée sur des indices et des preuves) est celle-là même qui partage l'art oratoire : quand le poète épidictique ne fait que montrer, l'avocat démontre. Aristote n'en estime pas davantage l'*historia*-enquête, utile à la limite pour enrichir l'expérience de l'homme politique en matière de finances, de sécurité militaire ou de législation. Il reste que sa rhétorique démonstrative, si éloignée de la rhétorique « beau style » au sens moderne, fonde indirectement l'histoire-science.

En 1440, le philologue Lorenzo Valla démontre que la « donation de Constantin » (par laquelle l'empereur aurait donné une partie de ses possessions au pape) est l'œuvre d'un faussaire du milieu du VIIIe siècle agissant pour le compte du pape Étienne II, lequel cherchait à asseoir son pouvoir temporel. *De la fausse et mensongère donation de Constantin* fait valoir, premièrement, que la donation n'est pas plausible et, deuxièmement, que le texte contient des anachronismes linguistiques, des contradictions, des erreurs. Valla est ici l'héritier de la rhétorique aristotélicienne, reçue à travers *L'Institution oratoire* de Quintilien, qui l'enthousiasme[1].

C'est à la lumière de cette rhétorique qu'il faut considérer l'apport historiographique de Cicéron. Quand ce dernier demande à Luccéius de couvrir d'éloges son consulat, il a bien conscience de violer les règles de l'histoire. Quelles

---

1. Carlo Ginzburg, « Lorenzo Valla et la donation de Constantin », in *Rapports de force…*, *op. cit.*, p. 57-70.

sont-elles ? Ne rien dire de faux ; dire tout le vrai ; éviter le soupçon de favoritisme ou de haine. Cicéron en ajoute une quatrième : raconter les faits en indiquant leurs causes[1]. On obtient une définition de l'histoire, fondée sur quatre piliers : refus du faux, courage du vrai, souci d'impartialité, recherche du pourquoi-comment. Si l'histoire cicéronienne a tant besoin d'éloquence, c'est moins pour orner que pour dire le vrai. La *Revue historique*, où Monod publie son manifeste en 1876, prendra d'ailleurs pour devise les règles de Cicéron.

Bien sûr, Cicéron n'est pas historien. Mais, en tant qu'avocat, il a mené plusieurs enquêtes. En 70 avant J.-C., des cités de Sicile font appel à lui pour confondre leur ancien propréteur, Verrès, soupçonné de rapines et de concussion. À Rome, comme la loi l'y autorise, Cicéron examine les finances de Verrès : exportations effectuées depuis la Sicile, livres de comptes, archives des publicains qui affermnt les impôts, droits de douane non payés. Sur place, en Sicile, Cicéron parle aux laboureurs et se renseigne auprès de l'assemblée de Syracuse. Les sénateurs lui apportent des registres secrets, où sont consignés les vols dont la cité a eu à souffrir. La « première action contre Verrès », que Cicéron prononce en août 70, suffit à écraser la partie adverse ; les réquisitoires de la « seconde action » (sur les illégalités commises pendant la préture, les vols d'œuvres d'art, les cruautés) sont malgré tout publiés[2].

Non seulement l'aspect de propagande que revêt l'éloquence de Cicéron ne l'empêche pas de reconnaître des règles à l'histoire, mais sa pratique judiciaire, fondée sur une *historia*-enquête, est fondatrice du raisonnement historique : archives, témoignages, indices, preuves mobilisés dans le cadre d'une démonstration, établissement des faits, recherche

---

1. Cicéron, *De l'orateur*, livre II, XV, 62-63.
2. Pierre Grimal, *Cicéron*, Paris, Fayard, 1986, chap. VI.

de la vérité. La tradition qui relie Aristote, Cicéron, Valla, Bayle, Mabillon, Momigliano, Vidal-Naquet et Ginzburg, c'est celle de la rhétorique démonstrative. Parce qu'elle prouve, l'histoire est une éloquence d'action.

L'histoire-science au XVIe siècle

La conscience historienne se développe au gré d'un processus de laïcisation. Celui-ci commence au VIe siècle avant notre ère, avec l'avènement de la dialectique contre la parole-oracle. Il s'interrompt au Moyen Âge : dépasser la simple chronique des événements serait outrecuidant, comme une tentative pour expliquer la volonté divine[1]. À la Renaissance, l'histoire repose sur le libre examen et la démarche critique, ce qui implique une certaine émancipation vis-à-vis de l'Église. Lorenzo Valla s'élève contre la tradition ; Henri Estienne se moque des miracles qu'égrène la *Légende dorée*. Les guerres de Religion pousseront La Popelinière et de Thou à combattre l'intolérance.

L'histoire est le domaine de la raison humaine, non celui des dogmes et des vérités révélées. L'historien ne reçoit pas la vérité toute faite, par en haut ; il la recherche au moyen d'une méthode. Indépendant vis-à-vis de toutes les autorités, il est sa propre autorité (ce qui ne l'empêche pas de travailler collectivement). Cette rupture avec le divin, cette méfiance envers les croyances, ce refus du surnaturel – cet effort pour comprendre ce que les hommes font – relient les *humaniores litterae* des humanistes à l'histoire profane des Lumières et du XIXe siècle. Bannir les miracles devient un « principe de critique historique[2] ».

---

1. Bernard Guenée, « Histoires, annales, chroniques. Essai sur les genres historiques au Moyen Âge », *Annales ESC*, vol. 28, n° 4, 1973, p. 997-1016.
2. Ernest Renan, *Vie de Jésus*, Paris, Lévy, 1863, p. LII.

Où trouver la certitude ici-bas, si ce n'est dans les archives, les manuscrits, les antiquités ? Ce retour aux sources, *ad fontes* comme disent les humanistes, donne naissance à l'érudition critique. Elle est pratiquée par des philologues comme Valla et Budé et par des juristes comme Bodin, Cujas, Pasquier et de Thou (auteur en 1604 d'une histoire de l'Europe contemporaine et propriétaire envié d'une bibliothèque de plusieurs milliers de volumes). La passion de l'original influe sur l'économie du texte. La « rhétorique des citations », typique de l'humanisme gallican des magistrats-historiens, atteste du crédit qu'ils portent à la pièce justificative, à la leçon des manuscrits, au témoignage écrit[1]. Comme l'explique Étienne Pasquier, auteur des *Recherches de la France* (1560), il ne faut rien dire « sans en faire preuve ».

Au cœur de la philologie et de la pensée juridique du XVIe siècle se trouve l'exigence de méthode. Celle que Bodin définit dans son *Methodus ad facilem historiarum cognitionem* (1566) servira de modèle à de nombreux historiens, qui y puiseront, comme La Popelinière, l'idée d'une « mathématique de l'histoire » fondée sur des problèmes, des séries causales, des points d'origine et des développements[2]. L'histoire n'est pas une métaphysique où toutes les spéculations sont permises ; elle étudie les actions des hommes grâce à un matériau qu'elle a rassemblé à dessein. Cette exigence d'« observation » annonce la méthode du *Novum Organum* (1620) de Bacon : de même qu'on connaît la nature au moyen d'expériences, de même on connaît le passé grâce à des documents. Bien que l'histoire-problème du XVIe siècle n'ait rien d'un empirisme, La Popelinière et Bacon (auteur aussi d'une *Histoire du règne de Henri VII*) se rejoignent sur plusieurs points : la méfiance envers la tradition, l'appel à l'expérience, la sortie de soi, le

---

1. Marc Fumaroli, *L'Âge de l'éloquence...*, *op. cit.*, p. 489 *sq.* et p. 686 *sq.*
2. Philippe Desan, *Penser l'histoire à la Renaissance*, Caen, Paradigme, 1993, chap. v.

souci d'objectivité¹. Cette aspiration scientifique justifie le dépouillement de l'*historia nuda*. Pour Bodin et La Popelinière, les écrits de l'historien ne doivent pas se distinguer par l'ornement rhétorique, mais par la clarté d'expression. Leur valeur ne réside pas dans leur beauté, mais dans leur exactitude.

Le XVIᵉ siècle voit ainsi naître l'idéal d'une « histoire accomplie » : non plus l'histoire léguée par les Anciens, mais une histoire-science autonome, fondée sur la laïcisation de la recherche, le questionnement de sources originales, la méthode rationnelle, la sobriété de style. Au-delà de son champ d'investigation propre (la monnaie romaine pour Budé, la continuité de la France pour Pasquier), elle a pour objet la recherche de la vérité, que La Popelinière définit comme « la principale et plus nécessaire grâce de l'historien² ».

Sujétion, erreur, partialité : au XVIIᵉ siècle, les historiographes entretenus par la monarchie représentent l'antithèse de l'« histoire accomplie », et les valeurs de cette dernière sont bien mieux défendues par les mémorialistes. Cette convergence entre histoire et mémoire est favorisée par le fait que l'histoire contemporaine peut être écrite par des témoins-acteurs, comme Guichardin, de Thou et, avant eux, Polybe, Xénophon, César et Commynes. À partir des années 1550, les mémorialistes, grands de la noblesse d'épée, mettent en avant leur droiture et leur expérience qui les rendent aptes à bien juger des affaires qu'ils relatent, au contraire des historiographes, courtisans serviles et inexpérimentés, obligés de travailler de seconde main. Dans ses *Mémoires*, l'abbé Arnauld entend rétablir toute la vérité au sujet de la débâcle de Thionville en 1639,

---

1. F. Smith Fussner, *The Historical Revolution: English Historical Writing and Thought, 1580-1640*, Londres, 1962 ; et G. Wylie Sypher, « Similarities Between the Scientific and the Historical Revolutions at the End of the Renaissance », *Journal of the History of Ideas*, vol. 26, n° 3, juillet-septembre 1965, p. 353-368.

2. Henri Lancelot-Voisin de La Popelinière, *L'Idée de l'histoire accomplie...*, vol. 2, *op. cit.*, p. 258.

que l'historiographie dissimule ; Bussy-Rabutin soutient que les mémorialistes sont « désintéressés et amis de la vérité[1] ».

C'est Saint-Simon qui défend avec le plus d'énergie son statut d'historien-témoin digne de foi, rédempteur de la vérité salie, meilleur d'avoir « manié lui-même les choses qu'il écrit ». Le maréchal de Villars a usurpé la gloire de ses maîtres, Mme de Maintenon a manœuvré « avec un si grand art » que la postérité refusera de le croire, le duc d'Orléans n'a pas empoisonné le dauphin et sa famille, le Roi-Soleil fut « un assez grand roi ». Dans ce combat personnel contre la mystification, l'historien est aidé par ses propres souvenirs, ainsi que par des témoins : le maréchal de Lorges, « homme le plus vrai qui fut jamais », ou les officiers qui ont participé aux campagnes de Villars.

Bien sûr, Saint-Simon ne brille pas lui-même par son impartialité. Il voue une haine aveugle aux bâtards du roi, à leur ancienne gouvernante et protectrice Mme de Maintenon, à tous les « monstres » de la cour. Il est obnubilé par les querelles de rang et d'étiquette. Duc jusqu'au bout des ongles, il est excessivement vaniteux, superficiel souvent, fautif parfois. Mais ses *Mémoires* sont habités par le raisonnement historique tel que le XVIe siècle l'a forgé : recourir aux témoignages authentiques, débusquer les mensonges, parler d'expérience, mettre au jour les « ressorts des événements », ne rien dire que « dicté par la vérité nue en bien et en mal », empêcher que la postérité ne se laisse prendre aux masques du présent.

L'esprit 1690

L'autorité de l'Église, la gloire du roi, le doute radical de Descartes, le pyrrhonisme d'un La Mothe Le Vayer sont

---

1. Emmanuèle Lesne, *La Poétique des mémoires (1650-1685)*, Paris, Honoré Champion, 1996, p. 42-49.

les principales menaces auxquelles l'histoire doit faire face au XVIIe siècle. Qu'elle devienne courtisanerie, passe-temps, faribole, on-dit, et elle perdra tout intérêt. Contre ces attaques, des parades sont mises au point dans les dernières décennies du siècle.

« Par histoire, j'entends tout ce qui est déjà inventé et qui est contenu dans les livres. Mais par science, j'entends l'habilité à résoudre toutes les difficultés », écrit Descartes en 1640[1]. La science est une activité de l'esprit, alors que l'histoire est un récit tout fait, par surcroît plein d'erreurs et de doutes. Qui recherche la vérité doit commencer par rejeter l'incertain : c'est pourquoi le philosophe abandonnera l'histoire aux érudits.

Leibniz refuse ce découpage. Les mathématiques et l'histoire ne sont pas de même nature, mais cette dernière peut atteindre la certitude, du moment qu'elle se donne une méthode. Laquelle ? Leibniz développe sa réflexion historiographique à partir de 1687, à l'occasion du grand voyage qu'il effectue dans les États allemands et italiens pour rechercher les origines de la maison de Brunswick. Pour arracher l'histoire aux fables, on peut faire la critique des documents et des témoignages ; pour faire revivre le passé, on peut étudier ce qui en subsiste dans le présent ; pour accroître nos certitudes, on peut s'appuyer sur la géologie, l'archéologie, la linguistique, la philologie, la généalogie ; pour mesurer le vraisemblable, on peut recourir à la probabilité mathématique ; plutôt que de rejeter les opinions, on peut les confronter. En un mot, l'histoire peut devenir une science si elle repose sur des hypothèses, des raisonnements, des démonstrations. Dans un mémoire pour le duc de Brunswick (1692), Leibniz écrit que « cette exactitude que les vrais savants demandent aujourd'hui s'est répandue jusque dans l'histoire, qui en paraît la moins susceptible ».

---

1. René Descartes, lettre à Hogelande (8 février 1640), cité dans Yvon Belaval, *Leibniz critique de Descartes*, Paris, Gallimard, 1978, p. 91.

L'histoire a plusieurs parties, mais « l'âme de tout, c'est la vérité ». On y parvient grâce à de « bonnes preuves[1] ».

Purger l'histoire de ses erreurs, s'en remettre à des documents, ne pas avancer sans preuve, viser à la certitude comme dans toute science, c'est, à peu de chose près, le programme de Pierre Bayle. Cet érudit cartésien, calviniste réfugié en Hollande, éditeur des *Nouvelles de la République des lettres* (1684), s'appuie sur le doute non pour délégitimer l'histoire, mais pour la rendre inattaquable. Après avoir songé à établir un « recueil des faussetés » présentes dans les autres ouvrages, il publie un *Dictionnaire historique et critique* (1697), dictionnaire biographique où les erreurs de son prédécesseur, Moréri, sont systématiquement corrigées.

La mise en pages du *Dictionnaire* fait apparaître la méticulosité du travail sur les sources. Comme Bayle l'annonce dans la préface, les notices sont divisées en deux parties. L'une, purement biographique, offre « un narré succinct des faits » ; l'autre, composée de notes, est un long commentaire, « mélange de preuves et de discussions ». Dans chacune de ces parties, des notes indiquent la source des informations ainsi que la référence des citations. Bayle introduit donc quatre niveaux de texte : le récit biographique proprement dit ; ses notes critiques (A, B, C...), en bas de page et petits caractères, long commentaire qui forme la deuxième partie de la notice ; les notes d'érudition de la biographie, dans les marges en haut (a, b, c...) ; les notes d'érudition du commentaire, dans les marges en bas (1, 2, 3...). Pour résumer, on a le narré biographique, le commentaire critique en note, les notes de la biographie et les notes des notes. Grâce à ce système, chaque affirmation est prouvée, référencée, mise en perspective, critiquée.

---

1. Louis Davilé, « Le développement de la méthode historique de Leibniz », *Revue de synthèse historique*, XXIII, n° 69, décembre 1911, p. 257-268.

L'HISTOIRE EST UNE LITTÉRATURE CONTEMPORAINE

Par l'immensité de son érudition, par les niveaux de lecture qu'il permet, par la complexité de sa narration, par son organisation labyrinthique, le *Dictionnaire* de Bayle est un chef-d'œuvre de la littérature. Or c'est précisément à travers ces choix littéraires que l'histoire devient une science. La narration correspond à des exigences en matière de vérification, de certification, d'administration de la preuve. C'est parce qu'il raconte que Bayle prouve, et c'est parce qu'il prouve qu'il raconte. Il crée par souci de rigueur. Les notes critiques et d'érudition constituent une révolution de méthode en même temps qu'une révolution littéraire. C'est pourquoi le *Dictionnaire* est si décisif : après Hérodote, Cicéron, Valla, il incarne une épistémologie dans un texte. L'écriture baylienne n'est ni ornement ni rhétorique ; elle est en soi un raisonnement historique.

L'invention d'une *technique littéraire de la véridiction* permet à Bayle de redresser, en faveur des historiens, la balance qui penchait du côté des mémorialistes : un érudit formé à la méthode est bien plus qualifié qu'un témoin de son temps, disposât-il d'informations de première main. Grâce à l'apparat critique, l'histoire devient un modèle de science. Grâce à ses renvois référencés, elle permet de faire reculer l'erreur et le préjugé.

En guise d'histoire, le *Dictionnaire* retrace la vie des grands personnages qui ont vécu depuis l'Antiquité. Sa documentation est plus livresque qu'archivistique. Or, pour connaître le passé des hommes, sans se cantonner ni au mémorable ni au contemporain, il est nécessaire d'étudier l'ensemble des traces qu'ils ont laissées. Mabillon, moine bénédictin de Saint-Maur, fonde la critique documentaire dans *De re diplomatica* (1681). La diplomatique devient une science capable d'authentifier un document, de le dater, de déterminer sa provenance. Dans ses travaux sur les saints de son ordre, à la fin des années 1660, comme dans sa *Lettre sur le culte des saints inconnus* (1698), Mabillon prône l'exactitude et l'esprit critique en matière d'histoire religieuse, ce qui lui vaut de farouches inimitiés. C'est pour défendre son travail qu'il définit les « règles de l'histoire ». La première qualité d'un historien, c'est « l'amour et la recherche de la vérité ». Pour y parvenir, il ne doit avancer « que ce qui est appuyé par l'antiquité même[1] ». L'original est la seule autorité qui vaille.

Les antiquités regroupent, selon Furetière, les « médailles, statues et autres monuments qui nous restent des Anciens ». Matérialité et authenticité, examinées avec méthode, donnent un poids de certitude. Jacob Spon recense les témoignages archéologiques dans son *Voyage de Grèce et du Levant* (1678) ; Spanheim fonde la numismatique moderne dans les années 1660-1670 ; l'*Ars critica* (1697) de Le Clerc propose une méthode pour étudier documents, inscriptions, monnaies et statues. Cette ouverture aux antiquités renforce le travail des historiens, notamment l'*Histoire de France* de Mézeray (1685) et du père Daniel (1696)[2]. Les historiens libéraux, romantiques et méthodiques du XIXe siècle n'oublieront pas ces progrès.

Aimer la vérité au Grand Siècle, lutter contre l'intolérance ou l'absolutisme : ce sera le combat des mémorialistes, des antiquaires, de Leibniz, de Mabillon et de Bayle. Pour ce dernier, la note en bas de page est un triple refuge – contre le mépris de Descartes, contre l'oppression de Louis XIV, contre l'orthodoxie catholique[3]. C'est en se fixant des règles nouvelles que l'histoire devient une école de résistance. Une

---

1. Mabillon, *Brèves Réflexions sur quelques règles de l'histoire*, Paris, POL, 1990.
2. Arnaldo Momigliano, « L'histoire ancienne et l'antiquaire » (1950), in *Problèmes d'historiographie ancienne et moderne*, op. cit., p. 244-293 ; et Marc Fumaroli, « Historiographie et épistémologie à l'époque classique », in Gilbert Gadoffre (dir.), *Certitudes et incertitudes de l'histoire*, Paris, PUF, 1987, p. 87-104.
3. Anthony Grafton, *Les Origines tragiques de l'érudition. Une histoire de la note en bas de page*, Paris, Seuil, « La Librairie du XXe siècle », 1998.

contrainte en échange de la liberté de savoir. L'indépendance intellectuelle au profit de tous les hommes.

Ce portrait de l'historien en stoïcien, sans patrie ni passion, révèle une sociologie de la vérité au XVIIe siècle : Racine et Boileau sont des bourgeois courtisans, alors que les grands seigneurs mémorialistes vivent dans la disgrâce et que les érudits échappent au pouvoir d'attraction de Versailles en étudiant dans leur monastère ou en explorant les bibliothèques, citoyens de la République des lettres. Désormais, l'histoire s'attache non seulement à comprendre, mais à prouver, afin de corriger les erreurs, purger la tradition, confondre l'imposture. Portée par l'esprit des années 1690, elle est devenue un combat.

La colère de la vérité

Le raisonnement historique ne sert pas uniquement à comprendre le passé ; il aide aussi à agir au présent. Il permet de réhabiliter le protestant Calas, accusé à tort du meurtre de son fils. Dans les années 1780, pour démontrer la cruauté de la traite, Thomas Clarkson parcourt l'Angleterre à la recherche de preuves, s'entretient avec des marins, collecte des menottes et autres instruments de torture en usage sur les navires, aide à diffuser l'autobiographie d'un ancien esclave.

On peut se moquer de Chateaubriand : il décrit des contrées qu'il n'a jamais vues, se rêve l'égal de Napoléon. Mais le livre XVI des *Mémoires d'outre-tombe* est l'une des premières tentatives pour comprendre l'exécution du duc d'Enghien, dans les fosses du château de Vincennes, en 1804. Pour établir la vérité, Chateaubriand argumente sur la base des documents dont il dispose : interrogatoire du jeune duc devant la commission militaire, mémoires publiés par les protagonistes, procès-verbal d'exhumation (la mâchoire de la victime a été brisée par les balles). Immédiatement après l'analyse de ce « meurtre », Chateaubriand cite l'article qu'il a publié en 1807 dans *Le Mercure de France* :

> Lorsque dans le silence de l'abjection, l'on n'entend plus retentir que la chaîne de l'esclave et la voix du délateur, lorsque tout tremble devant le tyran, et qu'il est aussi dangereux d'encourir sa faveur que de mériter sa disgrâce, l'historien paraît, chargé de la vengeance des peuples. C'est en vain que Néron prospère, Tacite est déjà né dans l'Empire ; il croît inconnu auprès des cendres de Germanicus, et déjà l'intègre Providence a livré à un enfant obscur la gloire du maître du monde.

L'écrivain-historien est un opposant pour la simple raison qu'il dit la vérité.

À la fin du siècle, des historiens comme Charles Seignobos, Henri Hauser, Albert Mathiez et Georges Lefebvre prennent parti en faveur de Dreyfus. Ils s'engagent en citoyens, en socialistes ou en républicains, mais aussi en détenteurs d'une compétence. Car l'historien est un professionnel de la preuve. Gabriel Monod examine le fac-similé du bordereau et dépose devant la chambre criminelle de la Cour de cassation en 1899 ; quatre chartistes sont cités par la défense au procès Zola. Leur engagement est « quasi déontologique[1] ».

Dans la deuxième moitié du XXe siècle, le raisonnement historique sert de nombreux combats. Orphelin de la Shoah, enfant caché, élève de Marrou à la Sorbonne, engagé dans la lutte contre la torture en Algérie, Pierre Vidal-Naquet défend l'idée que l'historien a un rôle à jouer dans la cité. S'il est un « témoin de la vérité », ce n'est pas seulement parce qu'il défend des valeurs ; c'est aussi parce qu'il suit les règles de son métier. Vidal-Naquet établit un parallèle entre l'affaire Dreyfus et l'affaire Audin. Dans un camp, le faux, la complicité de l'état-major, le mensonge d'État ; dans

---

1. Olivier Dumoulin, « Les historiens », in Michel Drouin (dir.), *L'Affaire Dreyfus*, Paris, Flammarion, 2006, p. 389-396.

l'autre, « un "lobby" au service de la vérité », recherchant des témoins, rassemblant des preuves, publiant des articles et des livres.

Encore une fois, il est important de souligner que le chercheur et le militant sont une seule et même personne. On peut donc combattre la guerre d'Algérie en tant qu'historien : « Établir des faits, constituer des ensembles, rétablir ou tenter de rétablir la vérité par rapport au mensonge officiel ne m'imposait pas de changer de métier[1]. » Et Vidal-Naquet de citer le passage où l'opposant à Napoléon paraît, « chargé de la vengeance des peuples ». Portrait de Vidal-Naquet en Chateaubriand, portrait de Chateaubriand en Tacite. L'historien Ginzburg, qui a consacré un livre à démontrer l'innocence du militant gauchiste Adriano Sofri, est aussi le préfacier de Valla.

La force qui anime l'historien, c'est celle qui nourrit les combats de Valla contre la papauté, de La Popelinière contre l'intolérance, de Mabillon contre l'obscurantisme, de Bayle contre l'oppression, de Saint-Simon contre les imposteurs, de Chateaubriand contre le despotisme, de Thierry contre les historiographes, de Voltaire et Jaurès contre l'erreur judiciaire, de Vidal-Naquet contre les secrets d'État et le négationnisme. C'est la colère de la vérité sous toutes ses formes : l'intranquillité, la frénésie de savoir, l'urgence de dire, la « passion historique[2] », soit le contraire de cet état d'ataraxie intellectuelle que recherchent Pyrrhon et les sceptiques. C'est cette colère qui pousse le journaliste Albert Londres à raconter les bagnes, les asiles, les guerres, l'exploitation des Africains, la solitude des Juifs. C'est elle qui saisit un jeune déporté traversant l'Allemagne en 1945 : « Nous sentions l'urgence de tirer des conclusions, de demander,

---

1. Pierre Vidal-Naquet, *Face à la raison d'État. Un historien dans la guerre d'Algérie*, Paris, La Découverte, 1989, p. 45.
2. Augustin Thierry, préface à *Dix Ans d'études historiques, op. cit.*, p. 353.

d'expliquer et de commenter, comme des joueurs d'échecs en fin de partie. Connaissaient-ils, eux, l'existence d'Auschwitz, le massacre quotidien et silencieux à leur porte ? [...] Si non, nous devions, je devais, c'était un devoir sacré, leur apprendre, sur-le-champ, toute la vérité[1]. »

L'historien n'est pas enfermé dans la Bibliothèque ; il vient de sortir du Camp. Il ressent le besoin de comprendre ce qui s'est passé, ce qui est arrivé, ce qui nous est arrivé, ce que les hommes ont fait, ce que nous faisons. Voilà, comme dit Primo Levi, son « devoir sacré ». L'histoire est un militantisme de la vérité. Elle s'exerce toujours en milieu hostile, contre un ennemi qui s'appelle erreur, tromperie, déni, mensonge, secret, oubli, indifférence. Mais le vrai, ici, ne relève pas d'un cri de détresse ou de rage, ni d'une sagesse immémoriale, ni d'une équation mathématique, ni d'une information qu'on reçoit dans son immédiateté médiatique. Il est tributaire d'un raisonnement que des historiens et des non-historiens, voyageurs, moines, juristes, avocats, collectionneurs, journalistes, ont contribué à inventer.

Au XIXᵉ siècle, les méthodiques sauront faire fructifier cet héritage, mais en l'arrachant à ses racines : l'écriture et l'engagement de soi. On touche ici à la grande limite du scientisme anti-littéraire. Sous couvert d'objectivité, il méconnaît la capacité épistémologique du « moi de recherche[2] ». Au nom de la scientificité, il ignore la charge démonstrative et cognitive qu'il y a dans la littérature – récit de voyage, enquête, plaidoyer, épopée, mémoire, roman. L'histoire-science a été inventée par des écrivains qui y misaient leur vie. C'était au temps des belles-lettres.

---

1. Primo Levi, *La Trêve*, Paris, Grasset, Le Livre de poche, 1966, p. 245-246.
2. Paul Ricœur, *Histoire et vérité*, Paris, Seuil, « Essais », 1955, p. 32-39.

7

Les opérations de véridiction

Contrairement aux prophètes qui décrètent la vérité, le chercheur la poursuit au moyen d'un raisonnement, fil directeur d'une entreprise de compréhension-explication. Ce raisonnement, commun à toutes les sciences sociales, comprend plusieurs opérations qu'on distinguera ici pour les besoins de la cause : la distanciation, qui permet de poser un problème ; l'enquête, par laquelle on collecte des sources ; la comparaison, qui dissipe l'illusion de l'unique ; la formulation-destruction d'hypothèses, grâce à des preuves. Pour le dire autrement, l'histoire comme science sociale est un rationalisme critique qui consiste à répondre aux questions que l'on se pose.

La distance

Comment le chercheur prend-il du recul ? La distance temporelle lui facilite la tâche. Certaines phrases, dit Danto, ne peuvent être prononcées par un contemporain : dire que « la guerre de Trente Ans commence en 1618 » implique de connaître non seulement son dénouement, mais son importance. Démarche historique, en effet, que de décrire quelque chose à la lumière d'informations futures. Mais *quid* de ce que l'on est en train de vivre, l'histoire « à chaud » ou le « terrain » sociologique ? Une solution consiste à s'éloigner physiquement de l'événement. Désireux d'écrire l'histoire du peuple romain, Salluste se tient à l'écart de la vie publique après la mort de César. Le 18 juin 1815, jour de la bataille de Waterloo, Chateaubriand se trouve à Gand, à cinquante kilomètres, seul sous un arbre, ce qui lui permet de songer aux conséquences de ce « nouvel Azincourt ».

Mais ni l'éloignement temporel, ni la quiétude de l'*otium*, ni la posture du témoin ne peuvent se substituer au recul que l'on prend sur sa propre situation. En notant que l'on est, comme Proust revoyant sa grand-mère, tour à tour l'acteur impliqué, donc aveugle, et l'observateur détaché, en chapeau et manteau de voyage, Kracauer renvoie dos à dos l'objectivisme de Ranke et l'herméneutique de Dilthey[1]. C'est pourquoi il y a des positions heuristiquement fécondes, entre implication et dégagement : le voyageur perpétuel (comme Hérodote), l'exilé (comme Thucydide, Polybe, Machiavel), le paria conscient, l'apatride, le transfuge, l'étranger selon Simmel, à la fois proche et distant, indifférent et participatif, le *marginal man* de Park et Stonequist, qui reste en lisière non seulement parce que la société le rejette, mais parce qu'il a choisi de vivre entre deux eaux.

Notion clé de la sociologie allemande et de l'école de Chicago, ce décalage – un pied dedans, un pied dehors – a son équivalent dans la tradition durkheimienne : la « rupture avec le réel », la nécessité de se déprendre du sens commun, des prénotions, de la théorie spontanée, du langage ordinaire, des relations familières, des objets qui paraissent aller de soi[2]. En ce qu'elles s'efforcent de dénaturaliser les objets de la vie quotidienne, englués dans les fausses évidences et le ce-qui-va-de-soi, les *Mythologies* de Barthes relèvent des sciences sociales.

---

1. Siegfried Kracauer, *L'Histoire...*, *op. cit.*, p. 145.
2. Voir Pierre Bourdieu *et al.*, *Le Métier de sociologue. Préalables épistémologiques*, Berlin, New York, Mouton de Gruyter, 2005 (1968).

C'est enfin par rapport aux sources qu'on peut prendre du recul : il y a des faux documents comme il y a de mauvais témoins. Tous les discours de la méthode, de Mabillon à Langlois et Seignobos, revêtent cette fonction critique. Mais comment éviter de glisser de la prudence à la folie paranoïaque, qui consiste à dire que le 11-Septembre a été monté par les services secrets américains ou que Descartes est un mythe créé de toutes pièces par les jésuites de La Flèche ? Lorsqu'on est en présence d'un document ou d'un témoignage, on doit se demander non si l'auteur a voulu nous tromper, mais s'il a compris ce dont il parle, et avec quel degré d'exactitude et de clairvoyance. Parce qu'elle est médiate, dit Marrou, la connaissance historique suppose une relation de confiance, ce qui ne signifie pas crédulité[1].

Fuyant tant la naïveté que l'hypercriticisme, le chercheur doit donc adopter une attitude de confiance-vigilance qu'Hérodote résume à sa manière : « Si j'ai le devoir de rapporter ce qu'on a dit, je ne suis certainement pas obligé d'y croire – qu'on tienne compte de cette réserve d'un bout à l'autre de l'ouvrage[2]. » Au chercheur d'expliciter les raisons qu'il a de valider, de douter ou de refuser. À lui de traiter ses sources comme il se traite lui-même, distant de sa personne, de son statut social, de ses identités, de ses motivations.

Le recul épistémologique ne permet pas tant de définir un problème – on a toujours un problème – que de le définir avec pertinence. Contrairement à ce que disent les empiristes, le savant ne va pas du particulier au général, du détail à l'ensemble, de l'observation à la théorie ; c'est le problème qui le pousse vers le monde. Toute une tradition épistémologique, de Koyré à Popper, rappelle que la

---

1. Henri-Irénée Marrou, *De la connaissance historique*, Paris, Seuil, 1954, p. 132 *sq.*
2. Hérodote, VII, 152.

formulation d'un problème constitue le geste scientifique fondamental. Et chaque résolution de problème, à travers l'expérimentation, en fait apparaître de nouveaux.

Les sciences sociales ne procèdent pas différemment. Depuis Hérodote, tous les historiens ont poursuivi un problème qui se trouve souvent mêlé à leur propre vie : guerre, avènement, conquête, révolution, génocide. Mais il faut attendre le XXe siècle pour que l'histoire se présente explicitement comme une *problem solving activity*. Collingwood le dira ; et les *Annales*, aiguillonnées par les critiques des durkheimiens, rappelleront que l'historien part toujours avec, en tête, « un dessein précis, un problème à résoudre, une hypothèse de travail à vérifier[1] ». Ce postulat a deux conséquences importantes : toutes les sciences pensent de la même manière ; l'histoire ne peut se définir comme la connaissance du passé. Il n'y a pas de « passé » en soi, des « faits » à découvrir. Il n'y a que des problèmes, c'est-à-dire des questions posées aux traces – objets, documents, témoins – qui ont surnagé.

Le problème historique, c'est la question que l'on se pose, la question paradoxale, contre-doxale, l'expression de ce qui étonne, résiste, démange, excite ; c'est l'énigme féconde, l'intuition, la « petite idée » qu'on rumine, l'obstination du chercheur, son angoisse, son ingénuité, son grain de folie, le contre-pied qu'il prend avec tout le reste. « Saint Louis a-t-il existé ? » demande malicieusement Le Goff, avant de déconstruire le mythe du roi très-chrétien[2].

La question enclenche le raisonnement, commande l'enquête documentaire, trace le cadre à l'intérieur duquel le chercheur va travailler ; d'où le sentiment de perplexité qu'inspirent les projets d'histoire universelle. En fin de

---

1. Lucien Febvre, « Examen de conscience d'une histoire et d'un historien » (1933), in *Combats pour l'Histoire, op. cit.*, p. 3-17.
2. Jacques Le Goff, *Saint Louis*, Paris, Gallimard, 1996.

compte, la recherche en sciences sociales implique deux attitudes complémentaires : une attitude de recul, qui consiste à s'extraire (au moins mentalement) pour observer depuis une position temporelle et sociologique ; une attitude de focalisation, par laquelle on choisit de s'enfermer dans le contexte de pertinence délimité par la question.

L'enquête

Le chercheur n'est pas un devin qui « sait » par science infuse. Les sciences sociales se font avec des sources et, en particulier, l'histoire a besoin de documents. Tout comme les historiens de l'époque romantique, les méthodiques savent que l'histoire est une connaissance indirecte, qui cherche à comprendre le passé par l'intermédiaire de traces.

Ces sources, qu'on peut désigner sous le terme générique d'« archives », sont de nature diverse. Il y a des archives archéologiques (ossements, monnaies, bijoux, monuments, bâtiments, inscriptions), des archives sous-marines (épaves, amphores, blocs de pierre), des archives matérielles (routes, mobilier urbain, meubles, objets d'art ou de la vie quotidienne), des archives écrites (manuscrits, imprimés, journaux, affiches, banderoles), des archives visuelles ou audiovisuelles (images, photos, vidéos, films), des archives numériques (Internet). Pourtant, tout autour de nous, il y a des gens et des choses, des paysages et des livres qui ne nous disent rien. C'est que personne n'est témoin, rien n'est source, tant que le chercheur ne l'a pas décidé par une question. Aussitôt qu'il y a une question, tout est doué de parole : « Est document toute source d'information dont l'esprit de l'historien sait tirer quelque chose pour la connaissance du passé humain[1]. »

1. Henri-Irénée Marrou, *De la connaissance historique, op. cit.*, p. 77.

Il faut posséder un certain flair, technique ou psychologique, pour accéder à l'archive ; mais cela ne doit pas cacher le fait que l'archive est partout. Le chercheur peut « inventer » des sources, c'est-à-dire questionner des objets nouveaux dans l'espoir qu'ils répondront à sa question : des enclos, des moteurs, des recettes de cuisine, des sonates, « des éclipses de lune et des colliers d'attelage », ma voisine, votre compte Facebook et jusqu'aux rêves, utilisés pour comprendre l'impact de la dictature nazie sur les consciences[1]. Il est crucial de ne pas se mettre des œillères au moment de collecter les sources. Sinon, on néglige celles qu'on croit peu intéressantes, trop lacunaires ou émanant d'acteurs « subalternes ». En reconnaissant, dans *L'histoire à parts égales* (2011), la même dignité à l'ensemble des documents en présence, qu'ils soient d'origine hollandaise, portugaise, malaise ou javanaise, Romain Bertrand récuse d'entrée de jeu les hiérarchies implicites qui sont au fondement de notre ethnocentrisme. Pour comprendre les premières interactions entre Hollandais et Javanais à la fin du XVIe siècle, on doit abattre les « murailles de papier de l'archive européenne ».

Quand en a-t-on fini avec la collecte de sources ? Jamais – à moins qu'on ne le décide. Comment recueille-t-on les sources ? Par le biais d'une enquête. L'enquête est l'investigation grâce à laquelle le chercheur rassemble sa documentation. Elle repose sur trois procédés qu'il est possible de combiner : la fouille, la rencontre, l'expérience.

La fouille consiste à rechercher des archives probantes dans la terre, à la surface de la terre, sous la mer, dans des dépôts spécialisés ou dans des bibliothèques : ossements, vestiges, écrits, papiers, etc. La fouille est en soi un raison-

---

1. Charlotte Beradt, *Rêver sous le Troisième Reich*, Paris, Payot & Rivages, 2002. La citation figure dans Lucien Febvre, « Vers une autre histoire » (1949), in *Combats pour l'histoire, op. cit.*, p. 419-438.

nement, car, archéologue ou historien, on n'ouvre jamais un tombeau ou un carton par hasard. Au préalable, il a fallu en éprouver le besoin, en déduire l'existence et réussir à le localiser. Il n'est pas facile de découvrir ce que cachent un État, une collectivité locale, une entreprise, une famille. Il n'est pas évident de trouver les documents qui décrivent les conditions de vie des esclaves sur un navire négrier du XVIIIe siècle ou les souffrances des enfants abandonnés au XIXe siècle, ni de mettre la main sur les journaux intimes auxquels se confient les jeunes filles au XXe siècle.

Il en va de même en paléontologie. En quête d'anciens hominidés, Michel Brunet a choisi de partir à l'ouest du Rift, au Tchad et en Libye, contre l'idée dominante selon laquelle l'homme serait apparu en Afrique de l'Est. Lors de campagnes de fouille, grâce à des images satellites ou à des carottages pétroliers, il sonde différentes zones à la recherche de niveaux géologiques vieux d'au moins trois millions d'années. En 1995, il fait une découverte majeure : la mandibule du plus vieil australopithèque connu, baptisé Abel. Coup de chance ? Il n'y a « pas de hasard dans notre métier, mais une marche rationnelle, réfléchie, au cours de laquelle les indices récoltés un à un permettent d'établir de nouvelles déductions, de prendre de nouvelles orientations[1] ».

La rencontre permet au chercheur de se confronter à des êtres vivants, au moyen d'entretiens ou grâce à l'observation participante. Le « travail de terrain » ou *field work*, mis à l'honneur par les sociologues de Chicago (eux-mêmes héritiers des grandes enquêtes sociales du XIXe siècle, de Frédéric Le Play à Charles Booth), engage à aller au-devant des gens, à aller leur parler *in situ* et à vivre en leur compagnie. Pour faire une anthropologie de la pauvreté dans le Mexique des années 1950, Oscar Lewis a passé plusieurs centaines d'heures

---

1. Michel Brunet, *D'Abel à Toumaï. Nomade, chercheur d'os*, Paris, Odile Jacob, 2006, p. 60-61 et p. 124-125.

au sein de cinq familles, mangeant à leur table, écoutant les problèmes des uns et des autres, dansant avec eux.

Toute rencontre a quelque chose de déstabilisant. Elle décale le regard, fait changer de point de vue ; elle permet également de recueillir de nouvelles archives, administratives ou privées, écrites ou orales. Comme le fait remarquer Malinowski dans *Les Argonautes du Pacifique occidental* (1922), les sociétés modernes disposent d'institutions dont la fonction est de conserver le matériau documentaire, alors qu'une société indigène – par exemple aux îles Trobriand – n'a rien de tel. La solution, pour l'ethnologue, consiste à mener ses propres observations et à rassembler des témoignages sur tous les impondérables de la vie : cérémonies, échanges, cuisine, toilette, conversations, querelles, plaisanteries.

L'expérience consiste à revivre, autant qu'il est possible, ce que les autres, morts ou vivants, ont vécu. Dans la mesure où il étudie ses semblables, le chercheur partage avec eux un certain nombre de sentiments, d'émotions et de souvenirs. Parce qu'il a lui-même vécu, désiré, aimé, voyagé, souffert, appris, partagé, il possède des « archives intérieures[1] » auxquelles il se réfère pour comprendre intuitivement la vie des autres. De même, nos neurones miroirs font le lien entre la reconnaissance des émotions chez autrui et le fait de les éprouver soi-même. Il y a aussi une expérience plus intellectuelle, par procuration : rares sont les chercheurs à avoir été internés ou torturés, mais nombreux sont ceux qui peuvent imaginer, même grossièrement, ce que cela signifie.

Cette capacité de co-sentir, dont Monod, Dilthey, Ricœur, Marrou et Corbin (pour se limiter à l'histoire) font un maillon essentiel de la connaissance, repose sur une prédisposition identificatoire. Elle implique une attitude d'écoute et de réceptivité, un plain-pied, l'acceptation d'une ressem-

---

1. Alain Corbin, « Ne rien refuser d'entendre », *Vacarme*, n° 35, printemps 2006.

blance qui peut aller jusqu'à l'empathie, l'interlocuteur fût-il un psychopathe. Richard Holmes radicalise ce procédé au moyen du *footstepping* : le biographe suit pas à pas celui dont il retrace la vie, faisant un tour en ballon comme les savants du XVIIIe siècle, traversant les Cévennes sur les pas de Stevenson, vivant avec son héros dans une cohabitation imaginaire[1]. Le registre de l'expérience ne se limite donc pas aux états d'esprit. L'ethnoarchéologie de Ian Hodder ou de Pierre Pétrequin consiste à observer des sociétés « primitives » contemporaines, en Afrique, en Nouvelle-Guinée, dans le grand Nord, pour mieux comprendre les sociétés préhistoriques disparues. Certains archéologues reproduisent des gestes ancestraux pour se les approprier : fabrication d'un four néolithique, d'un alliage ou d'une arme.

Une enquête en sciences sociales comporte donc trois dimensions, chacune impliquant un type de raisonnement : retrouver les traces des hommes, nouer un contact avec les hommes, se mettre à la place des hommes, soit, dans tous les cas, essayer de comprendre ce qu'ils font. Cette tripartition, si imparfaite soit-elle, permet de saisir l'unité des sciences sociales. Bien entendu, la paléontologie et l'histoire recourent plutôt à la fouille, tandis que la sociologie et l'ethnologie procèdent plutôt par rencontre. Mais, au fond, toute recherche est susceptible d'embrasser ces trois formes. C'est ainsi que les historiens suscitent des archives orales pour enrichir leur corpus, que les sociologues et les anthropologues dépouillent des archives écrites pour gagner en profondeur temporelle, sans parler des chercheurs qui, par obligation ou par curiosité, voyagent. Dans tous les cas, on améliore la qualité explicative de la recherche. Y a-t-il meilleur plaidoyer pour ce que l'on nomme la pluridisciplinarité ?

---

1. Richard Holmes, *Footsteps : Adventures of a Romantic Biographer*, New York, Viking, 1985.

La comparaison

Le modèle de l'enquête, c'est Hérodote qui l'invente. L'historien-ethnologue-reporter nous enseigne, à vingt-cinq siècles de distance, que les sciences sociales peuvent être une aventure, une quête où l'on s'investit de tout son être. Chercher, voyager, payer de sa personne, découvrir, enquêter, *historei* : l'étymologie nous rappelle que l'histoire se fait en allant voir par soi-même, en collectant, en reconstituant pièce à pièce, pas à pas, au cours d'un cheminement aussi intellectuel que physique. Le livre mûrit, l'historien aussi.

Polybe exprime cette exigence dans sa polémique contre Timée et Éphore, qu'il accuse d'être des historiens en chambre. Pour lui, l'histoire obéit à trois mots d'ordre : puiser des informations dans les livres, recueillir l'opinion de témoins, assister aux événements qui rythment la vie des États. À partir du XVe siècle, de nombreux chercheurs-voyageurs redécouvrent Hérodote : Lorenzo Valla, son traducteur en latin ; Henri Estienne, auteur d'une *Apologie pour Hérodote* (1566), après que le monde s'est démesurément élargi ; Volney, dont la *Chronologie d'Hérodote* annonce les voyages en Égypte et en Syrie dans les années 1780 ; Kapuściński, que ses reportages entraînent dans d'innombrables *Voyages avec Hérodote* (2004). D'autres poursuivent discrètement cette tradition, mêlant lectures, témoignages, voyages, observations *de visu*. Lancé sur les traces de Jésus au milieu du XIXe siècle, Renan arpente « les rues où il joua enfant » et admire l'horizon qui fut le sien, Carmel, Thabor, vallée du Jourdain, golfe de Haïfa, éléments d'un « cinquième Évangile ».

Mais, pour que l'enquête soit vraiment complète, il faut qu'elle dépasse le sujet qu'elle s'est fixé : c'est le comparatisme, c'est-à-dire la capacité de confrontation. Comparer fait sortir du particulier et abandonner la religion de l'unique.

S'il est vrai qu'il n'y a de science que du général (c'est la critique d'Aristote à l'égard de l'histoire), s'il est vrai que les historiens ont tendance à idolâtrer l'individuel (c'est la critique de Simiand), la monographie est bien pire qu'un défaut de curiosité : la négation même des sciences sociales. Ces dernières, au contraire, s'efforcent d'inscrire l'individu dans les structures de son temps, les milieux auxquels il appartient ou qu'il traverse, les déterminismes qui l'enserrent et dont il arrive parfois à se libérer, son champ des possibles. Un fait n'existe, une vie n'est intelligible que reliés aux autres, immergés dans le courant de leur temps. Sinon, isolés, ils perdent toute signification ; ils se racornissent sous la forme d'anecdotes ; ils meurent uniques, pétrifiés dans le ni-vrai-ni-faux. Dans *La Crise des sociétés impériales* (2001), Christophe Charle compare l'Allemagne, la France et la Grande-Bretagne au début du XXe siècle. Dans *Renaissances : The One or the Many ?* (2010), Jack Goody confronte les différentes Renaissances survenues en Europe, dans l'islam, en Inde, en Chine.

Cet appétit comparatiste – la conscience historique, en quelque sorte – se manifeste dès la phase d'enquête. La documentation a besoin d'être plus large que le sujet qu'elle vise ; ou plutôt, le véritable sujet est la réunion de plusieurs sous-sujets qu'on a rapprochés. D'où la nécessité de s'ouvrir à d'autres périodes, d'aller et venir entre passé et présent, de circuler à travers le monde, pour être capable de *raconter toute l'histoire*. Il n'est pas de bonne biographie atomiste, qui séquestre l'élu dans une cage dorée. Il n'est pas de science sociale rivée à un point du temps ou de l'espace. Il n'y a que des époques et des expériences qui se télescopent, des contextes qui s'entremêlent, des catégories en construction, des institutions en rivalité, des individus façonnés par des collectifs. À la place de l'Unique, des séries, des générations, des mouvements, des interactions, une certaine représentativité, une norme, des figures, des exceptions.

C'est ce qui fait passer de Guillaume le Maréchal à la chevalerie des XIIe et XIIIe siècles ; des fantaisies d'un meunier frioulan à la dynamique de la culture dite populaire ; de la « manie ducale » de Saint-Simon au problème des rangs et hiérarchies à la cour de Versailles ; de ce petit village du Quercy à la modernisation de l'économie française après 1945 ; d'un transfert d'enfants réunionnais à l'ingénierie sociale pratiquée par les grandes puissances européennes au XXe siècle ; de ma regrettée grand-mère à la trajectoire des Juifs communistes aux prises avec le stalinisme et le nazisme ; de la biographie à l'histoire-problème ; de la monade à la structure ; du solipsisme aux sciences sociales[1].

La comparaison-généralisation confère de l'intérêt à n'importe quel sujet. Si les secrets d'alcôve et les grands crimes, l'homme au masque de fer et les fiches techniques des Panzer me laissent froid, ce n'est pas parce qu'ils seraient foncièrement inintéressants ; c'est parce qu'ils sont traités comme des fossiles dans un cabinet de curiosités, sans l'ombre d'un raisonnement. L'histoire est moins un objet qu'une méthode.

La preuve

On arrive au fond du raisonnement historique : prouver. Dans l'éloquence antique, il y a plusieurs types de preuves.

---

1. Je fais allusion ici à Georges Duby, *Guillaume le Maréchal ou le meilleur chevalier du monde*, Paris, Fayard, 1984 ; Carlo Ginzburg, *Le Fromage et les vers. L'univers d'un meunier du XVIe siècle*, Paris, Flammarion, 1980 ; Emmanuel Le Roy Ladurie, *Saint-Simon ou le système de la cour*, Paris, Fayard, 1997 ; Jean Fourastié, *Les Trente Glorieuses ou la révolution invisible de 1946 à 1975*, Paris, Fayard, 1979 ; ainsi qu'à deux de mes livres, *Enfants en exil. Transfert de pupilles réunionnais en métropole, 1963-1982*, Paris, Seuil, 2007 ; et *Histoire des grands-parents que je n'ai pas eus. Une enquête*, Paris, Seuil, « La Librairie du XXIe siècle », 2012.

Aristote dans la *Rhétorique* et Quintilien dans l'*Institution oratoire* distinguent les preuves « techniques », discursives, inventées par l'orateur, et les preuves « extra-techniques », non discursives, institutionnalisées, recueillies toutes faites sous la forme de témoignages, d'aveux ou de documents.

Parmi les premières figure l'indice nécessaire, irréfutable (*tekmerion*) : « Si cette femme a du lait, c'est qu'elle a enfanté. » En revanche, des traces de sang sur la chemise d'un fugitif font seulement présumer de sa culpabilité. L'enthymème est un syllogisme dont l'une des prémisses est passée sous silence parce que supposée acquise. En disant que Haendel a composé son *Te Deum* en souvenir de la victoire de Dettingen de 1743, on omet de préciser la signification d'un *Te Deum* :

La bataille de Dettingen est victorieuse.
[Or un *Te Deum* accueille un événement heureux.]
Donc Haendel compose un *Te Deum*.

Certains maillons du raisonnement sont donc passés sous silence, car jugés évidents (d'une « évidence » qu'il faudrait bien sûr questionner). Quelque rigoureuses qu'elles soient, les sciences sociales font très souvent appel à l'enthymème. Recourir systématiquement à l'épichérème, syllogisme dans lequel chaque prémisse est accompagnée de sa preuve, serait fastidieux.

La preuve « extra-technique », physique, matérielle, documentaire, a quelque chose de direct. Elle fait partie d'un raisonnement naturel, presque intuitif : adosser au réel ce que l'on avance. Les titres de propriété ou de noblesse, les papiers d'identité, les diplômes permettent de prouver quelque chose – une possession, un état, une dignité, une identité, une qualification. Comme Hérodote et Thucydide avant lui, Polybe s'appuie sur l'autorité de sources. Ainsi, le frère d'Hannibal a reçu 11 850 Africains et 21 éléphants, comme l'indique « un texte gravé sur le bronze par ordre d'Hannibal au temps où celui-ci se trouvait en Italie[1] ». Pour Voltaire, l'historien accède à la vérité grâce à des « monuments incontestables » : recueil des observations astronomiques faites à Babylone, chronique d'Athènes gravée dans les marbres d'Arundel, chartes et diplômes du Moyen Âge[2].

La preuve souligne la différence non seulement entre l'histoire et la fiction, mais entre un texte scientifique et n'importe quel autre texte. Elle est au cœur de la pratique de Bayle, celle de « n'avancer rien sans preuve[3] ». Ce réflexe, fondateur de l'histoire, a permis de repousser l'assaut du *linguistic turn* dans les années 1980. L'objet matériel, le document cité, la référence vérifiable, en faisant communiquer avec le hors-texte, avec l'au-delà du texte, fonctionnent comme la garantie même du texte. Pouvoir vérifier, c'est aussi pouvoir contester. C'est donc l'existence de la preuve qui empêche de confondre, dans un texte, « la vérité et la dimension typographique[4] ».

Mais la distinction aristotélicienne entre preuves techniques et preuves extra-techniques risque de devenir artificielle si l'on oublie qu'un objet ne devient source que par le biais et au sein d'un raisonnement : c'est la rhétorique qui hisse le document à la dignité véridictionnelle. L'argumentation transforme en preuves (en « preuves documentaires », comme dit Ricœur) les archives recueillies au cours de l'enquête. En fait, il n'y a pas de sources en soi ; il y a seulement des objets qu'on attire, qu'on transforme en

---

1. Polybe, III, 33.
2. Voltaire, « Histoire », in *Encyclopédie*, art. cit.
3. Pierre Bayle, « Épicure », in *Dictionnaire historique et critique*, Rotterdam, Bohm, 3ᵉ éd., 1720, vol. 2, p. 1077, note E.
4. Jorge Luis Borges, « Deux livres », in *Enquêtes*, Paris, Gallimard, « Folio », 1967, p. 169.

preuves, par le regard que l'on porte sur eux. Inversement, n'importe quel objet peut servir de preuve, pourvu qu'on ait l'intention de démontrer quelque chose avec. Tout est donc affaire de choix : une ruine peut entériner un propos d'archéologue ou d'historien, mais elle peut aussi charmer un poète, inspirer un artiste, rappeler au sage la brièveté de notre existence, la fragilité des civilisations. La ruine-curiosité, l'antiquité-décor, la citation-maxime, la bande de vidéosurveillance ne prouvent rien en elles-mêmes ; c'est la question de l'enquêteur qui transforme l'objet en instrument de véridiction. En fin de compte, essayer de comprendre les actions des hommes consiste à mobiliser des preuves pour répondre aux questions que l'on s'est posées.

La meilleure manière de dépasser la dichotomie entre preuves techniques et extra-techniques consiste à rappeler qu'un fait est mieux prouvé quand plusieurs sources l'attestent. Plus une démonstration comporte de preuves, plus elle est complexe, argumentée, assurée. En croisant deux pièces d'archive, un texte et un témoignage, plusieurs témoignages, un texte d'époque et un vestige archéologique, le *cross-checking* permet de renforcer la certitude. Plusieurs passages d'Hérodote ont ainsi été corroborés par des découvertes archéologiques : les techniques de construction du mur d'enceinte de Babylone, les rites funéraires scythes, le tsunami survenu à Potidée en 479. C'est pour recouper ses sources que Commynes se réfère à l'archevêque de Vienne, médecin du duc de Bourgogne lorsque celui-ci sombre dans la neurasthénie après le désastre de Grandson en 1476 : « Et de ce propos, vous, Mgr de Vienne, en savez plus que moi, comme celui qui l'aidâtes à penser en cette maladie et lui fîtes faire la barbe, qu'il laissait croître[1]. »

---

1. Philippe de Commynes, *Mémoires*, Paris, Les Belles Lettres, 1965, vol. 2, p. 129.

La méthode quantitative offre un autre type de preuve. La tentation est grande de croire qu'une statistique serait plus « scientifique » qu'une pièce d'archive ou qu'un argument logique. Comme l'écrit Seignobos :

> L'impression spéciale produite par les chiffres est particulièrement importante en sciences sociales. Le chiffre a un aspect mathématique qui donne l'illusion du fait scientifique. [...] On dit vulgairement : « Brutal comme un chiffre » à peu près dans le même sens que « la vérité brutale », ce qui sous-entend que le chiffre est la forme parfaite de la vérité[1].

Contre cette illusion, l'attitude la plus saine est de considérer que le chiffre est une preuve comme une autre, une forme de raisonnement, une mise en relation de données au service d'une démonstration. Encore faut-il que ces données soient justes. C'est précisément parce qu'il cherche à mesurer les variations de prix et de revenus dans la France du XVIIIe siècle que Labrousse fait part de son doute, à propos d'un indice constitué de séries raccordées et « peut-être inexactes pour une part[2] ».

Pour échapper au conflit entre la belle plume et le chiffre tape-à-l'œil, on admettra qu'il existe une *narrativité du quantitatif*, avec des manières de représenter, des effets de compréhension, des jeux d'échelles, des articulations de problèmes, une dialectique entre la sophistication d'un calcul et l'instantanéité d'un résultat (donné par exemple sous la forme d'un pourcentage). De même qu'un tableau de chiffres raconte, de même un graphique figure, explique, cartographie. La preuve par le chiffre est aussi une preuve par le verbe. C'est pour-

---

1. Charles Seignobos, *La Méthode historique appliquée aux sciences sociales*, Paris, Alcan, 1901, p. 34-35.
2. Ernest Labrousse, *Esquisse du mouvement des prix et des revenus en France au XVIIIe siècle*, vol. 2, Paris, Éditions des archives contemporaines, 1989 (1933), p. 315.

quoi le « quanti » et le « quali » se marient harmonieusement, comme dans *Face à la persécution* (2010) de Nicolas Mariot et Claire Zalc, où alternent tableaux de chiffres, témoignages et analyses micro-historiques, l'ensemble permettant de comprendre l'attitude des 991 Juifs de Lens sous l'Occupation. Il est évident, du reste, que les bases de données sont souvent tirées d'un matériau hétérogène (archives, entretiens, observations *in situ*). Les chiffres sont « des traces parmi d'autres »[1].

La réfutation

Le chercheur prouve à l'aide des sources qu'il a rassemblées, agrégées, croisées. À cette logique, on pourrait objecter que dépouiller une masse d'archives ne suffit pas à établir un fait. Selon Popper, la science ne fonctionne pas de manière positive, par accumulation de preuves, mais selon une démarche négative, par conjectures et réfutations. Plutôt que de procéder selon un empirisme d'origine baconienne, on peut adopter une « méthode déductive de contrôle[2] » : une hypothèse implique un certain nombre de conséquences, qui peuvent être vérifiées ou invalidées. Si l'hypothèse résiste aux « tests » documentaires, archivistiques, archéologiques, testimoniaux, elle est acceptable par défaut ; on peut dire qu'elle « tient ». À l'inverse, une hypothèse sera éliminée si elle est en contradiction avec ce que nous savons par ailleurs.

On peut rassembler des milliers d'archives, de règlements et de témoignages tendant à prouver, inductivement, que

---

1. Claire Lemercier et Claire Zalc, « Le sens de la mesure : nouveaux usages de la quantification », in Christophe Granger (dir.), *À quoi pensent les historiens ? Faire de l'histoire au XXIe siècle*, Paris, Autrement, 2013, p. 135-148.
2. Karl Popper, *La Logique de la découverte scientifique*, Paris, Payot, 1973 (1934), p. 26.

les enfants de l'Assistance publique sont « sans famille » : orphelins, abandonnés ou retirés à leurs parents, ils sont transférés vers une destination lointaine et tenue secrète, où personne n'a le droit de leur rendre visite à part l'inspecteur. Mais, si l'on énonçait cette apparente conclusion sous la forme d'une hypothèse de travail, on la réfuterait sans mal : non seulement les fratries ne sont pas disloquées, mais un certain nombre d'enfants, y compris parmi les pupilles de l'État, réussissent à écrire à leurs parents ou à les rejoindre à la faveur d'une fugue, sans compter ceux qui sont remis légalement à leur famille. Une nouvelle question se pose alors, à laquelle il faut tenter de répondre : comment de telles relations peuvent-elles se maintenir[1] ?

Lorsque j'ai cherché à établir les circonstances de l'arrestation de mes grands-parents en 1943, j'ai dû formuler trois hypothèses pour les critiquer l'une après l'autre :

– s'ils ont été arrêtés par la police municipale de leur arrondissement, en représailles d'un attentat survenu quelques jours plus tôt, comment expliquer que les habitants juifs de l'immeuble n'aient pas tous été raflés ?

– s'ils ont été arrêtés en tant que résistants ou communistes, comment expliquer que les Brigades spéciales n'aient pas été mobilisées ?

– s'ils ont été pris à la suite de l'arrestation d'un voisin par la 3e section des RG, comment expliquer la présence de la police municipale ce jour-là ?

D'autres pistes existent. Depuis 1942, les Juifs arrêtés par les RG sont conduits au commissariat local. On peut aussi supposer que l'opération, menée par les RG, a nécessité l'intervention des gardiens de la paix en raison de la « rébellion » de mon grand-père. J'accepte cette hypothèse, jusqu'à ce qu'elle soit invalidée par un témoignage inédit ou de nouvelles archives.

---

1. Ivan Jablonka, *Ni père ni mère. Histoire des enfants de l'Assistance publique, 1874-1939*, Paris, Seuil, 2006, chap i.

En paléontologie, la méthode négative joue un rôle décisif. Dans cette histoire anonyme, la documentation est extrêmement ténue et lacunaire. Aussi la formulation d'hypothèses, de « paléoscénarios », est-elle à la fois fondamentale et hautement encadrée (par la bibliographie, les fouilles, les autres sciences, dendrochronologie, archéobotanique, anthracologie, palynologie). Pour expliquer la présence de coquillages perforés dans la grotte de Blombos en Afrique du Sud, à des niveaux datés d'environ 75 000 ans, les chercheurs procèdent par élimination. Les coquillages ne sont arrivés là ni naturellement ni accidentellement, pas plus qu'ils n'ont été apportés pour des raisons alimentaires ; et ce genre de perforation ne s'observe pas sur les spécimens actuels. En revanche, les trous sont semblables à ceux qu'on obtient en perçant les coquillages avec une pointe d'os. Conclusion : ils ont été utilisés comme des perles, et ce, bien avant l'apparition des ornements corporels en Europe[1].

L'historien formule des hypothèses dans le cadre d'un problème et d'un contexte donnés. Ensuite, il cherche à les invalider au moyen de vestiges, d'objets, d'écrits, de témoignages, qui permettent un « arbitrage par les faits[2] ». Il conserve l'hypothèse qu'il ne parvient pas à réfuter, celle qui résiste à la documentation disponible. Émergent alors un modèle conjectural, un scénario rationnel, une proposition cohérente et étayée par des sources, c'est-à-dire une tentative de réponse à la question qui a été posée.

Avant de devenir l'un des fondements du paradigme archéologique et de la « méthode déductive de contrôle », la réfutation appartient à la rhétorique agonistique. Au livre V

---

1. Francesco d'Errico, « *Nassarius Kraussianus* Shell Beads from Blombos Cave : Evidence for Symbolic Behaviour in the Middle Stone Age », *Journal of Human Evolution*, n° 48, 2005, p. 3-24.
2. Jean-Claude Gardin, *Une archéologie théorique*, Paris, Hachette, 1979, p. 214.

de l'*Institution oratoire*, Quintilien donne des conseils pour critiquer un témoignage écrit ou auriculaire, réfuter les arguments de l'adversaire, attaquer sur un point particulier, rejeter ce qui est contradictoire, absurde ou incroyable. Dans le domaine des sciences sociales comme dans celui des sciences physiques, c'est à la communauté de vérifier, discuter, contester. Mais il est important que ce processus débute plus en amont, au cours de la recherche elle-même. L'historien peut orchestrer sa propre réfutation, mettre en cause les résultats qu'il soumet au lecteur. Dans un même raisonnement, il propose une histoire et une contre-histoire. L'impartialité, dit Bayle, exige qu'on se dédouble : il faut user de « rigueur contre soi-même », en se faisant « comparaître devant des examinateurs rigides, qui vous font expliquer sans rémission tout ce qu'il leur plaît de vous demander[1] ».

Une contre-épistémologie se dessine, dans laquelle le chercheur se bat avec lui-même, raconte l'histoire et en même temps la critique, soulève des difficultés, s'inflige des objections, ébranle sa position. C'est lui qui organise les tests susceptibles de ruiner ses arguments. Il fait proliférer les hypothèses, avant d'en éliminer le maximum à l'aide du matériau documentaire. Comme l'écrit Popper, « la découverte d'exemples qui confirment une théorie a très peu de signification, si nous n'avons pas essayé, sans succès, de découvrir des réfutations. Car, si nous ne prenons pas une attitude critique, nous trouverons toujours ce que nous désirons[2] ». En fin de compte, les documents sont à la fois une source d'information positive et une manière de fermer des portes. On prouve en rassemblant des indices et en recoupant ses sources, mais aussi en éliminant des hypothèses.

---

1. Pierre Bayle, lettre à son frère Joseph (30 janvier 1675), consultable sur http://bayle-correspondance.univ-st-etienne.fr/
2. Karl Popper, *Misère de l'historicisme*, Paris, Presses Pocket, « Agora », 1988 (1945), p. 168-169.

Familières de l'induction et de l'exemple, les sciences sociales ont aussi quelque chose d'un espace poppérien. Non pas, évidemment, parce qu'elles viseraient à établir des lois universelles : leurs énoncés ont une portée des plus limitées, sans caractère de généralité, sans capacité prédictive. Idiosyncrasiques et non reproductibles, leurs « tests » n'ont rien d'une expérience effectuée en laboratoire, réitérable à volonté. Mais l'historien, en posant un problème, est conduit à formuler des hypothèses qu'il soumet à une procédure d'élimination de l'erreur. Le critère de la non-réfutation s'applique aussi bien à la physique qu'aux sciences sociales : un scénario est valable *jusqu'à preuve du contraire*. C'est ce qui assure le caractère ouvert et provisoire de l'histoire. Connaissance à titre d'essai, elle est le contraire de la parole d'autorité à laquelle on l'identifie souvent. Guidé par sa méthode et son intuition, l'historien tâtonne, hésite, doute et affiche son doute : « Ce qui fait l'homme de science, ce n'est pas la *possession* de connaissances, d'irréfutables vérités, mais la *quête* obstinée et audacieusement critique de la vérité[1]. »

L'énoncé de vérité

On aboutit à un paradoxe : comment concilier le caractère provisoire et imparfait de tout énoncé et le sentiment de certitude auquel fait parvenir l'histoire ? D'un côté, les défauts de terminologie, le caractère lacunaire de la documentation, la difficulté de prouver positivement, l'aveu d'impuissance de Ranke pour qui Dieu seul connaît l'histoire du monde. De l'autre, l'« acquis pour toujours », le refus de considérer l'histoire comme un simple probabilisme, la sereine confiance du même Ranke. L'histoire, écrit Bayle, parvient à « un degré de certitude plus indubitable » que

---

1. Karl Popper, *La Logique de la découverte scientifique*, op. cit., p. 287.

les mathématiques. Car l'objet des mathématiques n'existe pas en dehors de notre esprit, alors que César et Pompée ont existé indépendamment de notre personne et de tous les hommes présents et à venir. Rien ne peut être objecté à cette « vérité de fait » : César a battu Pompée[1].

César a-t-il battu Pompée ? Jésus et sa mère sont-ils nés juifs ? Une épidémie de peste a-t-elle ravagé l'Europe au milieu du XIVe siècle ? Lincoln a-t-il aboli l'esclavage aux États-Unis ? Les chambres à gaz ont-elles existé ? Des avions de ligne ont-ils percuté les tours du World Trade Center au matin du 11 septembre 2001 ? On peut gloser à l'infini sur la formulation de ces questions, mais un monde où l'on ne pourrait pas répondre « oui » à chacune d'entre elles serait un monde non pas révolutionnaire, ouvert à la « liberté de parole », mais un monde totalitaire, ou en train de fondre et déjà dépourvu de sens. Il y a des choses que l'on sait de manière définitive et inconditionnelle. Le fait irréversible, la réalité obtuse, le dénouement des événements, comme dit Bayle, existent en dehors de nous.

Mais est-ce l'objet de l'histoire ? Nous savons à tout jamais que Charlemagne a été couronné empereur en 800 et que Rousseau se prénommait Jean-Jacques. Rien de cela ne constitue un programme de recherche. De fait, aucun historien ne « travaille » là-dessus. Il est donc important de faire la différence entre un fait (qui n'implique pas nécessairement la compréhension) et la recherche.

Cette distinction révèle une ligne de partage invisible : qu'est-il nécessaire de prouver ? Dans un livre d'histoire, certaines affirmations ne sont pas démontrées, mais supposées acquises : contexte général, grandes dates, personnages célèbres. Il y a aussi la présomption d'un fonds culturel commun. Dans un livre qui paraît en France au début

---

1. Pierre Bayle, « Dissertation » (1692), in *Dictionnaire historique et critique*, Rotterdam, Bohm, 3e éd., 1720, vol. 4, p. 2983-2984.

du XXIᵉ siècle, de nombreuses notions peuvent ne pas être explicitées : la Révolution [française], la dernière guerre [la Seconde Guerre mondiale], le président [de la République], le Vieux Continent [l'Europe]. Qu'est-ce qui fait, dès lors, que l'histoire peut à bon droit inspirer de la certitude ? Ce n'est pas parce qu'elle produirait un savoir absolu ; au contraire, c'est parce qu'elle s'efforce de répondre, de manière argumentée, aux questions qu'elle pose. Comme le dit Xénopol à la fin du XIXᵉ siècle, l'histoire se compose de vérités à caractère individuel, mais cela ne l'empêche pas d'être une science, car la science est un système de vérités (singulières ou générales) prouvées[1].

Entre les non-questions (« Charlemagne a-t-il existé ? ») et les questions sans intérêt (« Quel est le nom du premier blessé à la bataille d'Austerlitz ? »), il existe un domaine de pertinence où peut se développer l'histoire. Faire des sciences sociales ne consiste donc pas à ressasser des évidences, ni à dégager des lois, mais à produire des énoncés de vérité sous la forme de conjectures rigoureusement testées, c'est-à-dire non réfutées. C'est la différence entre une pseudo-question (« Les chambres à gaz ont-elles existé ? ») et un programme de recherche (« Quels étaient la taille et l'agencement des installations de mise à mort à Bełżec ? »).

Faire des sciences sociales ne consiste donc pas à trouver la vérité, mais à *dire du vrai*, en construisant un raisonnement, en administrant la preuve, en formulant des énoncés dotés d'un maximum de solidité et de pertinence explicative. À propos d'une célèbre série de photos, il est plus juste de dire « Churchill, Roosevelt et Staline posent devant les photographes à la conférence de Yalta, en février 1945 » que « Trois vieux sont assis sur une chaise. » On peut aussi proposer une légende plus élaborée : « Alors que l'armée

---

1. Alexandre-Dimitri Xénopol, *Les Principes fondamentaux de l'histoire*, Paris, Leroux, 1899, p. 32.

soviétique est partout victorieuse, les trois Grands se rencontrent pour achever de "détruire le militarisme allemand et le nazisme", préparer l'occupation de l'Allemagne et jeter les bases d'un monde nouveau, lors de l'une des dernières conférences interalliées avant le début de la guerre froide. » Essayer de comprendre ce que les hommes font, c'est élargir des énoncés de vérité, donc la complexité de la démonstration et la qualité du récit, donc le risque épistémologique que l'on prend.

Entre les faits « acquis pour toujours » et ce que nous nous proposons de trouver, un front s'étend qui est le lieu même de la recherche – l'espace où l'on s'interroge, où l'on progresse, où l'on teste des hypothèses, non pas dans l'espoir de découvrir des pépites factuelles dormant au fond d'une rivière, mais avec l'implacable volonté de comprendre. On cherche avec d'autant plus de fièvre qu'on sait qu'on n'atteindra jamais son but. Mais peu importe que l'horizon recule sans cesse : l'important est de faire avancer le front de la recherche.

Comprendre ce que les hommes font en vérité, comprendre ce qui s'est vraiment passé. On fait de l'histoire pour répondre aux grands événements de sa vie. Pour Hérodote et Thucydide, ce sont les « guerres mondiales » du Ve siècle ; pour Polybe, l'avènement de Rome ; pour Chateaubriand, l'effondrement de l'Ancien Régime ; pour Guizot et Michelet, la Révolution ; pour Furet, le succès du communisme ; pour Friedländer, la destruction du judaïsme européen. La mort du père dans les tranchées, l'assassinat des parents pendant la Seconde Guerre mondiale constituent un traumatisme fondateur chez Chaunu, Vidal-Naquet, Momigliano, Klarsfeld, un événement dont tout l'univers a été ébranlé. « Notre conception de l'histoire a une origine sanglante », dit Ginzburg, fils d'un militant antifasciste mort dans une prison nazie[1]. La question vitale,

---

1. Carlo Ginzburg, *Un seul témoin*, Paris, Bayard, Vacarme, 2007, p. 94.

viscérale que l'on se pose, que l'on ne peut pas ne pas se poser, explique l'obsession de l'exactitude, l'inflexibilité dans la recherche. Elle nourrit la fureur de Lorenzo Valla, la « passion historique » d'Augustin Thierry, le feu sacré de tous les autres.

L'important, ici, ce n'est pas le moi dans sa toute-puissance romantique, mais l'effort entrepris pour le maîtriser, le filtrer, l'apaiser ; c'est l'espace de contrainte et de liberté à travers lequel il chemine. On cherche en soi, on cherche avec soi, dans toutes les directions, puis on se restreint inflexiblement. L'enquête, tout ce que l'on apprend grâce aux fouilles, aux rencontres, aux expériences, aux lectures, aux archives, aux témoignages, est notre garde-fou. Elle est l'antidote contre la vanité, l'esprit de système, la divagation, le délire, le n'importe quoi. On peut considérer que la documentation nous guide, nous indique le vrai en révélant « ce qui s'est passé ». Mais on peut compléter cette induction par un modèle hypothético-déductif (ou plutôt hypothético-destructif) dans lequel, comme dit le préhistorien Jean Guilaine, la fouille est l'« épreuve de vérité » de toutes les spéculations[1]. Ce qui dompte l'émotion du chercheur et contient ses hypothèses proliférantes, ce sont les sources. L'histoire est la canalisation d'une passion.

Dès lors, l'histoire est *l'absolue liberté d'un moi dans les limites absolues que lui fixe la documentation*. Nous pouvons tout dire, tout imaginer, tout croire, tant que l'enquête et l'ensemble des connaissances disponibles ne viennent pas nous contredire. Si l'histoire est une lutte contre l'erreur, le mensonge, l'oubli, le silence, elle est aussi une lutte contre soi-même.

---

1. Jean Guilaine, *Archéologie, science humaine…*, *op. cit.*, p. 53.

8

Les fictions de méthode

Les objets fictionnels sont extraordinairement variés : légendes, contes de fées, romans, films, jeux, etc. Pour Platon comme pour les théoriciens du XVIIe siècle, le terme de fiction connote le mensonge, l'imposture, le déguisement de la vérité. Aujourd'hui, il est plutôt associé à l'imagination et au plaisir ludique : celui de se projeter dans un « autre monde », un univers peuplé d'êtres et de lieux qui n'existent pas. Le nain Obéron, Ernest-Ranuce IV Farnèse, Cosette, Sherlock Holmes n'ont jamais vécu ; le 15 septembre 1840, vers six heures du matin, aucun *Ville-de-Montereau* n'a fumé à gros tourbillons devant le quai Saint-Bernard. La fiction n'est pas le vrai, puisqu'elle n'existe pas, mais elle n'est pas non plus le faux, puisqu'elle ne comporte aucune intention de tromper.

Statuts de la fiction

Il y a au moins deux manières de considérer les « objets » de la fiction. La première, qu'on peut qualifier d'intransitive, pose que la fiction est dans un non-rapport avec le réel. Cette a-référentialité provient du fait que le texte est enclos en lui-même, autotélique, seul producteur de son sens. Non seulement la fiction ne renvoie qu'à elle-même, mais le romancier, tel le roi Midas, « transforme tout en fiction, c'est-à-dire en vérité de fiction[1] » – processus de métabolisation fictionnelle qui annule toute référentialité. Le seul réel de la fiction, c'est elle-même : elle crée son propre monde à l'aide de toutes sortes de transformations-manipulations. La fiction n'est donc ni vraie ni fausse : elle est autre. Il n'y a aucune élucidation, aucun éclairage à attendre d'elle. Comme l'écrit Barthes, dans un texte, « tout est à *démêler*, mais rien n'est à *déchiffrer*[2] ». La lecture intransitive fédère, sur deux siècles, les romantiques d'Iéna, les parnassiens, les critiques post-saussuriens de Barthes à Riffaterre, ainsi que certains auteurs du Nouveau Roman.

Plusieurs objections peuvent être adressées à cette pensée. Des générations de lecteurs, aujourd'hui et par le passé, ont vu le monde (ou compris la société) à travers Mme de La Fayette, Dickens, Balzac, Eugène Sue, Harriet Beecher Stowe, Houellebecq, Franzen. En leur temps, *Tartuffe*, *The Jungle* et *Lolita* ont provoqué un scandale : ces fictions montraient des choses insupportables aux contemporains, hypocrisie des dévots, enfer des abattoirs, pédophilie. Dans la Tchécoslovaquie communiste, raconte Kundera, les gens trouvaient que leur vie ressemblait aux romans de Kafka. Sont-ce là des hallucinations collectives, une espèce d'« effet Werther » qui se serait propagé à des millions de lecteurs vraiment très « premier degré » ?

Supposons que, dans dix mille ans, les hommes, partis vivre sur une autre planète, n'aient emporté avec eux que quelques romans. Les historiens de la période terrienne auraient raison de s'y référer, faute de mieux : on connaîtrait la société du XVIIIe siècle à travers *Manon Lescaut* et l'Amérique industrielle à travers Philip Roth. Boutade ? C'est

---

1. Ann Banfield, *Phrases sans parole. Théorie du récit et du style indirect libre*, Paris, Seuil, 1995 (1982), p. 384.
2. Roland Barthes, « La mort de l'auteur » (1968), in *Le Bruissement de la langue...*, *op. cit.*, p. 63-69.

pourtant ce que les historiens font aujourd'hui, quand ils recherchent dans Homère les structures de la société aristocratique grecque des Xe et IXe siècles. Inversement, Barthes choisit de lire Michelet et Fourier comme si leur œuvre ne visait pas la compréhension du passé ou la transformation du réel, mais simplement le « bonheur d'écriture[1] ». Hélas, en écoutant « l'emportement du message, non le message », on fait violence au texte.

On en arrive à la deuxième conception, transitive, selon laquelle la fiction, de quelque manière que ce soit, renvoie au monde. Un texte réfléchit, figure, transpose, explique, déforme le réel : il peint « d'après nature ». Cette théorie du reflet, conception classique qui mène d'Aristote aux critiques marxistes, fait de la fiction une représentation – miroir, peinture, photographie ou matière « semi-conductrice[2] ». *Mimesis* du réel, la fiction dit quelque chose sur la société, les groupes sociaux, les structures sociales, les rapports de classe, de production, de genre, les situations, les mobilités, les mentalités, l'esprit du temps, à une époque donnée. Certains personnages acquièrent le statut de quasi-symboles : Rastignac incarne l'arrivisme au XIXe siècle, Kurtz les dérives de la colonisation. Dans *La Comédie humaine*, *Les Rougon-Macquart* ou *À la recherche du temps perdu*, beaucoup de choses sont réelles : tel lieu, tel événement, mais aussi les rentiers, l'haussmannisation, les chemins de fer, la vie mondaine dans le faubourg Saint-Germain. D'où la question des sources et influences : Fould et Rothschild ont-ils servi de modèles au personnage de Nucingen, comme eux banquier, immensément riche et juif ? Quelle femme, dans l'entourage de Tolstoï, s'est jetée sous un train ?

---

1. Roland Barthes, *Sade, Fourier, Loyola*, Paris, Seuil, 1971, p. 13-16.
2. Gérard Genette, *Fiction et diction*, Paris, Seuil, « Points Essais », 2004 (1991), p. 226.

En même temps que le monde, la fiction reflète la psychologie de l'écrivain, sa culture, ses convictions, ses combats, ses obsessions, sa position dans la société ou dans le champ littéraire. La mulâtresse au début de *Germinie Lacerteux* et le nègre Nab dans *L'Île mystérieuse* révèlent la banalité de la domesticité au XIXe siècle, mais aussi les préjugés racistes des Goncourt et de Verne. On a fait observer que les romans de Balzac décrivaient moins le peuple de Paris que l'expérience de Balzac lui-même. Par exemple, s'il y a beaucoup de Tourangeaux parmi les Parisiens de *La Comédie humaine*, c'est parce que les Tourangeaux sont nombreux à Paris, mais c'est aussi et surtout parce que Balzac connaissait bien le Val de Loire[1]. Le romancier serait donc un alchimiste qui transforme un matériau (la société de son temps, sa propre expérience), « correspondant » réel de la fiction.

Mais la lecture transitive soulève une difficulté : qu'est-ce que la fiction nous apprend du monde ? On peut distinguer trois genres de fiction, selon le rapport qu'ils entretiennent avec la réalité : l'incroyable, le vraisemblable, les « vérités supérieures ».

L'incroyable fait pénétrer dans le domaine du mythique, du fabuleux, du merveilleux, du fantastique. Lucien de Samosate, l'un des premiers conteurs de l'impossible, dit avoir rencontré des femmes-vignes, vogué sur une mer de lait et vécu dans le ventre d'une baleine qui contenait forêts et villages : « J'écris donc sur des choses que je n'ai jamais vues, des aventures que je n'ai pas eues et que personne ne m'a racontées, des choses qui n'existent pas du tout et qui ne sauraient commencer d'exister[2]. » Dans l'article « Fiction » de l'*Encyclopédie*, au milieu du XVIIIe siècle, Mar-

---

1. Louis Chevalier, « *La Comédie humaine* : document d'histoire ? », art. cit.
2. Lucien de Samosate, *Histoire véritable. Sur des aventures que je n'ai pas eues*, Paris, Gallimard, « Folio », 2013, p. 11.

montel distingue, outre les représentations parfaites, les fictions exagérées (un géant), monstrueuses (un centaure) et fantastiques (une tête d'homme au milieu d'une fleur).

Le vraisemblable est ce à quoi l'on peut croire. Le « quasi vrai » qu'évoque Asclépiade de Myrlée au IIe siècle avant notre ère, l'*argumentum* de la rhétorique classique, le roman selon Nicolas Bricaire, le *novel* selon Clara Reeve, le réalisme du XIXe siècle tracent les frontières du possible. La dichotomie entre crédible et incroyable se retrouve même dans la science-fiction : les romans de Jules Verne jouent sur l'« avenir probable » (un sous-marin, le cinéma parlant), alors que ceux de H. G. Wells mettent en scène l'impossible (un homme invisible, un voyageur revenant de l'avenir)[1].

Comme il se cale sur les repères du public, le vraisemblable ne cesse d'évoluer. Au XVIIe siècle, il respecte la conformité et la bienséance, et c'est pourquoi on a pu reprocher au *Cid* et à *La Princesse de Clèves* leur invraisemblance. D'où cette tentation permanente de corriger le passé, de polir le récit afin qu'il devienne un modèle auquel s'identifier : l'action sera « améliorée » jusqu'à ce qu'elle montre les choses comme elles devraient être, conformément à l'attente du spectateur[2]. Cette technique sera adaptée par Maupassant qui, dans la préface de *Pierre et Jean* (1888), conseille de « corriger les événements au profit de la vraisemblance et au détriment de la vérité », de telle sorte qu'on obtienne une vision « plus probante que la réalité même ».

Les « vérités supérieures » sont transmises par la fiction survraie, plus vraie que nature, plus réelle que le réel, qui commotionne le lecteur et lui fait s'écrier : « Oui, c'est

---

1. Jorge Luis Borges, « Le premier Wells », in *Enquêtes, op. cit.*, p. 122-126.
2. Voir Gérard Genette, « Vraisemblance et motivation », in *Figures II*, Paris, Seuil, « Essais », 1969, p. 71-99 ; et John Lyons, « La triple imperfection de l'histoire », *Dix-Septième Siècle*, n° 246, 2010, p. 27-42.

exactement ça ! » Certains romans sont si puissants qu'ils portent l'effet de réel à un degré inégalé. Ils font naître des personnages *larger than life* qui habitent notre vie comme si nous les avions réellement rencontrés. Le rapport entre le référent et la fiction se renverse, et cette dernière finit par « devenir monde » : on visite la maison de Mme Butterfly à Nagasaki, le tombeau de Roméo et Juliette à Vérone, les chemins de Don Quichotte en Espagne[1].

La littérature, alors, révèle ce que l'on ne savait pas : les destins inconnus, les souffrances ignorées, les petites humiliations de tous les jours, mais aussi les fissures, les contradictions. La violence que font éclater les écrivains, Burroughs, Russell Banks, Ellroy, montre l'envers du rêve américain, alors que l'historiographie du XIXe siècle et certains romanciers (comme Horatio Alger) insistaient sur la « destinée manifeste » des États-Unis, réussite économique, démocratie ou progrès.

La fiction-révélation

Cette tripartition n'est pas satisfaisante sur au moins un point : tributaire de la théorie du reflet, elle installe la fiction dans un rapport spéculaire, ombilical, avec la réalité considérée comme une donnée. Le romancier viendrait puiser dans un stock référentiel préexistant et transformerait ensuite sa « matière première ». À ce titre, n'importe quel roman nous apprend quelque chose sur n'importe quoi : la condition humaine, l'amour, le plaisir, le bonheur, la folie, l'historicité, l'ennui, la mort, le néant. Les facilités de la littérature-miroir répondent à la clôture de la littérature intransitive. L'art comme imitation et l'aventure sémiologique : comment sortir de ces deux impasses ?

---

1. Jean Jamin, « Fictions haut régime. Du théâtre vécu au mythe romanesque », *L'Homme*, n° 175-176, juillet-septembre 2005, p. 165-201.

Il y a un autre lien entre réalité et fiction, qui ne relève pas de la *mimesis*. Une fiction peut provoquer une espèce de compréhension instantanée, fournissant au lecteur la clé dont il a besoin pour décoder le réel. Cette fiction-révélation revêt plusieurs formes : l'épopée, le mythe, la poésie, l'allégorie, le symbole.

Au milieu du XVIIIe siècle, l'abbé Batteux oppose l'histoire (récit fidèle d'actions naturelles) et l'épopée (récit poétique d'actions merveilleuses). Moins d'un siècle plus tard, cette dernière est réhabilitée par les romantiques dans *Les Martyrs*, les *Odes* ou *La Légende des siècles*. Parce que l'écrivain « voit » l'histoire de l'humanité à travers des flashes extatiques, ses poèmes sont « de la réalité historique condensée ou de la réalité historique devinée[1] ». De la même manière, le mythe dissémine la vérité dans des légendes immémoriales, des récits originels, des songes que transmettent les « prophètes du passé » (pour reprendre une expression commune à Schlegel et à Barbey d'Aurevilly). Avant d'être frappé par l'« éclair de Juillet », Michelet a puisé chez Vico sa conception du « vrai poétique » : Homère et les Latins ont été les premiers historiens des nations, délivrant « des fictions singulièrement en harmonie avec les réalités[2] ». Dans la *Vie de Jésus*, ce rationaliste qu'est Renan ne dédaigne pas le récit naïf, légendaire et pleinement expressif des Évangiles, dont les à-peu-près sont « vrais d'une vérité supérieure ». Le mythe libère l'âme de l'histoire, l'énergie vitale qui s'est accumulée en elle.

La poésie (au-delà de l'épopée en tant que genre poétique) n'est pas loin. Elle seule, parfois, est capable de transmettre les expériences qui n'ont pas de mots, la douleur, la cruauté,

---

1. Victor Hugo, *La Légende des siècles*, Paris, Gallimard, « Bibliothèque de la Pléiade », 1950 (1859), p. 5.
2. Jules Michelet, *Principes de la philosophie de l'histoire, traduits de la « Scienza Nuova » de J. B. Vico*, Paris, Renouard, 1827, p. XXIV et p. 272.

l'atroce, le deuil. On comprendra pourquoi de nombreuses victimes, de nombreux témoins ont choisi la poésie pour représenter la mort de masse, à l'instar de Ludmila Titova, cette musicienne de Kiev qui accompagne une voisine juive jusqu'au ravin, en septembre 1941 : « Tu vois, tu vois, il tombe une neige sanglante, / Elle tombe, et tout devient couleur pourpre[1]. » On peut dire Babi Yar et Treblinka avec la poésie.

L'allégorie déguise la vérité sous les dehors de la fiction. La fable n'est pas si puérile qu'elle en a l'air : c'est pour cette raison que Platon ne bannit pas Ésope de sa cité idéale et que Rabelais, dans le célèbre prologue de *Gargantua*, avertit le lecteur qu'il lui faudra dépasser le sens littéral, comme un chien rompt l'os pour sucer la « substantifique moelle ». Au XVIIe siècle, la fiction participe pleinement de la réflexion philosophique, scientifique ou astronomique. Le *Songe* de Kepler (1609) se sert d'un voyage sur la lune pour défendre les théories coperniciennes[2]. Dans sa dédicace au dauphin, La Fontaine affirme que les fables sont plus édifiantes que l'histoire : mieux que la mort de Crassus chez les Parthes, la fable du renard et du bouc (descendus au fond d'un puits) montre qu'« en toute chose il faut considérer la fin ».

De nombreux romans recourent à la fiction, à la science-fiction, à l'allégorie, à la parabole, pour mener une réflexion historique. C'est le cas des « récits de peste », de Defoe à Manzoni et d'Albert Camus à Philip Roth. Le *Journal de l'année de la peste* (1722) est une fiction ; mais, fortement inspiré des récits des contemporains, il constitue l'un de

---

1. Cité dans Annie Epelboin, Assia Kovriguina, *La Littérature des ravins. Écrire sur la Shoah en URSS*, Paris, Robert Laffont, 2013, p. 176.

2. Voir Frédérique Aït-Touati, « Penser le ciel à l'âge classique. Fiction, hypothèse et astronomie de Kepler à Huygens », *Annales HSS*, n° 2, mars-avril 2010, p. 325-344.

nos meilleurs témoignages sur les épidémies des années 1660-1720, de Londres à Marseille. Dans *Les Fiancés* (1840), Manzoni évoque, sources à l'appui, la peste de Milan en 1630 ; en parallèle, il poursuit son travail d'historien dans l'*Histoire de la colonne infâme*, consacrée aux « oigneurs » accusés de propager l'épidémie pour faire fuir les gens et les voler[1]. *La Peste*, chronique dont les événements « se sont produits en 194. », et *Némésis*, qui évoque une épidémie de polio dans le quartier juif de Weequahic en 1944, peuvent être lus comme une réflexion sur la résistance au mal nazi. L'allégorie peut donc dire la vérité en la transposant. On pourrait dire la même chose des « romans de la Shoah » publiés autour de 1960, fictions inspirées d'une expérience personnelle ou d'une documentation historique : *L'Arche ensevelie* d'Édouard Axelrad, *Le Dernier des Justes* d'André Schwarz-Bart, *Le Sang du ciel* de Piotr Rawicz, *Les Bagages de sable* d'Anna Langfus.

Enfin, la symbolisation consiste à abstraire un caractère, un comportement, une situation, et à l'attribuer à un individu qui en deviendra le modèle, selon un procédé inductif qu'on trouve au XVIIe siècle chez Molière et les moralistes. Harpagon ou l'avare, Georges Dandin ou le parvenu, René ou le mal du siècle, Pinneberg ou l'employé prolétarisé (dans *Quoi de neuf, petit homme ?* de Hans Fallada) : la liste est longue des personnages types qui n'existent pas, alors qu'ils incarnent un fait social parfaitement attesté.

Ce procédé d'exemplification est aussi utilisé par les historiens. Artabane chez Hérodote et Périclès chez Thucydide seraient-ils comme Rastignac, des personnages-concepts dont les propos inventés expriment pourtant une authentique position politique, militaire ou sociale ? On ne

---

1. Christian Jouhaud, Dinah Ribard, Nicolas Schapira, *Histoire, littérature, témoignage. Écrire les malheurs du temps*, Paris, Gallimard, « Folio histoire inédit », 2009, chap. IV.

peut trancher que si l'on replace ces personnages dans un raisonnement. Chez Balzac, la fiction n'est pas seulement mimétisme, description, tranche de vie, belvédère sur le monde. Elle fournit aussi des outils pour comprendre une époque, une configuration familiale, le fonctionnement d'une société. La fiction, mythe ou symbole, concourt donc à l'intelligence de phénomènes bien réels ; mais c'est le raisonnement historique qui, en dernier lieu, la commande.

Comment arracher la fiction à la *mimesis*, afin de l'intégrer dans le processus de connaissance ? Il faut se souvenir ici de la grande découverte d'Augustin Thierry : un bon roman contient plus de vérité qu'un mauvais livre d'histoire. Comment expliquer cet étrange pouvoir ? C'est que le raisonnement est plus important que la représentation des actions. Le problème l'emporte sur le récit. *Le Père Goriot* fait comprendre la société du XIXe siècle non parce qu'il l'évoque avec réalisme ou vraisemblance, mais parce qu'il pose des questions à son sujet en projetant le lecteur dans la hiérarchie des fortunes, la logique de la rente, la violence des rapports sociaux. Le fonctionnement du totalitarisme stalinien est expliqué de l'intérieur par des œuvres de fiction comme *Le Zéro et l'Infini* (ainsi que par Kafka, si l'on en croit Kundera) et par des œuvres de science-fiction comme *1984*.

Ce constat incite à considérer la fiction autrement, non comme une représentation (fût-elle stupéfiante de réalisme), mais comme une opération cognitive. La fiction n'est plus un calque, le dédoublement d'un « donné » qu'on appelle le réel ou l'Histoire, mais un outil qui aide à construire un savoir sur le monde. Au lieu de considérer, comme dans la théorie du reflet, que des faits déjà là sont repris par le roman, on peut supposer que certaines fictions participent d'un raisonnement capable d'établir des faits.

L'estrangement

Affirmer que certaines fictions font partie du raisonnement historique ne revient pas à verser dans le panfictionnalisme, comme les tenants du *linguistic turn* ou les postmodernes. Cela ne consiste pas davantage à subvertir l'histoire, comme Wolfgang Hildesheimer écrivant une parodie de biographie savante sur un personnage fictif, sir Marbot. La vocation de certains romans est de miner la possibilité même de la vérité : si les faits n'existent pas, s'il n'y a que des interprétations, si l'histoire n'est que la propagande du vainqueur, alors la fiction est la seule vérité. Elle permet de « résister à l'histoire[1] », c'est-à-dire de dénoncer l'arrogance euphorisante des métarécits, supériorité de l'Occident, loi du plus fort, marche au progrès, etc.

Qui supprime la frontière entre réalité et fiction, entre vérité et affabulation, détruit les sciences sociales. Pourtant, l'historien a besoin d'un certain type de fictions. Ces fictions (en mettant le terme au pluriel, selon l'usage du XVIIe siècle), je les appellerai *fictions de méthode*. Elles ne se réduisent pas à l'imagination. De Seignobos à Pomian en passant par Carl Becker et Collingwood, tous les historiens ont rappelé à quel point l'imagination était nécessaire au chercheur : elle sert à trouver des sources, à construire des théories, à faire preuve d'empathie en se mettant à la place d'autrui. « La tension sans relâche entre science et imagination est le ressort principal du travail de l'historien[2] », écrit Peter Brown.

Constitutives du raisonnement, les fictions de méthode

---

1. Julian Barnes, *Une histoire du monde en 10 chapitres ½*, Paris, Stock, 1989, p. 318.
2. Peter Brown, « Science et imagination », in *La Société et le sacré dans l'Antiquité tardive*, Paris, Seuil, « Points Histoire », Paris, 1985, p. 26.

sont à la fois plus fictionnelles, plus conceptuelles et plus indispensables que l'imagination. Elles diffèrent de la fiction romanesque sur trois points : elles se présentent comme telles, c'est-à-dire qu'elles se dénoncent elles-mêmes ; elles ne s'éloignent du réel que pour y retourner avec plus de force ; elles ne sont ni ludiques ni arbitraires, mais commandées par le raisonnement[1]. Les fictions de méthode peuvent être regroupées en quatre familles fonctionnelles : l'*estrangement*, la plausibilité, la conceptualisation, le procédé narratif.

On l'a dit, définir un problème exige de prendre une distance vis-à-vis du réel. Mais cela n'a rien d'évident : comment aborder d'un œil critique ce que nous connaissons par cœur ? Pour lutter contre ses habitudes, on peut engager un processus de défamiliarisation, qui consiste à se dépayser volontairement, à organiser l'étrangeté du monde ou la bizarrerie du passé. Avant d'être remis à l'honneur par les formalistes russes dans les années 1920, l'*estrangement* a été pratiqué par des satiristes comme Voltaire (à travers le regard ingénu du Huron ou de Candide) et des poètes comme Wordsworth (qui s'efforçait de « donner le charme de la nouveauté aux choses de tous les jours et d'exciter une sensation analogue au surnaturel[2] »).

En histoire, l'*estrangement* est une attitude faite de refus et d'émerveillement. Le refus, pour ne plus être d'accord, pour considérer que l'évidence n'a rien d'évident, comprendre qu'on ne comprend plus et, parfois, se forcer à décomprendre ; l'émerveillement, grâce auquel le monde se réenchante, se pare de l'étrangeté qu'il avait lorsque nous étions enfants. La

---

1. Sur l'opposition entre fiction référentielle et fiction ludique, voir Jean-Marie Schaeffer, « Quelles vérités pour quelles fictions ? », *L'Homme*, n° 175-176, juillet-septembre 2005, p. 19-36.

2. Comme le raconte son ami Samuel Coleridge dans *Biographia Literaria* (1817), chap. XIV, consultable sur http://www.gutenberg.org/ebooks/6081. Voir Carlo Ginzburg, « L'*estrangement*. Préhistoire d'un procédé littéraire », in *À Distance. Neuf essais sur le point de vue en histoire*, Paris, Gallimard, 2001, p. 15-36.

surprise admirative est l'une des vertus d'Hérodote. Découvrant le labyrinthe d'Égypte, la cueillette des aromates en Arabie, la fertilité des terres à Babylone, la résistance au froid des chevaux scythes, il s'enthousiasme : le banal se transforme en *thômasta*, c'est-à-dire en curiosités extraordinaires[1]. Cette capacité d'émerveillement, qui a fait passer l'historien-voyageur pour un naïf, est louée au contraire par Estienne dans son *Apologie pour Hérodote*, au milieu du XVIe siècle : les « merveilles anciennes » témoignent autant de la diversité des mœurs que de notre difficulté à échapper à nos usages.

L'histoire-jouvence repose sur une fiction de méthode, la surprise épistémologique, qui consiste à ne plus voir comme tout le monde voit. Augustin Thierry orthographie les noms des Franks selon l'usage teutonique (Merowig pour Mérovée, Hilperik pour Chilpéric, Chlodowig pour Clovis), provoquant chez le lecteur une « impression d'étrangeté » qui vise à lui rappeler que ces rois ne parlaient pas français. Au début des *Religions de la préhistoire* (1964), Leroi-Gourhan imagine un extraterrestre entrant dans une église : il y verrait un âne, un bœuf, des agneaux, un homme cloué sur un poteau, sans percevoir la profondeur mystique de ces concepts. Lascaux n'est pas autre chose pour nous.

Ces procédés, décisifs pour la qualité du raisonnement, ne sont pas propres à l'histoire en tant que discipline académique. En 1961, Daniel Spoerri (dont le père a été fusillé par les nazis) décrit avec la plus grande minutie sa table de bureau que jonchent des tranches de pain, des miettes, un coquetier, une bouteille de vin, une boîte de Nescafé, un pot en verre, une boîte d'allumettes, des vis, un élastique : les désordres et les hasards du quotidien font l'objet d'un relevé topographique complètement décalé[2]. Perec utilise un instrument de

---

1. Voir François Hartog, *Le Miroir d'Hérodote...*, op. cit., p. 364.
2. Daniel Spoerri, *Topographie anecdotée du hasard*, Paris, Éditions du Centre Pompidou, 1990 (1961).

défamiliarisation très efficace lorsqu'il pose que « le monde n'est pas tel quel ». Afin de rendre sa valeur à ce qui a cessé de nous étonner, il se poste à la terrasse d'un café, au croisement de la rue du Bac et du boulevard Saint-Germain, le 15 mai 1973, à 19 heures, « jusqu'à ce que le lieu devienne improbable, jusqu'à ressentir, pendant un très bref instant, l'impression d'être dans une ville étrangère ». Dépouillée de son caractère d'évidence, saisie comme une « espèce d'espace » que sillonnent les autobus au-dessus et les égouts au-dessous, la rue devient une expérience en soi[1]. Ces expériences fondent une anthropologie de l'« infra-ordinaire » que poursuivront des historiens comme Michel de Certeau, Alf Lüdtke et Philippe Artières.

La plausibilité

Dans la *Poétique*, l'opposition entre poésie et histoire recoupe celle du vraisemblable et de l'effectif. En introduisant la notion de possible, Aristote enrichit le dualisme platonicien, qui reposait sur le couple vrai/faux ; mais ce troisième élément ne profite qu'à la poésie, alors que les historiens, Hérodote comme Thucydide, y ont souvent recours, sous la forme du *pithanos* (le croyable) ou de l'*eikos* (le vraisemblable). L'histoire peut parfaitement se conjuguer au conditionnel.

Il y a cependant une différence entre le vraisemblable poétique, tragique ou romanesque et le vraisemblable historique. Le premier correspond à une adhésion ludico-esthétique, que Coleridge nomme la « suspension volontaire de l'incrédulité pour le moment » (symétrique de l'*estrangement* selon Wordsworth)[2]. Il s'agit de ce que l'on peut croire.

---

[1]. Georges Perec, « Pour une littérature réaliste », in *L. G. Une aventure des années soixante, op. cit.*, p. 52 ; et *Espèces d'espaces*, Paris, Galilée, 1974, p. 70-74.
[2]. Samuel Coleridge, *Biographia Literaria, op. cit.*

Le deuxième concerne ce qui est non seulement possible, mais admissible, satisfaisant, eu égard à l'ensemble de nos connaissances. Il y a, en histoire, plusieurs degrés de vraisemblance : le plausible est un possible plus solide que les autres (soit l'hypothèse qui a le mieux résisté).

C'est ce type de raisonnement que Cicéron développe dans *Pro Milone* (52 avant J.-C.), en faveur de Milon accusé d'avoir tué son rival Clodius. Cicéron plaide la légitime défense : sur la via Appia, contrairement à ses habitudes, Clodius était sans sa femme, à cheval, accompagné d'esclaves aguerris, donc « tout » indique qu'il a tendu une embuscade à Milon. Comme l'observe Quintilien après avoir commenté ce passage, les arguments de l'avocat peuvent être tirés de faits connus, mais aussi de suppositions et de faits fictifs (*kath'hypothesin*)[1]. Pour prouver la fausseté de la « donation de Constantin », Valla met en évidence les anachronismes linguistiques qu'elle contient, mais il montre aussi qu'elle n'est pas vraisemblable : les fils de l'empereur ne se seraient jamais laissé dépouiller. Il n'est pas crédible non plus que, du IVe au VIIIe siècle, personne n'ait évoqué un événement aussi important que la donation de l'Empire d'Occident au pape.

Hempel lui-même, dans son article de 1942 sur les « lois générales » en histoire, admet qu'il y a des *probability hypotheses* : si un garçon attrape la rougeole après être resté deux semaines auprès de son frère malade de la rougeole, on peut accepter l'idée que ce dernier la lui a transmise. Le raisonnement historique a sans cesse recours à cette fiction de méthode qu'est la plausibilité, notamment pour éclaircir des situations au sujet desquelles les sources sont muettes ou lacunaires. L'assassinat en est un exemple classique. Comment est mort Ötzi, un homme du chalcolithique retrouvé congelé dans un massif alpin (les rayons X ont révélé qu'il avait une pointe de flèche dans le dos) ? À quoi ont pu ressembler

---

1. Quintilien, *Institution oratoire*, V, 10, 50 et 95-96.

les derniers mois d'un membre du *Sonderkommando* d'Auschwitz ? Dans « Cherry-Brandy », Chalamov imagine les dernières pensées du poète Mandelstam se mourant de faim au goulag. Pour le dire en termes aristotéliciens, l'historien énonce non seulement ce qui est arrivé, mais ce qui a pu arriver et ce qui est probablement arrivé.

La plausibilité structure donc un espace d'évaluation où, en une sorte de dégradé, le probable l'emporte sur le possible, plus acceptable que le douteux, supérieur à l'*implausible* (comme on dit en anglais). Elle entre pleinement dans la logique du contre-argument, qui consiste moins à administrer la preuve qu'à détruire des hypothèses mises en concurrence. Mais le vraisemblable, fût-il arc-bouté au bon sens le plus universel, ne saurait constituer une preuve. Il n'est qu'un scénario très possible, une hypothèse non seulement moulée dans la réalité, mais tributaire d'elle et commandée par les sources dont nous disposons ; autrement dit, une fiction étayée, visible et humble.

Concepts et théories

Parce qu'elles visent à saisir le réel, à le conceptualiser au-delà du donné phénoménologique, les fictions de méthode sont des *fictions réelles*. Elles dépassent de loin le domaine des sciences sociales. Par exemple, le droit romain contient de nombreuses fictions : elles posent faussement l'existence d'un fait (l'adoptant feint que l'adopté est né de lui) ou bien elles nient ce qui existe (le testament d'un citoyen mort en captivité est validé, alors que sa captivité le privait de la capacité testamentaire)[1]. Dans le droit français d'Ancien

---

1. Yan Thomas, « *Fictio legis*. L'empire de la fiction romaine et ses limites médiévales », *Droits. Revue française de théorie juridique*, n° 21, 1995, p. 17-63.

Régime, la mort civile consiste à priver un individu de ses droits, « de même que si l'on était mort ». La procédure vise les religieux jusqu'en 1790 et les condamnés jusqu'en 1854.

Dans un raisonnement de sciences sociales, un certain nombre d'éléments (postulats, concepts, explications causales) sont des fictions de méthode. C'est le cas du « comme si » épistémologique, Hobbes reconstituant l'état de nature, Rousseau brossant le tableau d'une humanité sans propriété, Kant assimilant l'être moral à un législateur universel, un économiste postulant une situation de concurrence pure et parfaite, Durkheim traitant les faits sociaux « comme [s'ils étaient] des choses », Weber cherchant comment chacun aurait agi « dans le cas d'une rationalité idéale en finalité ». L'idéaltype est une construction que son caractère abstrait rend irréelle, étrangère à la réalité, précisément pour pouvoir mesurer son écart par rapport à la réalité[1]. Les deux catégories métahistoriques que propose Koselleck, le « champ d'expérience » et l'« horizon d'attente », sont une actualisation du passé et du futur opérée par l'historien au nom des contemporains[2].

La métaphore met en relation, analogiquement, des éléments qui n'ont pas de rapport entre eux. Évoquer, comme Proust, les gisements du « sol mental » ou le bonheur d'« errer au milieu d'une tragédie de Racine » permet d'enfermer « dans les anneaux nécessaires d'un beau style » deux objets différents, ici la psychologie et la géologie, là une promenade et la lecture[3]. La métaphore permet de soustraire ces réalités aux contingences du temps, mais, en tant que paradigme, elle a aussi une dimension cognitive. Parler de *social drama of work* (comme Hughes) ou de « règles du jeu » (comme

---

1. Max Weber, *Économie et société*, Paris, Plon, « Pocket », 1995 (1925), vol. 1, p. 51.
2. Reinhart Koselleck, *Le Futur passé. Contribution à la sémantique des temps historiques*, Paris, Éditions de l'EHESS, 1990 (1979), chap. v.
3. Marcel Proust, *Le Temps retrouvé*, Paris, Gallimard, 1927, vol. 2, p. 40.

Bourdieu), comparer les classes sociales à un autobus où des individus entrent et sortent (comme Schumpeter) ou la société à un ciel structuré par des constellations (comme Mendras) revient à utiliser des images-concepts qui véhiculent une théorie. Une bonne métaphore, comme une traduction, fait instantanément comprendre.

Dans son article de 1903, Simiand balaie comme autant de « plaisanteries nominalistes » les avertissements qui rappellent que le gouvernement, l'Église, la famille, l'industrie textile sont des « abstractions » : le sociologue, exactement comme le physicien, a le droit et le devoir de mobiliser des abstractions. Il n'en reste pas moins que ces entités invisibles sont des fictions de méthode. Parler de « cols blancs », par exemple, est une double fiction heuristique, puisqu'elle transpose dans une synecdoque un concept sociologique abstrait (les employés de bureau). De la même manière, la métaphore des « terres de sang », forgée par Timothy Snyder, renvoie à des territoires qui n'ont d'autre unité que d'avoir été martyrisés sous les terreurs stalinienne et nazie entre le début des années 1930 et la fin de la Seconde Guerre mondiale.

De manière similaire, les sciences sociales utilisent des contre-vérités pour mieux cerner la vérité. Il s'agit de prendre en considération un fait dont on sait pertinemment qu'il est faux ou non advenu. Comme le montre Max Weber dans ses *Essais sur la théorie de la science*, les relations causales irréelles servent à identifier les réelles : « Que serait-il arrivé, si... ? » La construction imaginaire alternative, confrontée au déroulement effectif, en indique les ressorts. Cette logique n'est pas étrangère à l'ancienne rhétorique. Pour convaincre les jurés que Milon n'a pas eu tort de tuer Clodius, Cicéron le ressuscite momentanément. Si Clodius avait vécu, il se serait emparé de la préture, il aurait réduit les consuls et les sénateurs au silence, il aurait tout usurpé, la liberté publique aurait été étouffée, la République anéantie. L'irréel rétroagit sur le réel : Clodius méritait d'être tué comme ennemi public.

Ce raisonnement très fréquent (fût-il inconscient) peut donner lieu à des exercices dédiés : l'uchronie. L'histoire contrefactuelle est un amusement sérieux, une absurdité-raisonnement, une hypothèse qui n'a pas besoin d'être testée, puisqu'elle a été introduite d'entrée de jeu comme une fiction. Supposons que les Alliés ne parviennent pas à briser les codes secrets des nazis, que Pie XII condamne le génocide en cours, que Lincoln n'abolit pas l'esclavage, que les Chinois découvrent le Nouveau Monde. Ponce Pilate épargne Jésus : Jésus vit encore de nombreuses années, il attire des milliers de disciples, meurt presque centenaire, est enterré discrètement, son prêche fait l'objet de multiples interprétations, le christianisme s'épanouit dans les synagogues comme une variante du judaïsme. Au-delà de l'humour, il y a une réflexion pénétrante sur le rôle de la crucifixion dans le christianisme[1]. Là encore, cette manière de penser n'est pas propre aux historiens de métier. *Le Maître du Haut Château* (1962) de Philip K. Dick décrit le monde « comme il aurait pu être » après que les forces de l'Axe ont gagné la Seconde Guerre mondiale en 1947 ; un livre circule sous le manteau, qui a l'audace d'imaginer un monde où les Alliés auraient gagné la guerre…

L'anachronisme maîtrisé traduit une réalité pour les lecteurs d'aujourd'hui. À propos de la révolte des Gracques, au Ier siècle avant J.-C., on est en droit d'évoquer un « prolétariat romain », même si Marx n'est pas encore né ; les Juifs et les musulmans espagnols sont victimes d'une

---

1. Tous ces exemples sont tirés de Robert Cowley (dir.), *More What If ? Eminent Historians Imagine What Might Have Been*, Londres, Macmillan, 2002. Voir Quentin Deluermoz, Pierre Singaravélou, « Explorer le champ des possibles. Approches contrefactuelles et futurs non advenus en histoire », *Revue d'histoire moderne et contemporaine*, n° 59, 2012, p. 70-95.

« épuration ethnique » entre le XVe et le XVIIe siècle ; il y a des « sans-papiers » juifs dans la France des années 1930. Ces erreurs voulues traduisent un effort d'explicitation, par lequel l'historien essaie de « dire juste avec des mots faux[1] ». Tous ces outils sont des fictions de méthode, au sens initial de *fictio*, c'est-à-dire des fabrications intellectuelles capables de s'écarter des faits précisément pour penser les faits.

Procédés narratifs

Professeur de littérature et fondateur de la « théorie de la réception » à l'université de Constance, Hans Robert Jauss dénombre trois fictions constitutives de la narration historique : le déroulement vectoriel d'un début vers une fin ; l'homogénéisation du récit, qui unifie des éléments disparates et gomme les lacunes ainsi que les détails superflus ; l'objectivisation d'un passé qui se raconte tout seul[2]. Le mode objectif, fondé sur l'expulsion du « je », le point de vue synoptique et le rêve de transparence, est une fiction de méthode : personne n'ignore en effet que c'est l'historien qui parle, décrit, énonce, dans un acte de présence si écrasant qu'il préfère se rendre invisible. L'hypotypose, qui donne à voir « comme si vous y étiez », est une animation verbale particulièrement réussie. L'usage du présent (ou présentification), grâce auquel le passé se rejoue en une représentation *hic et nunc*, constitue une autre fiction de méthode.

---

1. Antoine Prost, *Douze Leçons sur l'histoire*, Paris, Seuil, « Points Inédit Histoire », 1996, p. 280. Voir Nicole Loraux, « Éloge de l'anachronisme en histoire », *Le Genre humain*, n° 27, 1993, p. 23-39.

2. Hans Robert Jauss, « L'usage de la fiction en histoire », *Le Débat*, n° 54, mars-avril 1989, p. 89-113.

Un des procédés les plus féconds est la narration par symbole, qui consiste à encapsuler un phénomène, une période, un événement, dans un individu ou un objet jugés représentatifs. Cette concentration du raisonnement a pour effet de vivifier le récit, tout en faisant jouer un réflexe d'identification chez le lecteur. D'un point de vue épistémologique, elle permet de conjurer l'effet lénifiant de l'abstraction, si redoutable quand on aborde l'esclavage, les guerres mondiales ou la Shoah. C'est le point de départ de Marcus Rediker dans *À bord du négrier* (2007). Pour raconter-expliquer un crime global qui a réduit en esclavage 14 millions d'Africains sur trois siècles, il recourt à une double focalisation sur l'objet (le navire négrier) et sur les hommes, acteurs et victimes de la traite (esclaves, matelots, capitaines, marchands, planteurs, hommes politiques). Ce parti pris a pour effet de personnaliser l'histoire et de dynamiser la narration. Dans un domaine connexe, *Le Chapeau de Vermeer* (2008) de Timothy Brook raconte la mondialisation au XVIIe siècle à travers la circulation d'objets visibles dans les tableaux de Vermeer, chapeau de feutre, jatte de fruits, tabac. Ramener l'esclavage à un navire ou la globalisation à un galurin, c'est recourir à une fiction de méthode.

Tout raisonnement suit un ou plusieurs schémas narratifs. Hayden White a mis au jour ceux que le XIXe siècle a privilégiés : romance, tragédie, comédie, satire. La mise en intrigue de l'histoire suppose une histoire, et celle-ci sollicite l'imagination de l'auteur comme celle du lecteur. Au musée de Pergame de Berlin, la porte d'Ishtar et la procession des lions sont beaucoup plus petites qu'elles ne l'étaient en réalité à Babylone ; il faut donc un travail de recréation pour les rétablir dans leurs véritables dimensions. Une phrase comme « Hitler envahit la Pologne » constitue non seulement une métaphore et un raccourci, mais un choix historiographique. Passant sous silence le rôle des généraux, des soldats, de la population allemande, elle met en avant la décision du Führer (on dirait « le grand homme » en d'autres circonstances), sur qui se concentrent à la fois la barbarie et la célébrité. Lenglet notait déjà au XVIIIe siècle que le « prétendu héros », Skanderbeg, Charles Quint ou le Grand Condé, ne fait que s'approprier le carnage de « cinq ou six pièces de canon bien placées[1] ».

Il arrive que le raisonnement emprunte des chemins narratifs qui « n'existent pas ». Depuis que Lucien de Samosate a fait parler les morts (l'idée sera reprise à la fin du XVIIe siècle par Fontenelle), les historiens n'hésitent pas à recourir à des dialogues fictifs ou posthumes. Dans les *Mémoires d'outre-tombe*, Chateaubriand fait comparaître l'empereur devant ses juges. Noms et prénoms ? « A répondu se nommer Napoléon Bonaparte. » Lieux de résidence ? « Aux Pyramides, à Madrid, à Berlin, à Vienne, à Moscou, à Sainte-Hélène. » Dans *Pensons ailleurs*, Nicole Lapierre invente des rencontres qui auraient pu avoir lieu, entre Simmel, W.E.B. Du Bois et Gandhi à l'*Universal Race Congress* en 1911, ou entre Karl Mannheim et Norbert Elias à Londres en 1938. Les points les plus complexes de *Hammerstein ou l'intransigeance* sont débattus dans les « conversations posthumes » qu'Hans Magnus Enzensberger imagine avoir eues avec le protagoniste (un général allemand opposant à Hitler) et ses proches.

L'usage de la fiction dans la narration historique ou sociologique provoque un effet de dramatisation. C'est ainsi que *La Sorcière* de Michelet retrace « la vie d'une même femme pendant trois cents ans » et que *The Rise of the Meritocracy* (1958) de Michael Young se présente sous la forme d'un essai de science-fiction où le narrateur, vivant en 2034, jette un regard rétrospectif sur l'éducation qui s'est donnée

---

1. Nicolas Lenglet-Dufresnoy, *De l'usage des romans [...]*, Amsterdam, De Poilras, 1734, vol. 1, p. 43.

en Grande-Bretagne entre 1870 et 2033. Confrontée à la pénurie de traces, l'archéologie utilise le roman à des fins pédagogiques. Dans *Le Voyage du jeune Anacharsis en Grèce* (1788) de l'abbé Barthélemy, *Chasseurs de rennes à Solutré* (1872) d'Adrien Arcelin et *Pourquoi j'ai construit une maison carrée* (2006) de Jean Guilaine, les personnages sont inventés, mais pas les circonstances historiques (respectivement la Grèce classique, l'époque solutréenne et le néolithique), ni les débats qu'elles soulèvent. À partir de la fin du XXe siècle, le roman préhistorique a été progressivement remplacé par la bande dessinée et le docu-fiction.

L'histoire sait aussi être décalée, jubilatoire. Dans *Les Conférences de Morterolles*, Alain Corbin se glisse dans la peau d'un instituteur de campagne de la fin du XIXe siècle pour raconter aux paysans la victoire de Valmy, la conquête de Madagascar, les effets de la gelée ou les bienfaits du travail. Dans son roman-photo *Reconstitution*, Philippe Artières marche dans les rues de Rome, en soutane, avant de s'écrouler sur le pavé, comme son grand-oncle jésuite assassiné en 1925. L'histoire devient un jeu, sans cesser d'être sérieuse. Car les questions que pose Artières sont fondamentales : cette reconstitution historique avec figurants (entre *living history* et *near-documentary*) matérialise l'écart avec ce qui s'est passé, tout en révélant notre intimité avec l'événement que nous avons investi. On joue l'histoire, on joue à l'histoire, pour éviter que l'histoire se joue de nous.

Activer la fiction

Ce tour d'horizon nous apprend que certaines fictions ont une potentialité cognitive, et non une simple fonction mimétique, « reconfiguration » plus ou moins libre de la réalité. Indispensables à la production de connaissances, elles servent à poser des questions, formuler des hypothèses, mobiliser des concepts, transmettre un savoir, afin de comprendre ce que les hommes font en vérité. Ces fictions de méthode ne sont comprises ni par la théorie littéraire, ni par l'histoire scientiste. Pour la première, il n'y a que la fiction, monde enveloppant sans rapport avec le réel : la vérité n'est qu'un mot. Pour la deuxième, il n'y a que des faits : la vérité se ramasse comme un caillou. D'où ce partage du monde : d'un côté, la littérature, règne de la « fiction » ; de l'autre, l'histoire, domaine du « factuel ».

L'erreur de ceux qui excluent la fiction de l'histoire est de considérer la première comme un méta-réel et la deuxième comme un contenu, un sac rempli de « faits ». Or l'histoire est avant tout une manière de penser, une aventure intellectuelle qui a besoin d'imagination archivistique, d'originalité conceptuelle, d'audace explicative, d'inventivité narrative. Si l'on veut comprendre les actions des hommes, il faut mettre en œuvre un raisonnement, c'est-à-dire recourir à des fictions de méthode, fictions contrôlées et explicites pour lesquelles il n'est pas besoin de suspendre volontairement l'incrédulité. À la fois activées et neutralisées par le raisonnement historique, maillons d'une démonstration, ces fictions concourent à la production de connaissances. L'histoire n'a rien d'une fable ; en revanche, elle a besoin de certaines fictions, grâce auxquelles précisément elle peut se dire scientifique.

Utilisée dans le roman comme en sciences sociales, la fiction n'est pas le critère ultime permettant de distinguer littérature et histoire ; elle n'est l'indice d'aucune littérarité, non plus que l'histoire serait par nature hostile à la fiction. Comment alors distinguer la fiction romanesque et les fictions de méthode ? La différence réside dans l'usage qu'on en fait. Il n'y a pas une fiction « pour la littérature » et des fictions « pour les sciences sociales » ; il y a des fictions plus ou moins captées par le raisonnement historique, plus ou moins employées à rechercher le vrai.

Dans son article sur la « psychologie du Jacobin » (1881), Taine invente un personnage qui condense les traits spécifiques de son groupe. Le « Jacobin » se livre à un monologue intérieur, collage de formules et de citations que Taine a tirées de textes d'époque ; ce discours inventé permet au lecteur de suivre « en direct » la pensée du Jacobin[1]. Créatures d'un univers romanesque, Rastignac et Nucingen sont des idéaltypes au sens de Max Weber. Ils sont évidemment des êtres de fiction, mais on peut aussi les considérer comme des abstractions, des cas-limites livrés dans leur pureté conceptuelle, c'est-à-dire des fictions de méthode propres à penser la société du XIXe siècle, la bourgeoisie, le capitalisme, l'ambition, la cupidité, etc. S'il y a quelque vérité dans *La Comédie humaine*, ce n'est pas parce qu'elle est très réaliste, ni parce qu'elle délivre une « vérité » morale ou psychologique ; c'est parce qu'elle pose des questions et forge des outils qui arment le raisonnement. Dès lors, on peut dire que Balzac aide à comprendre ce que les hommes font.

La fiction n'est donc pas, en tant que telle, fausse ou vraie. Elle n'est pas dans un rapport avec le vrai si elle se croit autosuffisante. Elle est dans un rapport inaccompli avec le vrai si elle se contente de représenter la réalité ou si elle intègre des morceaux de « connaissance » dans le texte, par exemple en recopiant des notices de dictionnaire, des théories médicales ou des taxinomies, comme il arrive chez Zola et chez Verne. Il ne suffit pas non plus qu'elle offre un aperçu sur l'âme humaine, un discours sur la société, une philosophie de l'Histoire plus ou moins originale (la vue partielle du témoin comme Fabrice à Waterloo, l'attente et la remise en route de l'Histoire chez Gracq). En revanche, elle peut entrer en rapport avec le vrai si elle participe au

---

1. Nathalie Richard, *Hippolyte Taine…*, op. cit., p. 248-250.

processus de production du savoir comme opératrice de connaissance, sous la forme d'un problème (Scott, Balzac), d'une défamiliarisation (Sterne, Borges), d'une hypothèse (Dostoïevski, Wells), d'un idéaltype (une Madame Bovary, un monde kafkaïen), d'une construction narrative (Woolf, Dos Passos, Faulkner).

À trop répéter qu'il n'y a pas de signifié en dernière instance, que tout texte est scriptible, que la littérature n'est que polysémie, ambiguïté, dispersion sémantique, que la fiction est partout, on risque d'oublier que de nombreux romans sont des fictions de méthode, c'est-à-dire des problématisations historiques, des interrogations sociales, des angoisses politiques : *Robinson Crusoé* sur l'occidentalisation du monde, *Ourika* sur les rapports de genre et de race, Dickens sur la révolution industrielle, Balzac et Zola sur la société démocratique, Faulkner sur la domination sociale et raciale, Arthur Koestler et Vassili Grossman sur le totalitarisme.

Tout cela n'enlève rien à la valeur, à la force, à la profondeur de la fiction « littéraire », ni à la place qu'elle occupe dans nos vies. Mais, si elle veut avoir quelque chose de vrai, elle ne peut vivre en autarcie, monde miniature dans lequel nous serions délicieusement enfermés. Quant à la fiction-miroir, elle ne reflète que les apparences. Pour apprendre quelque chose du réel, il faut au contraire s'en éloigner et prendre du champ, par le détour des fictions de méthode. Replacée au sein d'un raisonnement historique, fécondée au contact d'un problème, encadrée par une enquête, la fictionnalisation du monde devient un écart productif, une prise de distance qui a pour but de comprendre. Si les fictions de méthode contribuent à élargir les énoncés de vérité, on peut dire réciproquement que l'histoire est une forme de littérature qui, à l'aide d'une méthode, active la fiction pour produire de la connaissance.

Il y a donc une dimension arbitrale, une politique de la fiction. Son activation consiste à la désintégrer en fictions de méthode, par une sorte de fission d'où résultent les éléments de la démonstration. La fiction non activée pose la question de la *mimesis*, du réalisme, du vraisemblable, mais jamais celle de la vérité ; celle-ci est le privilège (et la fragilité) du raisonnement historique. On peut donc remplacer l'opposition fiction/réalité par une autre : d'un côté, la fiction assertive, ludique, jouissive dans son inertie, et, de l'autre, la fiction de méthode, hypothèse, concept, expression d'un problème, maillon d'un raisonnement, forme d'une narration. La fiction réaliste peut être conçue comme une succession d'hypothèses sans preuves, alors que la fiction activée par le raisonnement est une série d'hypothèses soumises à l'épreuve des preuves.

En sciences sociales, la fiction n'est jamais reine ; elle est sujet, subordonnée à d'autres fins qu'elle-même. La seule reine du savant, écrivait Bayle au XVIIe siècle, c'est la vérité. Aujourd'hui, nous dirions que la fiction est un des outils qui servent à rechercher et à construire le vrai.

On a coutume de dire que *W ou le souvenir d'enfance* de Perec alterne deux récits : la « fiction » (rencontre avec le mystérieux Otto Apfelstahl, naufrage du *Sylvandre*, règlement de l'île de W) et les souvenirs d'enfance rythmés par l'« Histoire » (disparition des parents, refuge à Villard-de-Lans). Mais, comme Perec le précise dans le titre et à nouveau dans le livre, la dystopie de W (une société monstrueusement obnubilée par le sport) est « une histoire de mon enfance » qu'il a écrite à l'âge de treize ans ; devenu adulte, il l'a redécouverte et publiée en feuilleton dans *La Quinzaine littéraire*. Cette information transforme le statut du long règlement imaginaire de W. Il n'est plus une fiction, mais une archive de soi, un document voué à éclairer une question avec l'aide d'autres documents, notamment le texte de jeunesse sur la vie et la mort des parents (reproduit tel quel, avec des notes rectificatives). Inversement, la partie « réelle » du livre est peuplée de fictions : Perec enfant invente un accident de patins à glace, dessine un navire dont les voiles ne tiennent pas au mât, s'imagine auprès de sa mère, débarrassant la table sur laquelle « il y aurait eu une toile cirée à petits carreaux bleus ».

Dès lors que le livre tout entier repose sur des souvenirs d'enfance, il n'est plus possible d'opposer la « fiction » et l'« Histoire ». La moindre fiction est inscrite dans un raisonnement qui l'active, si bien que *W* peut être lu comme une enquête sur archives (archives de soi), fondée sur un problème, des documents, des hypothèses. En ce sens, *W* est un livre d'histoire. Le récit d'aventures ne concerne pas le voyage sur un îlot de la Terre de Feu, mais une quête sur les traces des disparus et de leur enfant – ce qui est précisément la fonction du « Bureau Veritas » en charge des naufragés (les *sommersi*, comme dit Primo Levi). Celui qui essaie d'expliquer son parcours, de s'inscrire dans une filiation, de rassembler un corpus d'archives autobiographiques, celui-là rêve d'histoire. Son « action onirique » est récolte et tressage, jeu de piste et mélodie, « temporalité saisie à la racine des émotions[1] ».

On peut essayer d'expliquer la Shoah par l'antisémitisme, le besoin d'« espace vital », la guerre totale, l'invasion de l'URSS, la convoitise des biens juifs, la nécessité d'éliminer des bouches inutiles. Une autre attitude consiste à assumer le caractère stupéfiant et incompréhensible du crime, à se défamiliariser radicalement. L'intelligence de l'événement et le désir de créer, montre Lanzmann, ont la même origine : le refus de représenter, l'obstination à ne pas comprendre, l'aveuglement comme la « clairvoyance même ». Pas une seule image d'archive ne figure dans *Shoah*. Le film montre

---

1. Maurice Olender, *Matériau du rêve*, Abbaye d'Ardenne, IMEC, 2010, p. 30.

des rivières, des routes, des gares, des fermes telles qu'elles existent aujourd'hui, fait entendre des témoignages, procède à des reconstitutions artificielles – gestes d'un coiffeur, manœuvres d'un conducteur de locomotive. Les gens jouent leur propre histoire. Comment la fiction peut-elle produire de la connaissance ? En fait, cette mise en scène n'est rien d'autre qu'une fiction de méthode, dirigée à la fois contre le banal récit du passé et contre la fiction obscène des séries télévisées. « *Shoah*, c'est une fiction du réel[1]. »

On l'aura compris, le but de ces fictions n'est pas la fuite hors du monde, le plaisir du texte ni le « sens du réel », mais la vérité. Faut-il alors définir l'histoire comme un agencement de fictions non fictionnelles dont le but serait de percer à jour le réel ? Si c'est le cas, il n'est pas sûr qu'elle ait toujours sa place parmi les récits « factuels ».

---

1. Claude Lanzmann, « Le lieu et la parole » (1985) et « *Hier ist kein warum* » (1988), in Michel Deguy (dir.), *Au sujet de « Shoah », le film de Claude Lanzmann*, Paris, Belin, 1990.

Littérature et sciences sociales

9

De la non-fiction à la littérature-vérité

Une chose est d'affirmer que toute histoire est narration, une autre est de faire vivre un raisonnement dans un texte. Écrire l'histoire : le projet n'est pas neuf. En remontant à la rhétorique agonistique, on peut montrer que l'histoire (comme raisonnement) et la littérature (comme texte) ont la même origine. Dans la perspective des belles-lettres, on s'aperçoit même que toute histoire est littérature, sous la forme de l'histoire-tragédie, de l'histoire-éloquence ou de l'histoire-panégyrique. À la fin du XIXe siècle, l'histoire s'est arrachée à ce système, le monde académique assimilant la littérature à l'affabulation, à la partialité, au dilettantisme, voire à la maladie.

Une fois fondée en méthode, institutionnalisée comme discipline, l'histoire s'est autorisée à pratiquer le non-texte professionnel. Heureusement, cela n'a pas suffi à détourner les chercheurs de l'écriture, et il me semble que certains livres d'histoire du XXe siècle appartiennent purement et simplement à la littérature. Mais quand, dans les années 1970, le postmodernisme a voulu théoriser la littérarité de l'histoire, la tentative s'est faite aux dépens de sa capacité cognitive – lamentable coup de force. Depuis, on sent comme une gêne.

Avant le dernier tiers du XIXe siècle, les historiens n'avaient pas tant de scrupules vis-à-vis de la littérature. Hérodote, Gibbon et Michelet étaient clairement des écrivains. Faut-il les ériger en modèles ? Le problème est que, même s'ils ont contribué à fonder le raisonnement historique, leur méthode n'était pas toujours fiable, pas toujours assurée, pas toujours claire, leurs conclusions pas toujours exactes. Inversement, les Monod et les Seignobos n'étaient pas ces vieux barbons qu'on a décriés. Ils avaient la rigueur et l'indépendance, une vraie curiosité intellectuelle, ils se savaient les dépositaires des traces des ancêtres, ils s'intéressaient aux institutions et aux groupes sociaux[1]. « Nous ne devons croire qu'à ce qui est démontré », écrivait Fustel de Coulanges. Qui dirait le contraire ? Nous qui sommes leurs héritiers, ne soyons pas trop ingrats.

En un mot, la révolution méthodique a eu lieu. Les disciplines sont établies, l'histoire est aujourd'hui une science sociale et c'est tant mieux. Une réflexion sur l'écriture de l'histoire ne saurait donc se conjuguer au passé, en ressuscitant l'histoire « walter-scottée », en misant sur la « sociologie » balzacienne ou en espérant l'éternel retour, « retour au récit », « retour de l'événement », « retour de la biographie ».

Tout l'enjeu consiste à inventer de nouvelles formes littéraires pour les sciences sociales et grâce aux sciences sociales, sans régresser vers les belles-lettres ni se dissoudre dans la cuve acide du *linguistic turn*. Plutôt que de vouloir revenir à une époque où l'histoire n'était pas une discipline, plutôt que de renoncer à toute règle, je tente d'infléchir les règles aujourd'hui existantes. Plutôt que de chercher à réconcilier le couple histoire/littérature, qui n'en finit plus de divorcer depuis des siècles, je favorise la rencontre méthode/texte. Surtout, je pose la question : quelle écriture pour quelle connaissance ? Quel est le *texte du savoir* ?

---

1. Voir Antoine Prost, « Charles Seignobos revisité », *Vingtième Siècle. Revue d'histoire*, n° 43, juillet-septembre 1994, p. 100-118.

La zone d'extraterritorialité

L'histoire n'est pas fiction, la sociologie n'est pas roman, et tous les discours ne se valent pas. En revanche, il existe un point de contact entre littérature et sciences sociales, une zone d'interpénétration où les appartenances sont indécidables et où il est bon qu'elles le soient, une bibliothèque où chaque livre n'a pas sa place toute prête sur une étagère. La patrie de ces livres, c'est le « terrain neutre » au sens de Fenimore Cooper : un domaine mal défini, un no man's land fluctuant qui échappe aux belligérants, un espace sur lequel aucune autorité ne parvient à s'exercer.

Les écrivains n'ont pas nécessairement plusieurs vies, comme Michel Leiris, poète et ethnologue, ou Jean Duvignaud, homme de théâtre et sociologue[1]. Ce sont les livres eux-mêmes qui ont une identité floue, comme *Austerlitz* que Sebald, récusant le terme de roman, définit comme « un livre en prose de nature indéfinie[2] ». Ces œuvres ne visent pas tant à littérariser l'histoire, à mélanger « documents » et « fiction », qu'à écrire le réel, avec les opérations cognitives que cela suppose. Elles n'ont d'autre identité que leur bâtardise, par laquelle la littérature devient un outil d'explication-compréhension du monde, un texte chargé d'un raisonnement. Voici une tentative pour classer quelques-unes de ces œuvres inclassables.

L'inventaire de soi est un texte réflexif, sous la forme d'un témoignage ou d'une autobiographie, qui vise à élucider un itinéraire, à rapporter une expérience, à éclairer une intimité, à sortir de soi. Je citerai, sans ordre, *L'Âge*

---

[1]. Voir Pierre Lassave, *Sciences sociales et littérature. Concurrence, complémentarité, interférences*, Paris, PUF, 2002.
[2]. Entretien avec W. G. Sebald, « Ich fürchte das Melodramatische », *Der Spiegel*, 12 mars 2001.

d'homme de Michel Leiris, *La Promesse de l'aube* de Romain Gary, *La Lie de la terre* d'Arthur Koestler, *Black Boy* de Richard Wright, *Grenadou*, toute l'œuvre d'Annie Ernaux, *Ellis Island* et *Je me souviens* de Georges Perec (inspiré de « I remember » de Joe Brainard), la trilogie familiale de Lydia Flem, *Le Lièvre de Patagonie* de Claude Lanzmann, *Pelures d'oignon* de Günter Grass. De nombreux chercheurs ont évoqué leur parcours, Nels Anderson dans *The American Hobo*, Richard Hoggart dans *33 Newport Street*, Mona Ozouf dans *Composition française*, Didier Éribon dans *Retour à Reims*, Antoine Compagnon dans *La Classe de rhéto*. Naviguant entre sociologie et auto-analyse, ces textes ménagent des espaces où l'on se présente, où l'on se cherche, où l'on s'engendre.

La radiographie sociale est une tentative d'approche, compte rendu d'une enquête de terrain, le plus souvent dans des milieux de grande précarité. En montrant ce que personne ne voit, en faisant entendre ceux que personne n'écoute, elle donne une dignité aux pauvres, aux humbles, à tous les nuls et non avenus de la société. C'est la mission que se donnent, dès les années 1890, Jacob Riis dans le Lower East Side de New York (*Comment l'autre moitié vit*) et Isaac-Leyb Peretz dans les bourgades juives d'Europe de l'Est (*Tableaux d'un voyage en province*), suivis au XXe siècle par Jack London dans l'East End de Londres (*Le Peuple de l'abîme*), George Orwell au même endroit et auprès des mineurs anglais (*Dans la dèche à Paris et à Londres* et *Le Quai de Wigan*), James Agee auprès des métayers d'Alabama (*Louons maintenant les grands hommes*), Joseph Kessel dans la « poubelle humaine » des alcooliques du Bowery, Florence Aubenas avec les employées des sociétés de nettoyage de la région caennaise (*Le Quai de Ouistreham*).

À cette littérature, on peut rattacher les anthropologies de la vie quotidienne qui, de Siegfried Kracauer à Norman Mailer, de Roland Barthes à Marc Augé, de François Maspero à Jean Rolin, s'emparent de nos objets et lieux familiers : les parapluies, les machines à écrire, les rues de Berlin, les matches de boxe ou de catch, le steak-frites, la ligne B du RER, les boulevards extérieurs parisiens. Arrive un moment où les mots voudraient céder la place à l'objectivité muette des photos, à la pure matérialité des choses : « Si je le pouvais, à ce point je n'écrirais rien du tout. Il y aurait des photographies ; pour le reste, des morceaux d'étoffe, des déchets de coton, des grumelons de terre, des paroles rapportées, des bouts de bois, des pièces de fer[1]. »

Le livre du monde est un hymne au départ, au nomadisme, au dépaysement, à la découverte. Il regroupe tous les chefs-d'œuvre du journalisme, tantôt correspondance de guerre, tantôt récit de voyage : les grands reportages de Joseph Kessel, Albert Londres, Ryszard Kapuściński, mais aussi *Dix jours qui ébranlèrent le monde* de John Reed sur la prise de pouvoir des bolcheviks, *Hommage à la Catalogne* de George Orwell pendant la guerre d'Espagne, *Agneau noir et faucon gris* de Rebecca West dans la Yougoslavie des années 1930, *Gomorra* de Roberto Saviano sur les terres de la mafia napolitaine ; ainsi que les anthropologies circumterrestres, route de la soie entre Belgrade et le Khyber Pass dans *L'Usage du monde* de Nicolas Bouvier, tour du monde du judaïsme dans *Le Juif errant est arrivé* d'Albert Londres, tour du monde de la pauvreté, du Kenya à la Chine et de la Russie à la Thaïlande, dans *Poor People* de William Vollmann. Cette littérature de carnets de route nous emmène à la rencontre d'autrui, au contact de sa culture, de sa façon de vivre, de sa beauté, de sa douleur. Effaçant nos repères, elle nous force à nous oublier nous-mêmes. Elle est loin.

L'exploration du gouffre humain se fait avec des livres-plongeons, des livres-sidération qui nous forcent à regarder

---

1. James Agee, Walker Evans, *Louons maintenant les grands hommes*, Paris, Pocket, « Terre humaine / Poche », 2002 (1939), p. 30.

ce qui révulse. En se fondant sur des archives judiciaires, des interrogatoires ou des articles de journaux, l'écrivain se fait clinicien du mal, chroniqueur de l'atroce. Dans *La Séquestrée de Poitiers*, André Gide nous fait partager le calvaire d'une demoiselle de 52 ans enfermée par sa mère, vivant sur un lit couvert d'excréments et d'aliments pourris. Claude Lanzmann et Marcel Jouhandeau dressent le portrait du curé d'Uruffe, qui a éventré sa jeune maîtresse enceinte avant de baptiser et de poignarder le fœtus. Toutes les grandes affaires ont eu leur écrivain-greffier, Truman Capote dans *De sang-froid*, Norman Mailer dans *Le Chant du bourreau*, Emmanuel Carrère dans *L'Adversaire*, et Michel Foucault est allé chercher au fond du XIXe siècle le crime de Pierre Rivière, ce paysan « ayant égorgé ma mère, ma sœur et mon frère ».

Ici, le fait divers et le génocide sont les deux extrémités d'une même chaîne. Gitta Sereny interroge le geste d'une meurtrière de onze ans, avant de rencontrer dans sa prison le commandant de Treblinka. Jean Hatzfeld nous tend, comme un miroir brisé, la machette des tueurs rwandais. Si le crime fascine, c'est parce qu'il montre la face cachée de nos sociétés. La folie, le chaos, la sauvagerie attendent leur heure, tapis dans nos campagnes et nos salons ; ils explosent au milieu du cours tranquille de la vie, ravageant les certitudes, détruisant tout. Cette littérature de l'effroi, qui s'enfonce dans les ténèbres de l'âme humaine, finit par troubler l'ordre social. Sainteté du crime, dirait Genet.

La réparation du passé est l'œuvre de la mémoire secondée par la justice. Cette littérature, qui raconte la destruction de l'homme par l'homme, naît à la fin du XIXe siècle avec les *Souvenirs de la maison des morts* de Dostoïevski et *L'Île de Sakhaline* de Tchekhov, consacrés au bagne russe ; mais c'est à partir de la Seconde Guerre mondiale qu'elle prend son tragique essor. Les chroniqueurs-victimes de la guerre, les diaristes-archivistes des ghettos, puis Primo Levi dans *Rapport sur Auschwitz* et *Si c'est un homme*, David Rousset dans *Les Jours de notre mort*, Robert Antelme dans *L'Espèce humaine*, Charlotte Delbo dans sa trilogie *Auschwitz et après*, Chalamov dans *Les Récits de la Kolyma*, Soljenitsyne dans *L'Archipel du goulag* ont la volonté de témoigner, et c'est pour raconter qu'ils ont survécu. Leur prose documentaire fait naître une littérature de l'exactitude et de la sobriété, des textes-preuves qui s'obstinent à dire les choses telles qu'elles ont été. Nudité de l'homme à la merci du totalitarisme, nudité de l'écriture : leur déposition est un récit sans « la moindre parcelle d'invention littéraire[1] ». Des orphelins comme Perec et Grumberg, des enfants de l'après-guerre comme Patrick Modiano, Daniel Mendelsohn et Edmund de Waal sont partis en quête de ceux qui ont disparu sans laisser de traces.

À ces livres, nés en milieu hostile, on peut associer les enquêtes dont le but est de faire éclater la vérité (*Les Preuves* de Jaurès, au moment de l'affaire Dreyfus ; *Facing the chair* de Dos Passos, en défense de Sacco et Vanzetti), ainsi que les récits-témoignages en mémoire d'un être arraché à l'amour des siens (*D'autres vies que la mienne* d'Emmanuel Carrère).

Le post-réalisme

Rassemblons ce corpus sous une bannière provisoire : littérature du réel. Elle est indissociable du XXe siècle (même si l'on trouve des relations de voyage à l'époque des grandes découvertes et des mémoires pendant les guerres de Religion). Elle est l'empreinte que ce siècle a laissée sur la littérature. Ses conditions de possibilité sont la société industrielle, l'urbanisation, la misère, l'exil, la guerre, le totalitarisme, le meurtre de masse, mais aussi les nouvelles manières

---

1. Anatoli Kouznetsov, *Babi Yar. Roman-document*, Paris, Robert Laffont, 2011 (1970), p. 30.

d'appréhender le monde, psychanalyse, presse, photographie, cinéma, automobile, avion. On pourrait dire qu'elle reflète une démocratisation du littéraire, si l'exclusion sociale et le crime avaient quelque rapport avec la démocratie. À l'ère des masses, elle est le langage de l'individu qui réclame contre l'assignation, l'asservissement, l'anéantissement des autres et de lui-même.

Cette littérature est aussi, bien évidemment, l'héritière du roman réaliste. Comme Zola, Dreiser ou Sinclair, elle a la volonté de dire le monde, de dire tout du monde, c'est-à-dire sans rien en dissimuler. Mais – point fondamental – elle refuse le secours de la fiction en même temps que les recettes de la psychologie. On peut donc aborder ces textes sous l'angle du post-réalisme, attitude vis-à-vis du réel qu'on peut discerner dans trois formes littéraires au XXe siècle : l'objectivisme, le témoignage et le roman non fictionnel.

Les artistes de la *Neue Sachlichkeit*, née au début des années 1920 dans l'Allemagne de Weimar, définissent l'objectivité comme la description sans concession du réel : plaisirs de la ville moderne, vie quotidienne des ouvriers, difformité des corps, horreurs de la guerre. Au sens large, on peut qualifier d'objectiviste la littérature factographique qui apparaît à cette époque en Europe, en URSS et aux États-Unis. Qu'elle soit reportage, interview, biographie, document ou poésie, elle veut entretenir avec la réalité un rapport direct et opératoire, en concentrant l'attention, comme dit Chklovski, sur « le matériau, le fait réel, l'information ». Au sein de *LEF*, revue d'avant-garde soviétique créée en 1923, Maïakovski et ses amis, Brik, Tretiakov, Chklovski, théorisent une « littérature du fait », à l'opposé du romanesque perçu comme une forme bourgeoise, artificielle et périmée. Brik résume le programme en trois points : éliminer les schémas narratifs obsolètes ; réunir la plus grande quantité possible de faits réels ; mettre au point une méthode pour relier, sans l'aide d'une intrigue, les faits et les détails. Plutôt que d'inventer des fictions, les

« factovistes » (*faktoviki*) épousent la centralité de l'objet, issu d'un processus de production et doté de propriétés matérielles : poêles, vêtements, affiches publicitaires, etc[1].

Quelques années plus tard, aux États-Unis, un courant « objectiviste » réunit de jeunes poètes comme Reznikoff, Oppen, Rakosi et Zukofsky. Ce dernier, influencé par le poète Ezra Pound et l'historien Henry Adams, publie dans *Poetry* en 1931 un manifeste intitulé « Sincerity and Objectification ». Il y écrit que la poésie fait entendre la mélodie des « choses comme elles existent ». Le poète est sincère quand il ne fuit pas les conditions de la matérialité ni la vigueur du mot, quand il parle (comme Reznikoff) du cordonnier assis à sa machine à coudre, du poisson qui cuit, des vêtements miteux, des passants dans la rue, quand il dit « les cheminées des usines », « les tas de briques et de plâtre », « une poutre […] parmi les ordures ». L'année suivante, Zukofsky dirige une anthologie objectiviste. Pendant le New Deal, travaillant au sein du projet *Index of American Design*, il se passionne pour les arts décoratifs et la culture matérielle.

D'une manière ou d'une autre, la littérature objectiviste entend relever les défis du jeune XXe siècle : modernité industrielle et urbaine, avènement des masses, inégalités, construction du socialisme. Les témoins-survivants qui écrivent après la Seconde Guerre mondiale ne partagent certes pas ce didactisme, ni cet enthousiasme poético-révolutionnaire. Mais l'expérience concentrationnaire est à l'origine d'une éthique « factographique » dont les principes sont l'exigence de vérité, le scrupule, la sobriété, la méfiance vis-à-vis de la fiction.

Chalamov en est un bon représentant. Ouvrier devenu journaliste, un temps membre d'un groupe trotskiste, il a approché la « littérature factuelle » d'un Tretiakov et, au

---

1. Leonid Heller, « Le mirage du vrai. Remarques sur la littérature factographique en Russie », *Communications*, n° 71, 2001, p. 143-177.

goulag, côtoyé Mandelstam, qui tournait en dérision les « belles-lettres psychologiques ». La « nouvelle prose » que Chalamov crée dans les années 1960 ne se caractérise pas seulement par ses propriétés de style (laconisme, simplicité, retenue) ; elle est aussi l'acte de celui qui a dominé la mort, tel Pluton remontant des enfers. Ce qui assure la « vérité du réel » n'est pas la fiction, la description, les personnages, la psychologie, comme dans Tolstoï ; c'est le document-mémoire, qui est pure présence, authenticité, « prose vécue ». En abolissant les frontières entre récit, autobiographie, procès-verbal et document, Chalamov peut à la fois condamner l'école réaliste russe et se proclamer l'« ultime citadelle du réalisme[1] ».

La profession de foi de Chalamov illustre le passage de la littérature du fait à la littérature-témoignage (à visée testimoniale ou faite à partir de témoignages), dont l'objectif est moins de célébrer l'objet que de comprendre le réel. Son éloge des spécialistes (ceux qui parlent « uniquement de ce qu'ils connaissent et de ce qu'ils ont vu ») fait étrangement écho aux historiens-mémorialistes du XVIIe siècle.

À la même époque, en France, un jeune écrivain tenté par le communisme se fait le chantre de la « littérature réaliste ». La revue qu'il médite avec quelques amis, intitulée *La Ligne générale* (en hommage au cinéaste Eisenstein, par ailleurs proche de *LEF*), vise à explorer la complexité du monde. Le réalisme, pour lui, consiste à dévoiler les choses, à déchiffrer la société, à saisir notre temps. Dès lors, la littérature et la culture ne peuvent être qu'engagées, c'est-à-dire « insérées dans le monde, accrochées à la réalité[2] »,

---

1. Varlam Chalamov, *Récits de la Kolyma*, Paris, Verdier, 2003, p. 155 ; et *Tout ou rien*, Paris, Verdier, 1993.
2. Georges Perec, « Le Nouveau Roman et le refus du réel » et « Pour une littérature réaliste », in *L. G. Une aventure des années soixante*, *op. cit.*, p. 25-45 et p. 47-66.

ce qui les éloigne à la fois du militantisme sartrien, trop politique, et du Nouveau Roman, dédaigneux du « petit fait vrai ». Au début des années 1960, Perec n'a pas encore écrit sur la disparition de ses parents ; mais il est déjà influencé par la littérature-vérité de Robert Antelme, « cet homme qui raconte et qui interroge, [...] qui extirpe aux événements leurs secrets, qui refuse leur silence[1] » – belle définition du raisonnement historique. Le post-réalisme de Perec dépasse le réalisme du XIXᵉ siècle en faisant de la littérature une opération de mise en ordre du monde, un épuisement obstinément lucide. Son premier livre sera *Les Choses* (1965), que de nombreux critiques liront comme un essai sociologique sous couvert de roman.

La Shoah a inspiré à Reznikoff, fondateur avec Zukofsky du courant « objectiviste », l'un de ses livres les plus importants. *Holocaust* (1975) est intégralement composé de témoignages *verbatim* provenant du tribunal de Nuremberg et du procès Eichmann. Le poète a sélectionné des extraits, les a classés en chapitres (« Déportation », « Ghettos », « Massacres », « Enfants ») et les a mis en pages en passant systématiquement à la ligne, si bien qu'ils semblent versifiés. L'émotion provient de l'horreur nue des témoignages, mais aussi, suivant l'esthétique objectiviste, des mots eux-mêmes, de leur pureté originelle. Il faut « nommer, nommer, toujours nommer », pour que naisse un rythme et que s'élève le chœur de la tragédie[2]. Dix ans auparavant, Reznikoff avait publié *Témoignage*, gigantesque montage d'archives des tribunaux américains de la fin du XIXᵉ siècle. Cette simplicité âpre donne l'impression d'être en prise directe avec la réalité la plus brute et la plus brutale, témoin de la détresse des gens, jusqu'à leur assassinat.

---

1. *Ibid.*, « Robert Antelme ou la vérité de la littérature », p. 87-114.
2. Charles Reznikoff, « Nommer, nommer, toujours nommer » (1977), in *Holocauste*, Paris, Prétexte éditeur, 2007 (1975), p. 151.

Comme les récits de Primo Levi et de Chalamov, comme les souvenirs de Perec, la poésie de Reznikoff n'est pas sans lien avec l'histoire. À certains égards, elle s'inscrit dans la tradition des annales royales archaïques, qui se présentent, elles aussi, comme une succession de versets vrais. Pareille au témoignage du rescapé, elle adopte une attitude d'humilité qui consiste à s'effacer devant les morts, ceux qui n'en sont pas revenus. Mais, alors que les survivants disent « je » tout en refusant de se mettre en avant, Reznikoff est absent parce qu'il est étranger au drame. En rapportant telle quelle la parole prononcée devant les juges, en refusant de la commenter ou de la mettre en perspective, Reznikoff ose une expérience radicale : l'archive suffisante à elle-même. D'un point de vue littéraire, c'est une réussite, mais, d'un point de vue épistémologique, c'est un leurre. Le point intéressant est que cet objectivisme renoue avec l'abstinence narrative des scientistes du XIXe siècle. Invisible, le poète laisse les faits parler « d'eux-mêmes », comme dans le mode objectif. Il ouvre le rideau sur la vie et la mort des autres. Mais, en croyant ménager un accès direct au réel, il met en œuvre des effets de réel : la fascination pour la vie « telle qu'elle est » esquive toute réflexion sur la production des sources et la construction du savoir. C'est pourquoi l'œuvre de Reznikoff doit se lire pour ce qu'elle est : un poème, non une fenêtre ouverte sur le passé.

La manière dont cette littérature refuse la fiction (souvent assimilée au roman du XIXe siècle) est ambiguë. D'un côté, l'écrivain vient déposer à la barre, témoin universel d'un tribunal universel. Quand il ne raconte pas sa propre expérience, il véhicule la parole des autres, rien de plus. Ce modèle testimonial, qui refuse l'invention et fuit tout narcissisme, a quelque chose d'une contre-littérature. Mais, d'un autre côté, l'écrivain poursuit l'ambition des grands maîtres, dont les fictions se veulent au service du réel. Tolstoï, que Chalamov cite à titre de repoussoir, a transposé son expérience de soldat dans les *Récits de Sébastopol* (1855). Zola ne fait que romancer ses reportages.

En fait, l'objectivisme et la littérature-document ne proclament pas la « mort du roman », mais la métempsycose du réalisme ; et Perec, sévère avec le Nouveau Roman, sera l'un des romanciers les plus novateurs du second XXe siècle. On retrouve cette ambivalence dans une troisième forme de post-réalisme : le roman non fictionnel.

La littérature non fictionnelle

Le premier ouvrage de « non-fiction » est *Opération Massacre* (1957) du journaliste argentin Rodolfo Walsh, qui enquête sur la répression d'un putsch au cours de laquelle plusieurs civils ont été clandestinement exécutés. Dans les années 1960, des écrivains américains donnent au genre ses lettres de noblesse : le *nonfiction novel* magnifie une histoire vraie au moyen d'un savoir-faire romanesque (intrigue, descriptions, personnages, dialogues, points de vue, suspense). L'inventeur en est Truman Capote dans *De sang-froid* (1965), qui raconte un quadruple homicide dans le Kansas ; la trame de fond est réelle, mais plusieurs dialogues sont inventés. Dans *Le Chant du bourreau* (1979), Mailer retrace l'itinéraire criminel de Gary Gilmore, jusqu'à son exécution dans l'Utah. Comme il le précise dans la postface, son livre est fondé sur des entretiens, des documents, des comptes rendus d'audience « et autre matériel original ». Pour que le récit soit « aussi exact que possible », Mailer emprunte au raisonnement historique : corroborer les faits en recoupant les sources, choisir parmi des témoignages contradictoires, inscrire les événements dans une chronologie précise. Mais il reconnaît avoir pris quelques libertés en citant les journaux et les témoins. De manière générale, le *nonfiction novel* n'est vrai que « globalement ».

Cette forme est-elle le pendant de l'histoire, que Paul Veyne définit au début des années 1970 comme un « roman vrai » ? Associant (comme Platon et les puritains) la fiction au mensonge, l'écrivain britannique B. S. Johnson épargne la forme romanesque, considérée comme une sorte de récipient : « À l'intérieur de cette forme, on peut écrire le vrai ou le fictif. Je choisis d'écrire la vérité sous la forme du roman[1]. »

Le projet du nouveau journalisme est assez proche, qui embrasse, dans ses enquêtes-reportages, les grandes mythologies des *sixties* : les bandes de motards dans *Hell's Angels* de Hunter Thompson, les drogues dans *Acid Test* de Tom Wolfe, les Black Panthers et leurs riches soutiens dans *Radical Chic*. *Les Armées de la nuit* de Norman Mailer, dont le sous-titre annonce « l'histoire en tant que roman, le roman en tant qu'histoire », décrivent le déroulement et les à-côtés d'une marche sur le Pentagone, pendant la guerre du Vietnam. Cet « autoreportage » à la troisième personne, parfois enjolivé, parfois fidèle aux événements et à la mémoire de l'auteur, entend se transformer en « histoire » grâce à des articles de presse et des témoignages oculaires. Il s'agit en fait d'une contre-histoire, capable d'abattre la « forêt d'inexactitude » que les médias ont dressée autour de la manifestation, voire d'une sur-histoire, l'instinct du romancier suppléant à l'absence d'informations lorsque les événements sont trop violents ou confinés au monde psychique.

Dans l'introduction de *New Journalism* (1973), Tom Wolfe énumère les techniques qu'il a empruntées au roman : raconter l'histoire à travers des scènes ; recourir aux dialogues plutôt qu'aux citations en style indirect ; présenter les événements d'après un point de vue particulier ; enregistrer les détails qui caractérisent les personnages, leur mode de

---

1. B. S. Johnson, *Aren't You Rather Young to be Writing Your Memoirs ?*, Londres, Hutchinson, 1973, p. 14.

vie, leur statut social. Les méthodes de travail sont héritées à la fois du naturalisme et du reportage : se documenter abondamment, nouer des contacts dans les milieux concernés, saisir les atmosphères, mettre au jour les structures qui organisent la société. Fasciné par Zola qu'il dit idolâtrer, Tom Wolfe se voit comme un observateur-greffier, « convaincu que, si vous restez un mois dans n'importe quel coin des États-Unis, vous reviendrez avec une histoire excellente[1] ». Le nouveau journalisme peut d'autant mieux être qualifié de post-zolien qu'il a fini par se convertir au roman. *Le Bûcher des vanités*, qui décrit l'euphorie de l'argent facile dans le New York des années 1980, fait écho à *Vanity Fair* de Thackeray et à *L'Argent* de Zola ; *Bloody Miami* parle des immigrés dans une métropole de plus en plus criminalisée.

Le roman non fictionnel et le nouveau journalisme ont convergé dans un genre qui a pignon sur rue aux États-Unis : la *creative nonfiction* (par opposition à la « non-fiction » tout court, journalisme traditionnel ou humanités). Enseignée à l'université, relayée par des revues, elle connaît un certain succès depuis les années 1990. Une de ses théoriciennes la définit comme un « art du fait » pourvu de quatre traits distinctifs : un sujet tiré du monde réel, non de l'esprit de l'écrivain ; une recherche exhaustive appuyée sur des références vérifiables, non un chapelet d'impressions ; un récit nourri de détails, non un simple reportage ; une narration et une prose artistement travaillées (*fine writing*), non le langage banal de toutes les non-fictions[2]. Un autre, tenant compte du fait que la *creative nonfiction* implique des personnes vivantes, met au point une « check-list » déontologique : être fidèle à ses souvenirs, ne pas mentir, ne pas subodorer

---

1. Cité dans Florence Noiville, « Le siècle de Tom Wolfe », *Le Monde des livres*, 12 avril 2013.
2. Barbara Lounsberry, « The Realtors », in *The Art of the Fact : Contemporary Artists of Nonfiction*, Westport, Greenwood Press, 1990, p. XI *sq.*

ce que les autres pensent, ne pas blesser les gens, faire lire son texte aux intéressés avant publication[1].

« Littérature du réel », « roman vrai », « roman non fictionnel », « nouveau journalisme », *creative nonfiction* : nous nous trouvons en présence de labels dont il est malaisé de dire en quoi ils diffèrent. Pour ne pas tout mélanger, il faut repartir de zéro en posant trois questions simples. Y a-t-il un propre de la fiction ? Qu'est-ce que la non-fiction ? Pourquoi un texte est-il littéraire ?

De la fiction

Plusieurs chercheurs se sont demandé si un récit de fiction avait des propriétés intrinsèques ; autrement dit, s'il existait des indices de fictionnalité. À l'évidence, une fiction est signalée par des éléments extra-textuels : sous-titre, couverture, maison d'édition, collection, quatrième de couverture et tout ce qu'on appelle le paratexte. Pour ce qui est du texte lui-même, quatre arguments suggèrent qu'une fiction est reconnaissable « de l'intérieur[2] ».

– La fiction recourt massivement aux dialogues, aux scènes, aux descriptions, ainsi qu'aux déictiques spatio-temporels associés aux temps du passé.

– La fiction ne renvoie pas à une documentation vérifiable ni à des données référentielles. Au contraire, l'historien fait un grand usage de notes en bas de page.

– Le style indirect libre engendre des phrases « imprononçables » qui signalent immanquablement le récit de fiction : « Ah, ça oui ! il s'en souviendrait », « Mon Dieu,

---

1. Lee Gutkind, « The Creative Nonfiction Police ? », in *In Fact : The Best of Creative Nonfiction*, New York, Norton & Co, 2005.
2. Voir Ann Banfield, *Phrases sans parole...*, *op. cit.*, p. 377-379 ; et surtout Dorrit Cohn, *Le Propre de la fiction*, Paris, Seuil, 2001, chap. VII.

qu'allait-elle devenir ? » Puisque personne au monde ne peut savoir ce que quelqu'un pense, l'immixtion dans la conscience d'autrui est caractéristique de la fiction.

– Le roman abrite des voix narratives indépendantes de l'origine auctoriale. La disjonction entre l'auteur et le(s) narrateur(s) entraîne une grande liberté d'interprétation : bien que Flaubert affirme que « Madame Bovary, c'est moi », Madame Bovary ne « dit » pas ce que Flaubert « pense ».

Examinons successivement ces marqueurs de fictionnalité. Les deux premiers sont les plus fragiles. Comme le montre le *nonfiction novel*, un reporter ou un biographe peut très bien emprunter au roman ses procédés : dialogues, descriptions, éléments chronotopiques, prétérit. Un historien peut user du flash-back et de la prolepse, bouleverser l'ordre chronologique, ralentir ou accélérer le récit. Inversement, de nombreux romanciers s'appuient sur une documentation vérifiable : Walter Scott, Émile Zola, Robert Merle, mais aussi William Styron dans *Les Confessions de Nat Turner* et Marguerite Yourcenar dans les *Mémoires d'Hadrien*. Dans l'édition de poche des *Bienveillantes*, Jonathan Littell a corrigé des erreurs qu'on lui avait signalées.

Le troisième argument, celui du discours indirect libre, ignore le fait que les historiens n'hésitent pas à entrer dans l'esprit des protagonistes. Taine livre le monologue intérieur du « Jacobin » en se référant explicitement aux techniques de Flaubert. Braudel écrit à propos de Philippe II : « Ce n'est pas un homme à grandes idées. [...] Je ne crois pas que le mot de Méditerranée ait jamais flotté dans son esprit avec le contenu que nous lui accordons[1]. » Duby : « Le comte Maréchal n'en peut plus. La charge maintenant l'écrase. [...] Il sentait cela venir, et depuis quelque temps, sans

---

1. Fernand Braudel, *La Méditerranée et le monde méditerranéen à l'époque de Philippe II*, Paris, Armand Colin, 1979 (1949), vol. 2, p. 514.

rien dire, il se préparait à sa dernière aventure[1]. » Dira-t-on qu'il faut distinguer le style indirect libre des romanciers, « donné pour vrai », et le style indirect libre des historiens, « conjectural » ? En fait, cette dernière forme est une fiction de méthode.

Le dernier critère, qui porte sur les voix présentes dans le texte, est le plus intéressant. Si la fiction obéit à un « modèle disjonctif », le récit non fictionnel (biographie, histoire) pose l'équation « auteur = narrateur », soit le nom qui figure sur la couverture. Pourtant, on peut considérer qu'en histoire aussi il y a plusieurs voix narratives : alternance du récit et des commentaires savants en notes, jeu des preuves et des contre-preuves, comparution de l'historien devant des « examinateurs rigides » (comme dit Bayle), interprétations dans une controverse historiographique. L'historien peut donc donner voix à plusieurs narrateurs qui ne sont pas lui.

Il n'est donc pas certain que, d'un point de vue syntaxique, sémantique ou narratif, il y ait un « propre de la fiction ». Ces fortes réserves engagent en tout cas à la prudence, voire au pragmatisme. À propos de la fictionnalité, certains parlent d'ailleurs d'« indices », non de preuves.

Du factuel

Bien entendu, il faut poser la question symétrique : y a-t-il un propre de la non-fiction ? Tout le monde a tendance à répondre par l'affirmative, en identifiant la non-fiction au factuel, au réel, au référentiel. C'est ainsi que Gérard Genette, tout en adoptant une attitude gradualiste qui relie les différentes formes de fiction et de non-fiction, oppose « récit fictionnel » et « récit factuel » (ce dernier englobe

---

1. Georges Duby, *Guillaume le Maréchal...*, *op. cit.*, p. 7-8.

l'histoire, la biographie, le journal intime, l'article de presse, le rapport de police). La réflexion du philosophe du langage John Searle est structurée par la même opposition : dans la conversation normale, le locuteur répond de la vérité de ses énoncés, alors que, dans la fiction, le discours est ouvertement feint, sans intention de tromper. La fiction est une simulation d'assertions sérieuses. Son statut est donc « parasitaire » par rapport à la non-fiction[1].

La *creative nonfiction*, la théorie littéraire et la philosophie du langage ont ceci de commun qu'elles entérinent la catégorie de « récit factuel », dont le sens est référentiel, par opposition à la fiction, dont le sens ne l'est pas. Il n'est pas possible de sortir de ce cadre, sauf à sombrer dans le panfictionnalisme. Mais cette structuration a l'insigne défaut de confondre tous les discours « factuels », par opposition à la fiction. Or, parmi les textes qui se réfèrent « sérieusement » au réel, n'y a-t-il aucune différence entre un article de journal et un livre d'histoire, entre *Le Guide du routard* du Maroc et *La Méditerranée* de Braudel ? Ce n'est pas sur la base des faits qu'on pourra les distinguer : ils en contiennent tous.

On le voit, la notion de « récit factuel » conduit à ignorer la question – pourtant fondamentale – du statut épistémologique du texte et la manière dont il parvient, précisément, à établir les faits. Les sciences sociales sont factuelles dans la mesure où elles disent des choses vraies, mais elles ne parlent pas des « faits » comme on parle de la pluie et du beau temps. Rappelons-nous cette pseudo-définition de Hitler comme un « petit peintre paysagiste ». Il s'agit d'un fait réel et donc d'un micro-récit « factuel » ; pourtant, il est faux.

---

1. John Searle, « Le statut logique du discours de la fiction » (1975), in *Sens et expression. Études de théorie des actes de langage*, Paris, Minuit, 1982, p. 101-119 ; et John Austin, *Quand dire, c'est faire*, Paris, Seuil, « Points Essais », 1970, notamment p. 55 et p. 116.

Il est étonnant que les théoriciens de la littérature aient si peu cherché à distinguer les différents récits « factuels » qui forment, selon eux, le négatif de la fiction. Genette singularise, dans l'immensité de la non-fiction en prose, une « littérature de diction » (histoire, éloquence, essai, autobiographie) qui s'imposerait par ses caractéristiques formelles[1]. Mais la réflexion porte sur la manière dont les textes sont lus et appréciés, « littérarisés » pour ainsi dire, comme si la différence entre Michelet et le *Reader's Digest* se jouait d'abord sur un plan esthétique, et non sur la capacité à produire du savoir.

D'où cette conception factualiste, marquée au coin du scientisme : pour dire du vrai, il suffirait de descendre dans la rue et d'y ramasser des faits (ou, comme dit Tom Wolfe, de rester un mois « dans n'importe quel coin des États-Unis »). C'est aussi l'illusion d'un certain naturalisme, plutôt Goncourt que Zola : les romans touchent d'autant mieux le réel qu'ils sentent la misère, la crasse, l'alcool, le sexe. C'est enfin la théorie du reflet, quand la littérature dit être « un miroir qui se promène sur une grande route ».

Pour ne pas transformer la non-fiction en un grand bric-à-brac de « faits », il est nécessaire d'introduire le critère du problème, de l'enquête, de la démonstration, de la preuve, du savoir, qui composent le raisonnement historique. De nombreux récits « factuels » (par exemple les *nonfiction novels* et les autobiographies) reposent sur un pacte de lecture, une promesse de l'écrivain. Ainsi, *De sang-froid* se présente comme un « récit véridique » fondé sur des documents et des entretiens ; mais, outre le fait que Capote invente bon nombre de dialogues, Balzac lui aussi, dans *Le Père Goriot*, jure que « *all is true* ». Un livre de sciences sociales n'annonce jamais qu'il va dire la vérité, toute la vérité, rien que la vérité. S'il se dispense de telles promesses, c'est qu'il

---

1. Gérard Genette, *Fiction et diction, op. cit.*, p. 105-110.

s'astreint à un *devoir de justification immédiate* : citer ses sources, chercher une explication, critiquer une hypothèse, produire la preuve, argumenter. Le chercheur ne demande pas au lecteur la suspension volontaire de l'incrédulité, mais le refus systématique de la crédulité. C'est le « croire difficilement » que Volney évoque devant les jeunes normaliens à la fin du XVIIIe siècle.

La notion de référent est ici de faible poids. Tout comme la non-fiction, le roman a des correspondants référentiels : les tableaux de Gustave Moreau dans *À Rebours*, Koutouzov dans *Guerre et Paix*, St. Paul, Minnesota dans *Freedom*. La fiction et le factuel ne sont donc pas séparés par le « niveau référentiel d'analyse[1] ». La notion de preuve, en revanche, est discriminante. Une pièce d'archive et un témoignage n'ont pas la même fonction que le mot « Mississippi » sous la plume de Mark Twain, bien que tous existent dans la réalité. C'est le raisonnement qui, *à l'intérieur même de la non-fiction*, permet de distinguer le récit factuel, purement informatif, et le texte à visée cognitive.

Grâce aux questions, aux sources, aux preuves, les sciences sociales produisent des connaissances sur le réel au lieu de simplement l'évoquer. Elles donnent au lecteur la possibilité non seulement intellectuelle, mais physique de sortir du texte, pour aller vérifier ce qui y est affirmé. Elles acceptent d'enchâsser leur objet dans un ensemble plus vaste, qu'on appelle comparaison ou généralisation. Au lieu de souscrire à la croyance du fait unique, elles recherchent, dans d'autres temps et d'autres configurations, des ressemblances qui permettront de définir une succession, une série, une famille, un groupe. La vie de ma grand-mère n'a pas d'intérêt si l'on ne réussit pas à l'inscrire dans une histoire plus vaste qu'elle. La fiction et le factuel ont beau se référer au réel (ou à des morceaux de réel), ils ne comparent pas, ils ne

---

1. Dorrit Cohn, *Le Propre de la fiction*, op. cit., p. 173.

prouvent pas, ils refusent de rien démontrer : la vérité n'est pas leur problème.

Au couple fiction/factuel, on peut donc substituer une tripartition comprenant trois types de récits : la fiction, le factuel, l'enquête.

La fiction est un récit imaginaire dans lequel les personnages, les lieux ou les actions n'existent pas. Qu'elle soit fabuleuse, réaliste ou survraie, la fiction est implicite, jouée « comme si c'était vrai » ; en contrepartie et momentanément, le lecteur accepte d'y adhérer. Le plaisir de la fiction – ce bonheur de s'immerger en elle – suppose que, même dans un rapport de transitivité avec le réel, elle soit close sur elle-même, autosuffisante.

Le factuel est un récit informatif : annale, chronique, généalogie, exposé biographique, nécrologie, compte rendu, manuel, dépêche, bulletin météo, blog, journal de bord, guide de voyage, article de dictionnaire, notice de musée, jusqu'à la *creative nonfiction* dans son équation la plus commune, « faits réels + *storytelling* ». L'approche est phénoménologique ; le fait est possédé et transmis, comme une pièce de monnaie qui passe de main en main. Bien sûr, aucun récit n'est purement descriptif : la factographie la plus neutre est toujours explicative *a minima*, même un indicateur de chemins de fer. Mais le récit factuel ne poursuit pas le vrai parce qu'il ne pose aucune question.

L'enquête est un récit animé par un raisonnement, une activité cognitive. Le « fait » n'est pas ce que l'on expose, mais ce que l'on cherche, par la formulation d'un problème, le croisement de sources, la mise à l'épreuve d'hypothèses, l'administration de preuves, l'invention de fictions de méthode, la volonté de comprendre. Cette classe de textes englobe les sciences sociales et toute la zone d'extraterritorialité : inventaires de soi, radiographies sociales, livres du monde, plongées dans le gouffre humain, réparations du passé.

Il y a donc plusieurs types de description : le réalisme fictionnel, domaine de la *mimesis* ; le compte rendu factuel, rapport de surface ; l'enquête explicative, « dense » au sens de Geertz. Qu'on s'entende bien sur le sens de cette tripartition. Elle ne signifie nullement que les sciences sociales seraient supérieures au roman ou au journalisme. Au contraire, elle souligne le fait que, pour ce qui est de comprendre le réel (présent ou passé, individuel ou collectif), le texte le plus éclairant est celui qui contient le plus de raisonnement. C'est pour cela qu'il vaut mieux lire un bon roman qu'un mauvais livre d'histoire, une relation de voyage captivante qu'une fade sociologie. Toute « littéraire » qu'elle soit, l'autobiographie de Jack London, *La Route*, est une anthropologie du monde des hobos.

Les sciences sociales peuvent d'autant moins être rangées dans les récits « factuels » qu'elles intègrent, dans leur raisonnement, des fictions de méthode : à ce titre, elles n'appartiennent pas à la non-fiction. En reprenant le vocabulaire de Searle, on pourrait définir la fiction de méthode comme une feintise néanmoins sérieuse, explicite et avouée, qui engage le locuteur par rapport à la vérité. Elle éloigne des faits pour mieux y ramener, contrairement au récit « factuel » qui croit devoir coller à la réalité en gage de fidélité. Elle sollicite l'imagination cognitive du chercheur, alors que la *creative nonfiction* prétend respecter les faits. Le paradigme de l'enquête permet d'échapper à la fois au nihilo-dandysme postmoderne, aux illusions de la *mimesis* et au culte de l'informatif, pellicule des apparences.

L'enquête s'oppose à la fois au fictionnel et au factuel parce que ceux-ci délivrent du plein. L'histoire, elle, sertit le vide. Elle écoute un silence, elle rumine une disparition, elle cherche ce qui fait défaut, traque ce blanc qui entaille nos vies comme le « canyon du non-Colorado[1] ». La fosse

---

1. Georges Perec, *La Disparition*, Paris, Gallimard, « L'Imaginaire », 1969, p. 128.

autour de laquelle le chercheur tourne, il serait vain de la combler avec de grandes pelletées de terre, par la fiction. On peut en revanche la fleurir ; on peut prendre soin d'une absence. Comme le pigment découpe sur la paroi de la grotte la silhouette d'une main à jamais disparue, comme les ruines signalent un espace domestique aujourd'hui mangé par la broussaille, les sources construisent autour du vide une margelle de certitude.

L'histoire est une enquête sur les traces des engloutis, des oubliés : mes grands-parents ; un sabotier analphabète du XIXe siècle dans *Le Monde retrouvé de Louis-François Pinagot* d'Alain Corbin ; une ouvrière du Dauphiné, meneuse de grève à la Belle Époque, dans *Mélancolie ouvrière* de Michelle Perrot. Cette « mélancolie », c'est celle du chercheur, à qui il n'est donné que de rencontrer des silhouettes, que de serrer des ombres. « Une histoire des femmes est-elle possible ? » demandait justement l'historienne dans un colloque en 1984. Dans *Léonard et Machiavel*, Patrick Boucheron s'interroge sur la mystérieuse contemporanéité de Léonard de Vinci et de Nicolas Machiavel. Tous deux se trouvent à Urbino en juin 1502, tous deux sont liés à la cour de César Borgia, tous deux s'intéressent au contournement de l'Arno en juillet 1503, et Machiavel figure comme témoin dans le contrat de *La Bataille d'Anghiari*, fresque peinte par Léonard de Vinci entre 1504 et 1506. Les deux hommes se sont rencontrés, mais où, mais quand ? Que se sont-ils dit ? « Nous n'en saurons rien » : les sources sont muettes. Cependant, Boucheron s'interdit de plonger dans le « grand bain rafraîchissant de la fiction ». Il n'invente pas ; il s'approche, il cerne délicatement, il entoure, il respecte.

L'enquête permet de circonscrire nos lacunes avec des hypothèses étayées. Elle précise l'énigme. Elle est d'autant plus scientifique qu'elle est ouverte à son propre manque, à l'incertitude, au doute, à notre ignorance, à tout ce que nient les récits saturés du mode objectif. C'est avec gravité que l'historien parvient à établir quelques faits ; il ne connaît ni l'assurance de la fiction, ni l'optimisme du factuel. Dans l'historiographie du vide, l'écriture est le pourtour d'une béance.

Du littéraire

La confusion que la théorie littéraire entretient autour du « récit factuel », où sont relégués pêle-mêle l'essai et le journal, le récit de vie et l'histoire-problème, le guide de voyage et l'ethnologie, s'explique par des raisons esthétiques : la dichotomie entre fiction et factuel correspondrait à la ligne de partage entre littérature et non-littérature. Au mieux, la « diction » en prose comprend quelques grandes œuvres, distinguées par leurs qualités formelles et le suffrage des lecteurs. Au pire, le factuel relève de l'« universel reportage » dont parle Mallarmé. Il est le dépotoir où l'on jette la non-fiction non-littérature.

Ce que l'on nomme par défaut la « littérature du réel » constitue un genre souvent méprisé. Trop imprégnée de quotidien, elle paraît relever de la conversation, de l'utilitaire, du futile. Alors que la fiction, dit Gérard Genette, est « constitutivement littéraire », le factuel ne l'est que conditionnellement, car rien ne garantit qu'il ait une intention esthétique. D'où ce néo-aristotélisme de la critique : la littérature serait création, capacité d'invention, imagination sans bornes, alors que l'histoire « factuelle » ne serait que compte rendu, expérience au ras du sol, constat de ce qui a eu lieu.

Pourtant, il existe plusieurs définitions probantes de la littérature non fictionnelle. En russe, le genre de l'*otcherk* comprend l'essai, le témoignage, le journal intime, les mémoires, le carnet de voyage, la peinture sociale, le reportage et autres écrits en prose « sans intrigue ». En japonais, le terme *nikki* (littéralement « note au jour le jour ») renvoie à des journaux officiels, procès-verbaux, autobiographies, journaux intimes, dont l'usage est attesté à partir du xe siècle. Peut-on théoriser cette littérature ? Faut-il parler de « narrations documentaires », d'« enregistrements littéraires[1] » ? De manière générale, il est possible de repérer, à côté de la fiction, une « poétique des genres effectifs » dont le propre est d'appartenir au régime ordinaire du langage. Mémoires, essais, autobiographies, commentaires, journaux, discours occupent une fonction précise à l'intérieur de cadres institutionnels et sociaux, tout en entretenant un « rapport de désignation, de consignation ou d'explication direct » avec le monde[2].

L'idée qu'il existe positivement une littérature du réel permet de contrecarrer la vulgate selon laquelle le critère essentiel de la littérarité serait le fictionnel, voire le romanesque, les autres productions étant condamnées à mendier un peu de reconnaissance. Il ne faudrait pas pour autant tomber dans l'extrême inverse et croire, avec Searle, que la fiction est un épiphénomène, un « parasite » du discours sérieux. En revanche, il importe de rappeler que la dichotomie fictif/factuel, qui dérive doucement vers la hiérarchie littéraire/non littéraire, déprécie des pans entiers de la littérature et décourage d'innombrables expériences. D'ailleurs, au lieu de parler de fiction et de non-fiction, on pourrait s'amuser à intervertir la distribution du privatif, pour opposer la lit-

---

1. Lionel Ruffel, « Un réalisme contemporain : les narrations documentaires », *Littérature*, n° 166, 2012, p. 13-25 ; et Marie-Jeanne Zenetti, « Factographies. Pratiques et réception des formes de l'enregistrement littéraire à l'époque contemporaine », thèse de littérature comparée, université Paris VIII, 2011.

2. Jean-Louis Jeannelle, *Écrire ses mémoires au XXe siècle. Déclin et renouveau*, Paris, Gallimard, 2008, p. 321-324.

térature « non référentielle » (ou « irréelle ») et la littérature « référentielle ».

À quel titre les écrits du réel peuvent-ils être qualifiés de littéraires ? On en vient à s'interroger sur la notion de « littérature », ce terme auréolé de toutes les gloires dont le sens moderne s'est fixé à la fin du XVIIIe siècle. Définir la littérature ? L'idée a quelque chose de gênant, voire de ridicule. Il est pourtant nécessaire de s'y confronter, dès lors que certaines productions (parmi lesquelles les sciences sociales) sont exclues de la littérature. La seule définition acceptable, c'est qu'elle est plusieurs choses à la fois.

La littérature, c'est la forme. Est littéraire le texte qui manifeste une qualité esthétique, une intention de beauté, sans se limiter à la simple communication. Dès l'époque de Furetière, un écrivain est quelqu'un qui « écrit », mais le terme désigne plus particulièrement un « maître en l'art d'écrire ». La construction narrative, l'invention lexicale, le travail de la langue font naître une émotion et nourrissent, comme dit Barthes, un « plaisir du texte ». Genette poursuit cette analyse en écrivant que la littérature, « art du langage », provoque une « satisfaction esthétique[1] ».

La littérature, c'est l'imagination. Il y a, depuis Aristote, un lien organique entre poétique et *muthoï*, entre création littéraire et aptitude à inventer des histoires. Le poète n'est pas celui qui écrit en vers, mais celui qui invente des fictions (l'idée sera reprise par Furetière dans l'article « Poète »). Tout écrivain est un aède, une Shéhérazade, un Tristram Shandy, un Jacques le fataliste, un Tévié le laitier, c'est-à-dire un dévideur d'histoires, un parleur, un bateleur, une machine à récits, le cavalier qui saute d'un appartement à l'autre dans *La Vie mode d'emploi*.

La littérature, c'est la polysémie. Pas plus que les sciences sociales ne se réduisent à un « résultat », une œuvre ne

---

1. Gérard Genette, *Fiction et diction, op. cit.*, p. 91 et p. 105.

délivre un « message ». Elle autorise plusieurs interprétations, elle nourrit mille lectures ; son propre est de ne jamais se laisser attraper. L'œuvre de Genet n'admet pas une caractérisation univoque, détresse de l'enfant abandonné, plénitude du petit campagnard dans le règne animal et végétal, esprit de révolte du délinquant homosexuel, errance du vagabond, fascination du déclassé pour le crime et le nazisme. Elle est tout cela à la fois, et bien d'autres choses encore.

La littérature, c'est la singularité. Un texte littéraire est l'irruption d'un moi qui, par sa vision propre, bouleverse l'ordre des choses. Il fait entendre une voix à nulle autre pareille, un verbe sans norme, étranger au monde, inouï. On reconnaît à la seconde une page de Proust, une atmosphère de Kafka, un poème de Baudelaire. Cette conception, qui emprunte aux formalistes russes, prend en compte le dynamisme des œuvres, c'est-à-dire leur force d'impact ; mais elle intègre aussi l'événement de la parole, cette voix universellement singulière qui appartient à chacun en tant qu'il est, comme dit Rancière, un « animal littéraire ».

La littérature, c'est la littérature. Cette tautologie constitue une définition très profonde : elle rappelle que la « Littérature », peuplée de grands écrivains et de chefs-d'œuvre, n'existe pas plus que l'« Histoire », avec ses héros et ses événements dignes de mémoire. La littérature, au contraire, est un ensemble de textes canoniques, canonisés, rassemblés par une tradition, reconnus par une culture, rendus familiers par un enseignement. Est littéraire un texte qu'un auteur, une maison d'édition, une nation, une époque, un lectorat considèrent comme tel. Il importe donc moins de définir la littérature que de discerner les phénomènes d'institutionnalisation et de consécration grâce auxquels des textes, progressivement arrachés à leur époque, à leur champ de production et à leur auteur même, deviennent des classiques, habitués d'un salon olympien où Shakespeare bavarde avec Hugo. Il n'y a pas de littérature sans littérarisation, sans instances de jugement et de légitimation, sans autorités, donc sans conflits au terme desquels un texte est considéré comme littéraire – ou pas[1].

Littérature et recherche du vrai

Ces pistes étant moins des bifurcations que des perspectives, on peut les embrasser toutes ensemble : est littéraire *un texte considéré comme tel et qui, au moyen d'une forme, produit une émotion.* Cette définition, quelque critiquable qu'elle soit, a deux mérites : sa simplicité, qui permet de l'appliquer facilement, et sa plasticité, qui la rend compatible avec les sciences sociales.

La croyance que la littérature et les sciences sociales sont étrangères l'une à l'autre repose sur plusieurs malentendus. Même si l'on accepte l'idée que le langage a deux fonctions, une fonction utilitaire et une fonction esthétique, pourquoi les sciences sociales ressortiraient-elles nécessairement à la première ? C'est ne considérer, en guise d'histoire ou de sociologie, que les écrits académiques qui pratiquent une non-écriture dans un non-texte. La formule selon laquelle, en littérature, la « forme » importe davantage que le « fond » convient parfaitement à l'histoire, qui a le droit de parler de tout, du moment qu'elle obéit à une méthode. Jamais le raisonnement historique n'a empêché d'écrire, de construire une narration, de mener un travail sur la langue, ni même d'avoir une intention esthétique.

---

1. Voir Christophe Charle, « Situation du champ littéraire », *Littérature*, n° 44, décembre 1981, p. 8-20 ; et Antoine Compagnon, *Le Démon de la théorie. Littérature et sens commun*, Paris, Seuil, « Points », 2001, p. 48 *sq.*

Un aristotélisme schématique conduit à ressasser l'idée que l'écrivain invente et crée, au contraire de l'historien réduit à dire « ce qui est arrivé ». Mais Aristote lui-même définit la *poïesis* comme un travail personnel de composition, l'effort par lequel un créateur effectue l'« assemblage des actions accomplies ». C'est naturellement le passage que retient Ricœur : la mise en intrigue est commune au roman et à l'histoire. Un historien, un sociologue, un anthropologue construisent des histoires. Le plus souvent, ils agencent celles qu'on leur a racontées, à travers une pièce d'archive, un entretien, un mythe. La jubilation qu'éprouve le romancier a son pendant : c'est le « goût de l'archive », la fascination-émotion que l'historien éprouve et cherche à transmettre[1].

Mais il y a davantage. L'historien « invente » les faits dans la mesure où il les cherche, les établit, les sélectionne, les ordonne, les hiérarchise, les relie en chaînes explicatives. Naïf est ce scientisme qui croit que, pour un historien, un journaliste ou un mémorialiste, la matière est donnée à l'avance et qu'il suffit d'aller la recueillir dans le réel. On l'a dit, ce sont les fictions de méthode qui permettent de passer du factuel à la connaissance. Inversement, la fiction n'est la garante d'aucune littérarité (la collection « Harlequin » est là pour le rappeler). Il faut donc prononcer la déliaison radicale entre littérature et fictionnalité. Que le roman constitue aujourd'hui le genre dominant est une situation de fait qui ne doit avoir aucune conséquence, ni théorique ni normative.

Enfin, l'histoire fait retentir à double titre l'événement de la parole, parce qu'elle fait entendre la voix des sans-voix et parce qu'elle est mue par la colère de la vérité, capable de transformer une obsession intime en question

---

1. Arlette Farge, *Le Goût de l'archive*, Paris, Seuil, « La Librairie du XXe siècle », 1989.

socialement utile. La littérarité de l'histoire provient aussi de l'idiosyncrasie de l'historien, de sa vision du monde, de la cohérence de son univers. Il est donc possible d'établir un pont entre les sciences sociales et la littérature sans régresser ni vers le système des belles-lettres ni vers le scepticisme postmoderne.

L'histoire est *une possibilité d'expérimentation littéraire*. Il ne s'agit pas seulement d'« intrigue » comme chez White, d'« écriture » comme chez Certeau, de « récit » comme chez Ricœur, expressions qui englobent finalement toutes les formes d'histoire, même les plus plates. Il s'agit surtout de produire un texte qui soit intégralement littérature et intégralement sciences sociales, qui apporte des preuves dans et par un récit ; une histoire qui est littérature parce qu'elle démontre, non parce qu'elle met de la « chair », insuffle la « vie », crée des « ambiances » ; une recherche où s'approfondit un problème, non des résultats jetés dans une non-écriture comme des poissons sur un étal ; en un mot, une littérature qui obéit aux règles de la méthode. Ni la fiction dans un texte, ni le fait dans un non-texte, mais l'activation de fictions au sein d'un raisonnement qu'un texte matérialise et déploie.

Écrire les sciences sociales ne consiste donc pas à littéraiser l'histoire. L'histoire ne va pas « vers la littérature » en adoptant un style élégant. L'histoire est immédiatement littérature quand elle est recherche, cheminement, enquête, dévoilement. L'histoire est littérature quand elle n'est rien d'autre qu'elle-même ; elle cesse d'être littérature quand elle se laisse envahir par des effets de manche, effets de réel, effets de présence, effets d'Histoire, effets de vécu.

Le fait que les sciences sociales puissent être littéraires sans se renier conduit à porter une attention nouvelle à cette littérature qu'on dit « du réel ». Au lieu de la concevoir sous la forme d'un récit factuel, factographie ou *mimesis* référentielle, on peut la définir comme un texte dans et par lequel on cherche à dire du vrai. Elle est une incarnation du raisonnement historique, et c'est précisément ce qui unit de nombreux « genres effectifs », depuis l'autobiographie jusqu'au grand reportage en passant par le document-témoignage. Cette littérature est une *historia*, une enquête sur les hommes, c'est-à-dire sur soi et sur les autres, morts ou vivants, afin de comprendre ce qu'ils font – littérature-vérité, pourrait-on dire, ou *creative history*, dans laquelle une recherche a besoin de liberté, d'inventivité et d'originalité pour exister. Les écrits du réel peuvent donc se définir comme une littérature traversée par un raisonnement, au sens que j'ai donné à ce terme.

La prégnance des sciences sociales, leur regard, leur plasticité ont des répercussions sur la littérature tout court. Dès lors que le raisonnement historique vit et vibre dans d'innombrables textes « littéraires », on doit ajouter, aux critères de la forme, de l'imagination, de la polysémie, de la singularité et de l'institutionnalisation, celui de la démarche : la littérature, ce peut être aussi le récit d'une quête, l'angoisse d'un problème, la qualification d'une souffrance, la volonté de comprendre ce que les hommes font en vérité. Le texte littéraire est un voyage au centre de l'absence, l'énergie grâce à laquelle quelqu'un cherche des réponses à ses questions, se démène pour dire du vrai au sujet du monde, livre un combat contre l'indifférence et l'oubli, les croyances et le mensonge, mais aussi contre lui-même, le flou, l'incuriosité, le « ça va de soi ». Cette rage est l'ADN d'une grande famille d'écrivains, de journalistes, d'explorateurs, de poètes, d'historiens, d'anthropologues, de survivants, de vagabonds, de sociologues et d'enquêteurs.

On voit combien est illusoire la supériorité que la poésie croit détenir sur l'« universel reportage ». Le langage est rédimé lorsqu'il porte une recherche : l'enquête elle-même oblige à écrire, c'est-à-dire à travailler la langue, élaborer une narration, construire un texte, détraquer les habitudes. L'écriture des sciences sociales fulgure dans le texte quand celui-ci se livre au raisonnement historique. Elle illumine une littérature définie non par son ambition réaliste, mais par son désir de vérité. C'est la deuxième révolution littéraire du XXe siècle, après celle du roman moderne. Voilà ce que les crimes ont fait à la littérature – et aux sciences sociales. On ajoutera donc aux précédentes définitions : *la littérature, c'est la recherche*.

10

L'histoire, une littérature sous contrainte ?

> J'aime la règle
> qui corrige l'émotion.
>
> BRAQUE

Si, comme on le dit souvent, le romancier a tout pouvoir en sa création, l'historien se soumet non seulement à la réalité, mais à des règles. De cet état de fait résultent deux questions. L'existence de contraintes empêche-t-elle l'historien d'écrire ? À quel degré d'originalité peut-il porter sa recherche, son questionnement, ses sources, son vocabulaire, son ton, sa narration ? Cela revient à s'interroger sur l'*ars historica*, qui concilie une épistémologie et une esthétique.

Les règles libératrices

La revendication de liberté absolue anime le discours de l'écrivain depuis le XIXe siècle. Dans l'avant-propos de *La Comédie humaine*, Balzac se dit « plus libre » que l'historien. Cent trente ans plus tard, Robbe-Grillet écrit que « ce qui fait la force du romancier, c'est justement qu'il invente, qu'il invente en toute liberté, sans modèle[1] ». Ce bonheur de n'être plus astreint à rien s'accorde avec le

---

1. Alain Robbe-Grillet, *Pour un nouveau roman*, Paris, Minuit, 1963, p. 30.

mythe romantico-libertaire du poète sans autre maître que son génie, affranchi de toutes les convenances et de tous les déterminismes ; d'où cette vision de la littérature comme une aspiration solitaire, une poussée qui fait éclater les cadres, les normes, les conventions. C'est le *texte-nihilo*.

Au contraire, d'Aristote à Boileau, la tradition de l'« art poétique » s'efforce de codifier les techniques (de *technè*, « art ») à la disposition du poète. Il apparaît que tout écrivain se coule dans une matrice qui préexiste à son intention créatrice : le vocabulaire, la syntaxe, la métrique, la rime, les trois unités dans le théâtre classique, les subdivisions du portrait mondain au XVIIe siècle (corps, esprit, âme), la vraisemblance dans le roman réaliste. C'est le thème, cher au classicisme français et à Nietzsche, de la « danse avec ses chaînes ». Naturellement, ces règles peuvent être allégées, contournées, subverties.

Certains écrivains choisissent de se donner des contraintes plus ou moins arbitraires. Balzac, Zola et Faulkner font revenir leurs personnages d'un roman à l'autre. Plusieurs lecteurs de Raymond Roussel ont été fascinés par la géniale fantaisie, le débridement fictionnel et verbal que provoquent les règles qu'il se fixe (il s'en explique dans *Comment j'ai écrit certains de mes livres*). Pour Michel Leiris, le fait de s'assujettir volontairement à une « règle compliquée et difficile » entraîne une « levée de la censure » à laquelle on ne parvient pas avec l'écriture automatique[1]. Ce jeu, beaucoup plus profond qu'il n'y paraît, sera pratiqué par tout le groupe de l'Oulipo. En s'attaquant au mythe de l'inspiration, Raymond Queneau renverse la position traditionnelle : l'impulsion qu'on croit recevoir de la muse, de l'inconscient ou du hasard est une fausse liberté. En effet, « le classique qui écrit sa tragédie en observant un certain nombre de règles qu'il connaît est plus libre que le poète qui écrit ce

---

1. Michel Leiris, *Roussel l'ingénu*, Paris, Fata Morgana, 1987, p. 39.

qui lui passe par la tête et qui est l'esclave d'autres règles qu'il ignore[1] ».

Perec est l'un des grands bénéficiaires de cette liberté. Les procédés qu'il élabore, le rigoureux cahier des charges qu'il s'impose, les systèmes de contraintes dans lesquels il se glisse, depuis le lipogramme en E dans *La Disparition* jusqu'à la polygraphie du cavalier dans *La Vie mode d'emploi*, stimulent l'imagination narrative et verbale à la manière de « pompes à fiction » : on se donne des règles pour être « totalement libre[2] ». Cet éloge néo-classique de la contrainte, dans lequel se reconnaît aussi Italo Calvino, permet de reconsidérer la pseudo-opposition entre la liberté (démiurgique, rebelle) et la règle (stérilisante, bourgeoise). La vraie alternative distingue une solitude qui se croit sans maître et une autonomie consciente de ses lois, c'est-à-dire une liberté d'ignorance et une liberté d'intention. Qu'il le veuille ou non, tout écrivain se donne des règles. David Lodge le reconnaît avec honnêteté : « La règle d'or de la prose fictionnelle est qu'il n'y a pas de règles – excepté celles que chaque écrivain se fixe pour lui-même[3]. » La mise au jour de ces contraintes participe d'un art de la liberté.

Le fait que les règles n'entravent pas la création, mais au contraire l'aiguillonnent, prouve que sa méthode n'empêchera jamais un historien d'être aussi un écrivain. La notion de lois, en histoire, remonte à l'Antiquité. On a déjà évoqué les quatre règles de Cicéron. Dans *Comment écrire l'histoire*, Lucien de Samosate exige le respect de la vérité, l'impartialité, la bienveillance pour chacun, la hiérarchisation des

---

1. Raymond Queneau, « Qu'est-ce que l'art ? » (1938), in *Le Voyage en Grèce*, Paris, Gallimard, 1973, p. 94.
2. Georges Perec, *Entretiens et conférences*, vol. 1, Nantes, Joseph K., 2003, p. 208, ainsi que p. 228 et p. 243-246.
3. David Lodge, *The Art of Fiction : Illustrated From Classic and Modern Texts*, Londres, Penguin Books, 1992, p. 94.

faits selon leur importance. À la fin du XVIIe siècle, les « règles de l'histoire » que se prescrit Mabillon, en écho à la règle de saint Benoît qui est la sienne, rappellent que l'histoire exige une certaine ascèse, une forme d'humilité et d'obéissance. Bien entendu, les « lois » de l'écrivain ne sont pas équivalentes à celles de l'historien, ne serait-ce que parce que les unes visent à déchaîner la fictionnalité, alors que les autres ramènent toujours vers le réel. Il y a, d'un côté, une technique pour exciter l'imaginaire, une jubilation d'inventer, la genèse d'une œuvre-monde et, de l'autre, les sources, les instruments du raisonnement historique, une exigence déontologique, une visée de vérité.

On peut néanmoins dresser un parallèle entre ces différentes règles. Toutes sont librement consenties, choisies dans le cadre d'une activité intellectuelle. Ces contraintes, à l'intérieur desquelles et grâce auxquelles le travail créateur se déploie, sont sources de liberté par rapport au monde, soit qu'on veuille s'en échapper par la fiction, soit qu'on cherche à le comprendre par un raisonnement. Elles existent pour être respectées, mais parfois aussi transgressées. Le clinamen, chez Lucrèce, Jarry et Perec, est la « petite erreur » qui met en branle tout le système, l'écart qui dérange la norme. Dans *La Vie mode d'emploi*, bien que l'immeuble figure un carré de 10 par 10, il n'y a que 99 chapitres, la cave en bas à gauche n'étant pas décrite. La « raison » en est qu'une petite fille a croqué le coin de son petit-beurre – pirouette qui montre qu'un écrivain n'est jamais prisonnier de son système de contraintes.

De la même manière, il arrive que l'histoire transforme ses propres règles : c'est la révolution historiographique. Braudel étudie « la Méditerranée à l'époque de Philippe II » au lieu de la politique méditerranéenne de Philippe II. Alain Corbin élève à la dignité historique les odeurs, les sonorités, le rivage, le linge, l'orgasme, l'ombre des arbres, le temps qu'il fait. Les fictions de méthode ont quelque chose du clinamen, décalage insolite, fantaisie épistémologique qui enclenche le raisonnement : *estrangement*, désordres, uchronies, anachronismes, etc. À chaque historien de choisir ses limites.

Richesse de styles

Le style pourrait être la deuxième contrainte qui vient entraver la créativité du chercheur. À première vue, l'impartialité semble lui imposer une totale neutralité de ton, une espèce d'incolorité ; mais cette injonction est un legs de l'époque scientiste qui, du reste, ne la respectait pas (il n'est qu'à lire l'histoire-panégyrique de Lavisse).

L'Antiquité connaît une grande variété de styles. Quintilien distingue le charme « doux et limpide » d'Hérodote, la densité nerveuse de Thucydide, la *brevitas* un peu abrupte de Salluste, la *suavitas* ou « abondance crémeuse » de Tite-Live. Dès l'époque de Cicéron, les écoles s'affrontent à travers de grandes controverses. L'atticisme, qui caractérise un Lysias, un Xénophon ou un Thucydide, consiste en un style pur et net, simple jusqu'au dépouillement. L'asianisme, importé d'Asie Mineure, use de tournures recherchées, fleuries ou brillantes, pour enflammer l'auditoire. C'est cette influence que les néo-Attiques croient déceler chez Cicéron, lui reprochant ses tournures, ses redondances, ses rythmes, ses effets dramatiques. Dans *L'Orateur*, ce dernier réplique que l'éclat et l'abondance appartiennent aussi aux Attiques, de Lysias à Démosthène. Proche de l'école de Rhodes, Cicéron se situerait plutôt à mi-chemin entre la gravité attique et le pathétique asianiste.

Des générations d'historiens, d'orateurs, de philosophes se sont demandé quel était le style qui convenait le mieux à l'histoire. L'histoire-tragédie, l'histoire-éloquence et l'histoire-panégyrique ont apporté une réponse, chacune à sa manière. Il semble pourtant que, à partir de Thucydide, l'histoire en tant qu'activité rationnelle se soit plus volontiers reconnue dans le style attique. Pour Lucien, qui écrit six siècles après la guerre du Péloponnèse, l'historien ne doit être ni obscur ni confus. Son ordre se manifeste par la clarté. Son récit est un « miroir limpide, clair et précis », où chaque événement est à sa place, où chaque chose est désignée par son nom. Il appelle « figue une figue » et « vase un vase[1] ».

Au XVIᵉ siècle, la naissance de l'histoire-science s'accompagne de la redécouverte du « style nu » : la vérité a besoin de dépouillement et de gravité, pas de beaux discours. Dans *L'Idée de l'histoire accomplie* (1599), La Popelinière fait, trois décennies après Bodin, l'éloge du style simple, de l'expression claire et de la densité de propos, qualités qu'il admire chez Thucydide, Xénophon, Caton et Salluste. Avec cette éthique de la pureté et de l'austérité, modernisée sous les auspices du calvinisme, l'historien est comparable à la meilleure monnaie : « En moins de matière, plus de valeur[2]. » Un siècle plus tard, Bayle appuie la convergence entre scientificité et sobriété de style : dédaignant le style pompeux et figuré, il loue, contre Théopompe, « cette simplicité grave qui convient au caractère historique ». Lors de la querelle qui l'oppose à Adorno en 1969, Popper rappelle que le scientifique (et même l'intellectuel) doit parler un langage « simple et clair », non un galimatias intimidant, l'« opacité brillante » étant le refuge de la trivialité, sinon de l'erreur[3]. C'est le reproche que Searle fera à Derrida dans les années 1970.

En tant qu'il fait des sciences sociales ouvertes à la discussion critique, un historien n'a pas le droit de parler un

---

1. Lucien de Samosate, *Comment écrire l'histoire, op. cit.*, § 41 et 51.
2. Henri Lancelot-Voisin de La Popelinière, *L'Idée de l'histoire accomplie..., op. cit.*, vol. 2, p. 107-108. Voir Claude-Gilbert Dubois, *La Conception de l'histoire..., op. cit.*, p. 124 *sq*.
3. Karl Popper, « Raison ou révolution ? », in Theodor Adorno, Karl Popper *et al.*, *De Vienne à Francfort. La querelle allemande des sciences sociales*, Bruxelles, Complexe, 1979 (1969), p. 237-247.

langage obscur, verbeux, flou, à double entente, comme dans la mantique de la Grèce archaïque. De peur d'être entraînée vers l'ambigu ou le « brillant », l'histoire universitaire du XIXe siècle s'est faite le chantre du non-style. Cette cure s'est révélée aussi destructrice que vaine. Car, avec ses effets de réel et de présence « comme si vous y étiez », le mode objectif promeut une narration beaucoup plus théâtralisée, voire pathétique, que celle de Thucydide. En outre, dès qu'il sort des publications savantes, l'académisme s'accommode aisément du style agréable, plein de rondeurs et d'élégances.

Mais même l'*historia nuda* est intrinsèquement littéraire, comme sont littéraires la simplicité, la précision, la limpidité. « Un style clair et concis, une ponctuation ordinaire ne semblent pas être des obstacles majeurs à la littérature », écrit Joseph Conrad à propos des *Maximes* de La Rochefoucauld[1]. La clarté et la sobriété sont indissociablement des choix d'écriture et des partis pris épistémologiques : rigueur, distanciation, refus du spectaculaire, soupçon vis-à-vis de l'emphase et de l'apitoiement. C'est très exactement le choix que font les écrivains-déportés de retour des camps.

Primo Levi est sans doute le plus attique d'entre eux. Son modèle n'est pas le poète maudit, mais le chimiste qui rédige son compte rendu hebdomadaire. La composition de *Si c'est un homme* obéit à plusieurs principes : « Une extrême clarté et, deuxième règle, le moins d'encombrement possible : être compact, condensé. [...] J'ai pour modèle d'écriture le "rapport" qu'on établit à la fin de la semaine à l'usine. Clair, essentiel, compréhensible pour tous[2]. » C'est indirectement, à propos d'une étoile, que Levi aborde la question cruciale de la description. Parce que les superlatifs de l'horreur font violence

---

1. Joseph Conrad, « En dehors de la littérature », in *Le Naufrage du Titanic et autres écrits sur la mer*, Paris, Arléa, 2009 (1924), p. 65.
2. Primo Levi, « L'écrivain non-écrivain » (1976), in *L'Asymérie et la Vie*, Paris, Robert Laffont, 2004, p. 181-187.

à l'intelligence du lecteur, il faut avoir « le courage d'éliminer tous les adjectifs qui tendent à susciter l'étonnement[1] ».

Toujours en quête du mot juste, créateur d'une langue idoine, Primo Levi raconte avec la plus grande économie de moyens. Son sens de la concision, ses formules où ne subsiste que le muscle, sa capacité à aller à l'essentiel, son art du raccourci et des fins abruptes constituent les éléments d'une *brevitas* saisissante. Dans *La Trêve*, après avoir évoqué ses compagnons de chambrée, personnages hauts en couleur, comiques et fous, il fait le portrait d'un « maçon sicilien minuscule », réservé, très propre, obsédé par les punaises, ridicule avec la tapette qu'il s'est fabriquée pour les tuer. Tous se moquent de lui, mais en fait tous l'envient : « De nous tous, D'Agata était le seul dont l'ennemi fût concret, présent, tangible, susceptible d'être combattu, atteint, écrasé contre un mur[2]. » Cette littérature analytique, qui n'a rien du récit factuel ni du mode objectif, porte le *matter-of-fact* à un degré de pertinence et de lucidité inégalé. Elle rejoint la position de nombreux historiens, pour qui la Shoah doit se raconter de la manière la plus « littérale » possible, l'esthétisation, le spectaculaire et la romance étant des formes inacceptables sur un plan tant moral qu'épistémologique.

Mais l'histoire-science ne signifie pas impassibilité. Tout en démontant l'imposture de la « donation de Constantin », Lorenzo Valla interpelle le faussaire : « Scélérat ! Malfaiteur ! [...] Est-ce ainsi que parlent les Césars ? » Le XVIIIe siècle, considérant que les sages ne parlent jamais sans quelque feu, accepte l'idée que « l'on ne doit point raconter les choses froidement », même en histoire[3]. L'exaltation et l'indigna-

---

1. Primo Levi, « Une étoile tranquille », in *Lilith et autres nouvelles*, Paris, Liana Levi, Le Livre de poche, 1989, p. 87-88.
2. Primo Levi, *La Trêve*, Paris, Grasset, Le Livre de poche, 1966, p. 120.
3. Bernard Lamy, *La Rhétorique ou l'art de parler*, Paris, Poirion, 1741, p. 117.

tion ne sont donc pas incompatibles avec la recherche. De manière comparable, Levi n'adopte jamais un style froidement clinique. Au contraire, il vibre de passion, de colère, de honte, de douleur et, à d'autres moments, il distille de l'ironie. Non pas l'insensibilité, mais la retenue ; non pas l'absence de sentiments, mais la pudeur.

Le grand défi du style, pour l'historien, c'est de contenir la colère de la vérité. Déchaînée, elle éclate en fureur romantique. Étouffée, elle transforme la recherche en érudition, en mécanique professionnelle. Le feu de la *libido sciendi* ne doit ni se consumer ni consumer ; il s'entretient sous la cendre. L'historien en lutte contre lui-même cherche à filtrer ses sentiments, à rasséréner son impatience, son amour, sa compassion. On peut donc définir l'histoire comme un hymne endeuillé à la vie, et son écriture comme un romantisme en sourdine, un lyrisme dépouillé. Le fait qu'elle soit une épistémologie dans une écriture permet d'échapper aux oppositions figées, atticisme/asianisme, sécheresse/abondance, intelligence/sensibilité. L'émotion, si elle a sa place dans les sciences sociales, naît de la sobriété, de la concision, de l'obstination dans la recherche, non de l'hyperbole et des plaintes. L'émotion provient de l'effort pour contenir l'émotion. Elle est la pierre de touche d'une enquête qui avance et d'une langue qui sonne juste.

En définitive, on peut dénombrer au moins six formes compatibles avec la recherche en sciences sociales.

Le non-style. On y tombe quand on oublie ou refuse de poser la question de l'écriture. Si la science s'oppose à la littérature, la « mise en mots » de la recherche (comme on parle de « mise en boîte ») devient une corvée, un mal nécessaire. L'important est de transmettre un résultat, de quelque manière que ce soit ; on passe des mots comme on enfile un vêtement. Le non-style annonce aussi l'ennui de l'érudit. En 1881, Seignobos lui-même s'étonne que le professeur allemand gave ses étudiants de monceaux de détails, au mépris de « la perspective et [de] la vie[1] ».

Le style agréable. C'est le style, proche du *genus medium*, que Cicéron recommande à l'historien : coulant de source, s'épanchant avec quiétude, égal à lui-même (au contraire du discours de l'orateur, tendu et vif). Quintilien reprendra la métaphore en évoquant un fleuve qui coule doucement. Le style qu'admettent les historiens méthodiques du XIXe siècle, « pur et ferme, savoureux et plein[2] », en est une variante. S'autorisant quelques tournures, affichant une certaine pompe, il est l'héritier de l'histoire-éloquence et l'incarnation du « beau style » académique, conçu pour agrémenter le propos. Entouré de cette grâce de convention, on devient éminemment présentable.

Le style romantique. Émanation du génie de l'historien-écrivain, il fait résonner la voix des conquérants, tonner le fracas des canons, retentir le cri du peuple, souffler le vent de l'« Histoire ». La résurrection des héros (qu'ils se nomment Alexandre, Méditerranée, Révolution ou Amérique) soulève l'enthousiasme et donne la chair de poule. Véhément, foudroyant, « sublime » selon le mot de Cicéron, capable d'emporter le lecteur dans une histoire-épopée, ce style inspire aujourd'hui de nombreux récits et documentaires grand public.

Le style ironique. Il permet de porter sur le monde un regard décalé, nietzschéen, esquivant le piège de l'« Histoire » par laquelle les vainqueurs se justifient. La manière dont il conteste les évidences, la distance qu'il sait garder par rapport à toute chose, la conscience aiguë qu'il a de lui-même sont très proches de l'esprit scientifique. Son irrévérence et son refus de s'en laisser conter lui donnent un petit air de subversion. Pivot de la théorie tropologique de Hayden

---

[1]. Charles Seignobos, « L'enseignement de l'histoire dans les universités allemandes », *Revue internationale de l'enseignement*, vol. 1, 1881, p. 563-601.

[2]. Charles-Victor Langlois, Charles Seignobos, *Introduction aux études historiques*, op. cit., p. 252.

White, il est aussi le style préféré de l'histoire et de la sociologie « anti-système » des années 1965-1975. Ainsi, l'école américaine n'a œuvré à aucune libération, mais elle a servi à renforcer un ordre inégalitaire et raciste en soumettant les enfants des classes défavorisées à un « contrôle social ». Le soi-disant progressisme de l'école n'aura été qu'une mascarade[1].

Le style attique. Par sa sobriété, sa clarté et son caractère rationnel, il relie Thucydide, César, les pères de l'Église, Bodin, du Vair, La Popelinière, Bayle, Taine, l'écrivain-déporté et le chercheur de l'ère démocratique. Il vise la formule parfaite, la concision quasi géométrique. Rayonnant de l'élégance discrète de la beauté « sans apprêts », jusqu'à figurer l'« ascèse à la fois morale, intellectuelle et esthétique de la vérité[2] », il semble tout indiqué pour l'histoire-science, mais aussi pour le rapport d'enquête, le procès-verbal, le témoignage et l'acte juridique. Ses qualités indissociablement littéraires et épistémologiques permettent d'atteindre ce que Perec, dans son article sur Robert Antelme, appelle la « vérité de la littérature ».

Le style retenu. Il est la passion confiée à la discipline de la rigueur. Il est le lyrisme qui s'épanche à travers un scrupule. Incorruptible, mais vibrant d'une rage muette, d'un étonnement naïf, d'une révolte sans nom. Dire le monde avec exactitude est sa manière de pleurer : c'est ainsi qu'il dément l'austérité attique, dompte l'ardeur romantique, refuse le ricanement ironique. Parfois, il laisse ses émotions éclater au grand jour : perçant la roche qui le comprime, il jaillit et emprunte d'autres cours, comme un torrent souterrain fait momentanément surface. La langue s'autorise à craquer : cédant à elle-même, elle épouse d'autres tons, d'autres niveaux de récit, d'autres registres. Il y a là une sorte de clinamen : accepter, quand il le faut, de subvertir sa propre règle.

---

1. Voir Michael Katz, *The Irony of Early School Reform : Educational Innovation in Mid-Nineteenth-Century Massachusetts*, Boston, Beacon Press, 1968.
2. Marc Fumaroli, *L'Âge de l'éloquence...*, *op. cit.*, p. 689.

Le style retenu est-il un hyperstyle, un style qui contient tous les autres ? Pour Aristote, le discours ne doit être ni plat ni enflé, mais clair et approprié, « convenable ». L'orateur idéal, dit Cicéron, doit savoir maîtriser et varier tous les styles, selon les circonstances : c'est le parler-adéquat (*apte dicere*), qui interdit de parler d'une gouttière en style sublime et du peuple romain en style simple. Transposée dans les sciences sociales, cette conception ne doit pas déboucher sur un relativisme littéraire qui consisterait à dire que le style doit être adapté au sujet traité, « forme » et « fond » marchant de concert. En revanche, il est possible de combiner les styles. À la fin de son livre *De Munich à la Libération* (1979), Jean-Pierre Azéma abandonne un « style délibérément distancié » pour rendre hommage aux hommes et aux femmes de la France libre, tel ce résistant qui écrit, quelques jours avant d'avaler sa capsule de cyanure, que ses derniers mois ont été « prodigieusement heureux ». Double émotion : une lettre déchirante ; ce changement de ton, par un historien qui n'a jamais caché qu'il était le fils d'un journaliste collaborationniste.

Cette liste n'a rien d'exhaustif, mais, parmi ces six styles, seuls les trois derniers sont capables de faire vivre un raisonnement historique dans un texte, c'est-à-dire de conjurer l'alternative entre une méthode sans littérature (non-style et style agréable) et une littérature sans méthode (style romantique). C'est avec eux qu'on peut renouveler l'écriture des sciences sociales, non avec le gonflement « littéraire » de l'histoire-tragédie ou de l'histoire-éloquence.

Grandeur et misère de la note

N'importe quel lecteur remarque qu'un livre de sciences sociales comporte des notes en bas de page. Née dans la

République des lettres au XVIIe siècle, élevée au rang d'art par Gibbon au XVIIIe siècle, adoptée par le système universitaire allemand au XIXe siècle, la note est devenue le ticket d'entrée pour le temple de la science[1]. Elle a la faculté de faire « sortir » du récit, narrativement mais surtout épistémologiquement, en fournissant la référence bibliographique ou archivistique qui confirmera le propos : l'historien n'est pas sa propre source, et celle qu'il invoque à l'appui de ses dires est vérifiable. Ce système de probation est davantage qu'un étai : l'architecture du raisonnement historique. Mais la note a d'autres fonctions : pédagogique (« Voici une précision supplémentaire, car vous n'êtes peut-être pas familier de ce débat »), déontologique (« Je cite ce livre parce qu'un autre a eu l'idée avant moi ou l'a formulée mieux que moi »), critique (« Il est possible de contester ce que j'avance, voici d'ailleurs un contre-exemple ») et, faut-il l'avouer, charismatique (« Voyez comme je suis savant, combien de cartons d'archives j'ai dépouillés »).

Il reste que la note ne peut être considérée comme l'alpha et l'oméga des sciences sociales. D'abord, prise isolément, elle ne prouve rien : elle n'est qu'un renvoi à autre chose, et c'est seulement replacée au sein d'un raisonnement qu'elle devient signifiante. En outre, de nombreux ouvrages d'érudition comportent des notes : gloses dans la Bible hébraïque et chrétienne, commentaires des grammairiens romains sur Virgile, *Guemara* juive encadrant la *Mishna*, elles-mêmes entourées de textes de Rashi. La note appartient aussi à l'univers de la fiction et, dès le XVIIe siècle, des « séditions infrapaginales » éclatent dans les textes : propos ironiques, autocommentaires, dénégations, remarques pseudo-éditoriales, apostilles, bifurcations narratives, expériences esthétiques, jeux de trompe-l'œil, parodies d'apparat critique[2].

---

1. Anthony Grafton, *Les Origines tragiques de l'érudition…*, op. cit.
2. Andréas Pfersmann, *Séditions infrapaginales. Poétique historique de l'annotation littéraire (XVIIe – XXIe siècles)*, Genève, Droz, 2011.

Surtout, la note suscite de la méfiance, voire du dégoût, même chez les historiens. Emblèmes de la philologie allemande du premier XIXe siècle, Niebuhr et Ranke sont tentés d'écrire une histoire linéaire sans note, débarrassée de tout pédantisme. Dans sa préface de 1868 à l'*Histoire de la Révolution française*, Michelet prévient qu'il cite rarement, les renvois ayant l'inconvénient de « couper le récit ou le fil des idées ». En 1927, Kantorowicz fait paraître son *Frédéric II* sans aucun apparat critique, ni pour les citations, ni pour la bibliographie, ni pour la discussion savante. Épinglé par ses collègues, il publie quelques années plus tard un *Ergänzungsband*, supplément entièrement composé de notes et de commentaires érudits. Marc Bloch, sévère à la sortie du livre, lui décerne alors un satisfecit : avec ses références « copieuses et clairement présentées », *Frédéric II* est devenu « un précieux instrument de travail[1] ». Mais certains livres de Bloch sont eux-mêmes avares de notes (par exemple *La Société féodale*).

Comment expliquer cette gêne vis-à-vis d'un signe typographique censé offrir une garantie de scientificité ? De nombreux écrivains-historiens répugnent à interrompre sans cesse le récit, à défigurer leur texte avec des points de suture, à gonfler le livre d'excroissances. À propos des notes présentes à la fin de *Cromwell*, Hugo fait une mise au point :

> C'est œuvre de poète, non labeur d'érudit. Après qu'on a exposé devant le spectateur la décoration du théâtre, pourquoi le traîner derrière la toile et lui en montrer les équipes et les poulies ? Le mérite poétique de l'œuvre gagne-t-il grand-chose à ces preuves testimoniales de l'histoire ? [...] Dans les productions de l'imagination, il n'est pas de *pièces justificatives*[2].

---

1. Cité dans Peter Schöttler, « L'érudition... et après ? Les historiens allemands avant et après 1945 », *Genèses*, n° 5, 1991, p. 172-185.
2. Victor Hugo, « Note sur ces notes », in *Cromwell*, in *Œuvres complètes. Drame*, vol. 2, Paris, Renduel, 1836, p. 410.

Malgré qu'ils en aient, Scott, Chateaubriand et Hugo finissent par indiquer leurs sources dans les éditions successives. Dès le début du XIXe siècle, la note est devenue indispensable pour qui veut faire de l'histoire ou avoir l'air d'en faire.

On se trouve dans une situation paradoxale : certains écrivains jouent avec la note, certains historiens la rejettent. En fait, la vraie ligne de partage est l'acceptation ou le refus de sa portée véridictionnelle, qui permet d'échapper à la fiction et même au texte. Comme l'explique Bernard Pingaud, la présence de notes, acceptable dans un « ouvrage d'information ou de réflexion », est choquante dans un roman : elle en rompt la continuité, elle l'ouvre. Or « la clôture du texte littéraire est le premier signe auquel on reconnaît son caractère "littéraire"[1] ». Plus largement, la note met à mal l'un des mythes les plus chers à l'écrivain : son autonomie. Elle contrarie le rêve du génie créateur qui s'est auto-engendré, qui a tout trouvé tout seul, sans l'aide de personne, tirant un univers entier de son imagination.

On observe ce refus de la note dans plusieurs œuvres, fictionnelles ou non, qui s'appuient sur une documentation extérieure. Dans le meilleur des cas, les références figurent à la fin du livre, sous la forme de remerciements. Sinon, elles sont tout bonnement omises, dans une occultation qui révèle que l'écrivain ne veut être le débiteur de personne (sauf de prestigieux devanciers). Reconnaître une dette serait déchoir, transformer le *Dichter* en érudit, peut-être en copiste. C'est ainsi que, dans *Un tombeau pour Boris Davidovitch* (1976), Danilo Kiš fait des « emprunts » à des livres et à des manuels d'histoire, sans les signaler. Pour le sujet de ses nouvelles, il s'inspire de *7 000 jours en Sibérie* de Karlo Stajner, ne lui accordant qu'une laconique dédicace au début d'un chapitre[2].

---

1. Cité dans Andréas Pfersmann, *Séditions infrapaginales...*, *op. cit.*, p. 18-19.
2. Voir Alexandre Prstojevic, « Un certain goût de l'archive (sur l'obsession documentaire de Danilo Kiš) », consultable sur www.fabula.org.

Le chef-d'œuvre de Modiano, *Dora Bruder* (1997), livre-enquête sur une adolescente déportée à Auschwitz, est nourri par les recherches que l'historien et avocat Serge Klarsfeld a effectuées à sa demande, entre Paris et New York : déclaration au recensement de 1940, fiches de police, arrestation des parents, internement de la jeune fille au camp des Tourelles, fugues, identification d'un témoin ayant connu l'institution du boulevard de Picpus, photos. Or, dans le livre, non seulement il n'est fait aucune mention de cette aide, mais Modiano va jusqu'à s'attribuer les découvertes de Klarsfeld. Et celui-ci de s'étonner, à la parution du livre : « L'enquête, telle que vous la narrez, tient plus du roman que de la réalité, puisque vous m'effacez ». Klarsfeld se demande si cet effacement est significatif « d'une trop grande présence de ma part dans cette recherche, ou si c'est un procédé littéraire permettant à l'auteur d'être le seul démiurge[1] ».

Le mot de malhonnêteté n'est pas ici adéquat : toute littérature est réécriture d'autres textes, emprunt volontaire ou inconscient, hommage, vampirisme, fictionnalisation, et même les citations de l'historien composent un « texte feuilleté[2] ». En revanche, on peut dire que Kiš et Modiano ont choisi de relâcher une contrainte, celle qui consiste à citer ses sources. Mais quelle règle la littérature peut-elle accepter à cet égard ? Certains répondront que la création ne tolère aucune contrainte, aucune morale, surtout pas celle de la reconnaissance, et que la note abîme le texte en faisant voir ce que Hugo appelle « les équipes et les poulies ». Pourtant, le fait de respecter l'éthique de la note grandit les sciences sociales, y compris sur le plan littéraire. Car la « servitude de

---

1. Cité dans Maryline Heck et Raphaëlle Guidée (dir.), *Patrick Modiano*, Paris, L'Herne, 2012, p. 186.
2. Michel de Certeau, *L'Écriture de l'histoire*, *op. cit.*, p. 130.

citer[1] » fait naître une liberté nouvelle : enrichissement de l'argumentation, possibilité du débat critique, communication du texte avec son dehors, refus du narcissisme auctorial, émancipation du lecteur vis-à-vis des croyances et de l'à-peu-près.

Il n'empêche, les reproches qu'on adresse à la note sont parfaitement recevables. Son racornissement érudit la transforme en une espèce de local technique, et il est compréhensible que le lecteur préfère séjourner dans la pièce à vivre : le texte. D'ailleurs, de nombreux livres de sciences sociales repoussent les notes en fin de volume, hors de la vue. Comment conjurer le strabisme qui affecte aujourd'hui de nombreuses recherches, écartelées entre un récit et des précisions, une histoire et sa glose ? Soit on tient à la note et on la réintègre avec les honneurs dans la narration, soit elle n'est que le réceptacle du surplus érudit, et on la supprime.

La preuve sans note

Si l'on veut redonner toute sa dignité à la note, il est possible d'en faire un objet littéraire en disséminant le récit dans plusieurs niveaux de note reliés au texte : références, commentaires réflexifs, état de la question, discussions savantes. C'est le trait de génie du *Dictionnaire* de Bayle, dont la labyrinthique mise en pages ne reflète pas un caprice d'esthète, mais une exigence intellectuelle et narrative. Il s'agit ici d'une création, non d'une routine.

Dans son histoire de l'Empire romain, Gibbon utilise les notes pour révéler un sens littéral, souligner une ambiguïté, glisser un commentaire sarcastique, établir une complicité avec le lecteur. La note complexifie le récit en démultipliant

---

1. Pierre Bayle, préface de la première édition (1696), *Dictionnaire historique et critique*, vol. 16, Paris, Desoer, 1820, p. 6.

les voix narratives. À propos de Constantina, la femme du nouvel empereur (au milieu du IVe siècle), Gibbon écrit : « Quoiqu'elle eût renoncé aux vertus de son sexe, elle en conservait la vanité. On lui vit accepter un collier de perles, comme le prix suffisant du meurtre d'un innocent. » L'explication figure en note : il s'agit de Clematius d'Alexandrie, dont la belle-mère obtint la tête en offrant un collier à l'impératrice. Enfin vient l'indication de la source : le livre XIV de l'*Histoire de Rome* d'Ammien Marcellin[1]. On a ici trois voix narratives : la proposition générale, l'exemple qui permet l'induction, la référence. La note dissipe l'illusion d'immédiateté (l'histoire se déroulant sous nos yeux) et d'autorité (l'historien aurait un savoir infus). Elle vient détraquer le mode objectif.

Autre utilisation, encore plus audacieuse : dans *The Outline of History* (1920), H. G. Wells invite des collaborateurs à compléter, préciser, voire infirmer son propos dans les notes. Il obtient ainsi un livre animé, une sorte de conversation à plusieurs, et Marc Bloch de saluer une « leçon de méthode ». Le lecteur comprend qu'il a sous les yeux non le fruit de quelque révélation, mais le résultat d'« une pensée collective qui se cherche[2] ». Chez Bayle, Gibbon et Wells, la note est assumée comme forme littéraire et aucune de ses potentialités – ironie, mise en abyme, implication du lecteur, écho des voix narratives – n'est négligée.

À l'inverse, on pourrait se débarrasser purement et simplement de la note en tant que forme rhétorique et signe extérieur d'érudition, tout en conservant son inestimable fonction conceptuelle. Au XVIIIe siècle comme au début du

---

1. Edward Gibbon, *Histoire du déclin et de la chute de l'Empire romain*, Paris, Robert Laffont, « Bouquins », 1983 (1776), p. 504.
2. Marc Bloch, « Une nouvelle histoire universelle : H. G. Wells historien », in *L'Histoire, la Guerre, la Résistance*, Paris, Gallimard, « Quarto », 2006, p. 319-334.

XXIᵉ, certains historiens complètent leur récit par un commentaire savant : « Remarques et preuves » dans les *Observations sur l'histoire de France* (1765) de Mably, « Preuves et illustrations » dans *History of the Reign of the Emperor Charles V* (1769) de Robertson, « Considérations » et « Pièces justificatives » dans les *Récits des temps mérovingiens* (1840) d'Augustin Thierry. À la fin de *Léonard et Machiavel*, Patrick Boucheron a placé un addendum intitulé « Dettes, textes, sources ». Le lecteur s'immerge dans le récit, avant de s'engager dans une discussion historiographique plus pointue, s'il le souhaite.

On pourrait aussi restreindre l'usage de la note, en intégrant dans le texte les informations indispensables : Kiš et Modiano auraient pu honorer leurs dettes au détour d'une phrase. Au lieu de séparer récit et preuve par le biais de la note, on pourrait réunir les deux en demandant à la narration d'assumer toute la fonction véridictionnelle. Dans ce livre, j'ai choisi de ne recourir à la note en bas de page que pour donner la référence d'une citation ou la provenance d'une idée.

La technique du collage permettrait de remplacer l'extrait ou la citation par le document lui-même, reproduit avec l'indication de sa provenance. Au XXᵉ siècle, certains écrivains mettent à profit cette technique à des fins réalistes : compte rendu d'une séance du procès Zola dans *Jean Barois* (1913) de Martin du Gard ; affiches, discours, articles de presse et autres « actualités » dans la trilogie *U.S.A.* (1938) de Dos Passos. Dans la mouvance cubiste, dada ou expressionniste, des artistes comme Braque, Picasso, Grosz, Heartfield et Max Ernst réalisent des collages à l'aide de coupures de presse, de photos, d'objets de la vie quotidienne. À la suite de Georges Rodenbach dans *Bruges-la-morte* (1892), des romanciers insèrent illustrations et photos dans leurs œuvres. Le plus connu à cet égard est W. G. Sebald.

Au lieu de reléguer les informations techniques en fin d'ouvrage, l'historien peut développer un site Internet grâce auquel il rend accessibles les preuves qu'il a exhumées et sur lesquelles il se fonde. Le site *www.affairedreyfus.com*, conçu par Pierre Gervais, Pauline Peretz et Pierre Stutin, livre au public, en accès gratuit, l'essentiel des pièces liées à l'Affaire : le « dossier secret » monté par le contre-espionnage français pour accabler Dreyfus ; le corpus des différents procès, les enquêtes et débats de la Cour de cassation, le mémoire d'Alfred Dreyfus, totalisant près de 10 000 pages et permettant des recherches en mode texte ; toutes sortes d'ouvrages liés à l'affaire ; des centaines d'images, notamment une galerie de portraits des protagonistes. Avec ses possibilités infinies, ses différents niveaux de lecture, ses onglets et liens actifs ouvrant des cascades de documents, d'imprimés, de photos et de films, Internet est aujourd'hui l'instrument d'une histoire néo-baylienne. Au-delà de l'espace de stockage proprement dit, le *big data* permet de conjuguer des arborescences narratives et une recherche démocratique.

Les sciences sociales pourraient s'inspirer de ces expériences, non pour augmenter l'illusion réaliste, mais pour incorporer leur système de probation dans le texte lui-même. On obtiendrait d'autres manières de raconter, de débattre, de renvoyer au hors-texte. En voici quelques exemples.

Le récit-archive présente une source, un corpus, une rencontre, une conversation, un « trésor » : *slave narratives*, mémoire de Pierre Rivière, dossier de Genet à l'Assistance publique, récits de vie recueillis par un sociologue. Comme le thé sec plongé dans une bouilloire, l'archive infuse. Elle devient le sujet du livre. C'est ce que fait Timothy Gilfoyle dans *A Pickpocket's Tale* (2006), histoire d'un petit délinquant de New York, né au milieu du XIXe siècle d'un Chinois et d'une Irlandaise. Le livre de Gilfoyle repose en grande partie sur les mémoires du pickpocket, écrits à la fin de sa vie, qui font découvrir le monde du crime et du châtiment dans le New York *underground* de l'après-guerre de Sécession. On suit le héros dans les rues malfamées, les maisons de correction, les fumeries d'opium, les tripots, avant qu'il ne se rachète une conduite en œuvrant à la Société de prévention du crime.

Les éclats d'histoire désignent un recueil d'archives, une anthologie d'extraits, un *scrapbook* à base de journaux ou de souvenirs, l'ensemble composant un récit. Cet agencement de matériaux bruts raconte une histoire tout en révélant le quotidien du chercheur et l'émotion que provoque le contact des traces. Il radicalise la recomposition à laquelle procède le « texte feuilleté ». C'est le principe de *Stalingrad* (1964), dans lequel Alexander Kluge agence des journaux, des radiogrammes, des directives, des extraits du règlement militaire et des organigrammes, où se diffracte la célèbre bataille. La biographie *Vidal le tueur de femmes* (2001), de Philippe Artières et Dominique Kalifa, est un montage de textes (rapports de policiers, de magistrats, d'aliénistes, articles de presse, autobiographie de Vidal), « dispositif d'écritures » qui confère à l'assassin une identité de papier. Ce livre n'est pas écrit ; il est découpé dans l'archive.

L'histoire visuelle intègre, en fac-similé, des dessins, des gravures, des pièces d'archive, des photos de lieux et de personnes. Ici, c'est l'image qui raconte. Cette forme permettrait de resserrer les liens entre histoire et photographie, que Kracauer compare dans la mesure où elles ont un « rapport homologue à la réalité » : chacune médiatise le réel, fragment à la fois présent et incomplet, regret de la chose qui a eu lieu. Dans les deux cas, il s'agit de trouver le juste équilibre entre une tendance réaliste (reproduction, fidélité au réel, copie) et une tendance formatrice (créativité artistique, composition, imagination)[1].

---

1. Siegfried Kracauer, *Théorie du film. La rédemption de la réalité matérielle*, Paris, Flammarion, 2010 (1960), p. 63-77.

Le dialogue présente les correspondances, échanges et débats auxquels se sont livrés des chercheurs dans le cadre d'une enquête. Dans *Martin l'Archange* (1985), l'historien Philippe Boutry et le psychanalyste Jacques Nassif confrontent leurs vues sur la religion, la croyance, le délire, l'histoire de la monarchie, à propos des apparitions qu'a eues un petit laboureur beauceron en 1816. Le sociologue Howard Becker et son collègue Robert Faulkner publient dans *Thinking Together* (2013) les e-mails pleins d'idées, d'intuitions, de projets et de blagues qu'ils se sont envoyés alors qu'ils préparaient un livre sur les musiciens de jazz. Il y a quelque chose de socratique dans ces dialogues où, à force de tâtonnements et de contre-arguments, on s'achemine ensemble vers le vrai. Cela peut engendrer des face-à-face, des exercices à quatre ou six mains, des textes-promenades à travers lesquels on construit un objet de savoir.

L'œuvre documentaire combine textes, photos, dessins, cartes, enregistrements sonores, vidéos, extraits de films. Beaucoup d'historiens aujourd'hui photographient les archives et, après les avoir téléchargées sur leur ordinateur, les dépouillent sous format numérique, plus au calme que dans un dépôt d'archives. De la même manière, un sociologue enregistre un témoin, un ethnologue filme une cérémonie. Sur Internet, plus besoin de citer à l'aide d'une note : un lien actif permet d'ouvrir un PDF, de lire un article en ligne, de visionner une vidéo, d'écouter une musique ou une émission, d'assister à un cours. On peut zoomer sur une archive, cliquer sur une photo. Les humanités numériques font naître des hypertextes qui tout à la fois représentent et expliquent le réel. Cette œuvre totale sera sans doute la forme que prendront les sciences sociales au XXIe siècle, modernisant le culte que les humanistes vouaient aux originaux, « *ad fontes* ».

La modernisation des sciences sociales

Sur la question de sa littérarité, l'histoire-science sociale a accumulé un certain retard. Sans doute, elle sait que les documents sont des « traces », que toute recherche est « construite », qu'il est valorisant d'être « pluridisciplinaire ». Mais l'écriture est souvent perçue comme une étape inessentielle de l'opération historiographique, phase purement technique ou fantaisie épistémologiquement coûteuse. Le roman, lui, est « moderne » depuis *Tristram Shandy* (on pourrait remonter au *Satiricon*, où citations et parodies avertissent le lecteur qu'il ne doit pas se laisser prendre au piège de la fiction). Il s'est largement ouvert aux anonymes, aux gens comme-vous-et-moi, aux non-événements, aux accidents de la vie, aux souffrances ignorées. Surtout, il a appris à changer de ton et de point de vue, à manier l'ironie, à casser l'effet de réel, à expérimenter, à déconstruire la linéarité, à ne pas marcher « comme un muletier sur sa mule, droit devant lui », de Rome à Lorette[1].

Au début du XIXᵉ siècle, l'histoire s'est ressourcée au contact de Scott et de Chateaubriand. Un siècle plus tard, elle est passée à côté de la révolution Proust, Woolf, Joyce, Musil, Faulkner, Dos Passos, Céline. Pourtant, il est possible de rendre compte de l'émergence d'une parole ouvrière, vers 1830, dans « un type de récit à la Virginia Woolf, où il y a des voix qui petit à petit s'entrecroisent[2] ». Les enquêtes anthropologiques d'Oscar Lewis empruntent à la fois au théâtre (la distribution est indiquée en début de chapitre, avec les liens de parenté et l'âge de chacun) et à la technique

---

1. Laurence Sterne, *La Vie et les opinions de Tristram Shandy, gentleman*, Paris, Gallimard, « Folio classique », 2012, p. 101.
2. Jacques Rancière, « Histoire des mots, mots de l'histoire » (1994), in *Et tant pis pour les gens fatigués. Entretiens*, Paris, Amsterdam, 2009, p. 76.

de Kurosawa dans *Rashomon* (décrire un même événement à travers les yeux de différents témoins, afin de produire une « autobiographie à plusieurs faces[1] »).

Pourquoi l'histoire n'a-t-elle pas été ébranlée par le cinéma ni par le roman moderne, comme à l'époque des *Waverley novels* ? Cela tient peut-être à un complexe vis-à-vis de la littérature. L'histoire-science la méprise tout en la jalousant. Dans le premier tiers du XXe siècle, les sciences sociales sont entrées dans la modernité par leur méthode, non par leur écriture. Pour mémoire, le premier numéro des *Annales*, en 1929, est à peu près contemporain du *Procès* (1925), du *Bruit et la Fureur* (1929), de *L'Homme sans qualités* (1930) et de *Voyage au bout de la nuit* (1932). À cause de ce rendez-vous manqué, l'histoire n'a pas complètement rompu avec ses certitudes du XIXe siècle, non-style, mode objectif, etc.

Il est donc utile de penser la modernisation des sciences sociales, qui consisterait à ajuster leur écriture à l'effort de compréhension, d'explication et de véridiction qui est leur raison d'être. Une telle ambition ne saurait être prescriptive, mais seulement prospective. On sait ce que l'on veut éviter – non-texte, style aseptisé, jargon savant, « nous » de majesté, solennité de l'introduction et de la conclusion, train-train de l'annonce de plan, lest de la note érudite, *dispositio* mécanique qui fixe les parties indépendamment du sujet, prétention d'exhaustivité dans les biographies, pseudo-neutralité du chercheur, réalisme « maison de verre » –, mais on n'a rien à prêcher *ex cathedra*, et c'est tant mieux, car chaque historien-écrivain forge son style propre. Contentons-nous de quelques propos sur les techniques littéraires, la construction narrative et le plaisir de la lecture.

Une chose est sûre : c'est dans la narration, et non contre elle, que se déploie la recherche. Les sciences sociales

---

1. Oscar Lewis, *Les Enfants de Sánchez. Autobiographie d'une famille mexicaine*, Paris, Gallimard, 1963, p. 14.

peuvent emprunter tout ce qu'elles veulent au roman, à la tragédie, à la poésie, au *muthos*, et donc contredire Aristote en son chapitre 9 de la *Poétique*. Aucun procédé ne saurait leur être étranger : mise en intrigue et agencement d'actions, mais aussi attente, effet de suspense (ce *cliffhanger* qui laisse le héros suspendu à une falaise), effet de surprise (*paradoxon*), renversement (*peripeteia*), point culminant (*climax*), contrastes, dialogues, jeu des points de vue, listes, ironie, complicité avec le lecteur, défamiliarisation, monologue intérieur, voix en rhizome, intertextualité, travail de focalisation, de cadrage, de scénographie. Tout cet « art de la fiction », selon la formule de David Lodge, peut être utilisé par l'écrivain en général et l'historien en particulier.

Le temps, qui est notre matière, mérite une attention particulière. Début *in medias res*, fin abrupte, discontinuité, flash-back, annonce, va-et-vient, variation de tempo, accélération, ralentissement, nervosité de rythme : là encore, tout est possible selon la nécessité de la démonstration, l'important étant de faire mentir l'abbé Batteux selon qui le récit historique suit l'« ordre des temps », afin que « tout marche directement et sans détour[1] ». Peut-être parvient-on à la meilleure rhétorique en cassant la rhétorique, c'est-à-dire en variant à l'infini les modes de récit : effet de vécu, art de la chronique, rupture digressive, galerie de portraits, hypotypose documentaire.

Comme Philippe Artières, dans *Rêves d'histoire* (2006), hante les « entre-lieux », couloirs, escaliers, escales, bars dans les ports, Patrick Boucheron évoque dans *L'Entretemps* (2012) les « plis » où s'abolissent les grandes cohérences, les racines et autres continuités auxquelles nous aimons croire – manière de « froisser la frise du temps[2] ». Athènes

---

1. Abbé Batteux, *Principes de la littérature*, vol. 2, *op. cit.*, p. 329.
2. Patrick Boucheron, « Apologie pour une histoire inquiète. Entretien », *nonfiction.fr*, 19 juin 2012.

existe aux moments de faiblesse, pas seulement au temps de Périclès. En d'autres termes, il y a histoire aussi et surtout quand il n'y a pas Histoire. Davantage qu'il établit des chronologies, l'historien écrit le temps. Mieux, il diffuse des temporalités dans un texte.

La construction narrative (la « composition », comme on disait au XIXᵉ siècle) est la structure sur laquelle tout repose, l'ordre derrière le désordre ; c'est le raisonnement fait récit. Les neuf livres de l'*Enquête* sont traversés par un même thème : l'opposition fatale entre les Grecs et les Barbares. L'écriture d'Hérodote coule peut-être comme un fleuve, avec la tranquillité du *fluens* cicéronien, mais le cours de la narration – fil de l'eau, fil du récit – est grossi de torrents, de sources, d'orages. Comme les conteurs ioniens, Hérodote y intègre scènes, discours, descriptions, conversations, anecdotes. Pourtant, aucun détour n'est gratuit : l'Égypte, conquise par Cambyse, appartient à l'Empire perse, donc il n'est pas inutile de s'intéresser au Nil, aux pyramides et à l'embaumement. Un événement inattendu suspend admirablement l'acmé des batailles : la dent que Hippias perd dans le sable en débarquant en Attique, le braiment de l'âne qui défend l'armée de Darius en Scythie.

Ces digressions ne servent pas seulement à divertir le lecteur ; elles enrichissent une problématique unifiée. C'est ce génie de la narration qui chagrinera Thucydide et, longtemps après lui, les méthodiques du XIXᵉ siècle (la société grecque n'avait pas encore le « goût de la vérité toute nue[1] »). Bien entendu, la construction narrative dépend du raisonnement qu'elle met en œuvre. L'histoire universelle à la Polybe fait voler haut dans le ciel. Saul Friedländer orchestre un chant, Pierre Rosanvallon assemble une charpente, Romain Bertrand équilibre une balance. Le comparatisme oblige à voir double ou triple ; et toute recherche mettant en contact le

---

1. Amédée Hauvette, *Hérodote…*, *op. cit.*, p. 505.

passé d'un objet et le présent d'une question fait quelque peu zigzaguer. Il y a des livres-cathédrales, des livres-puzzles, des livres-stèles, des livres-géométries, des livres-chemins qui montent à flanc de colline. Tous ont une profonde unité, comme les tableaux de Cézanne où chaque point a « connaissance de tous les autres[1] ».

Ce ne sont pas toujours les personnages qui agissent, les actions qui effectuent. Comme l'obscur chez Rembrandt, comme un aplat de couleur dans un portrait de Manet, l'absence peut raconter. Il y a une intelligence du doute, une vibration du silence, une intégrité du fragment, une plénitude du vide. Et le récit cède la place à autre chose que lui : une atmosphère.

La création en sciences sociales pourrait prendre *la forme d'une expérimentation sur la forme*. Il s'agit de mettre au point de nouvelles fictions de méthode. Par exemple, raconter une histoire de manière régressive, non en partant du point le plus éloigné du passé, mais en s'éloignant peu à peu du moment présent ; suivre un personnage la caméra à l'épaule, en respectant les possibles qui s'ouvrent à lui, ses futurs encore ouverts ; inaugurer un récit avec plusieurs débuts, mais sans lui donner de fin (et vice versa) ; confronter des tranches de vie ; faire l'histoire d'une incohérence ; associer des entretiens-*verbatim*, des images-citations, des vidéos-documents. Le format des textes serait réduit, comme un article de journal ou une nouvelle, de façon à les rendre plus percutants. Pour un récit plus long, le découpage serait celui d'une série télévisée. Le rythme, celui d'un thriller. Ailleurs, l'historien utiliserait le futur antérieur, qui intègre à la fois le caractère révolu des événements et notre regard rétrospectif. C'est d'ailleurs le temps fétiche de Modiano : « Le futur antérieur, c'est le temps de la re-visite du passé et de la réparation impossible.

---

1. Rainer Maria Rilke, cité dans Françoise Cachin *et al.*, *Cézanne. Paris, Galeries nationales du Grand Palais [...]*, Paris, RMN, 1995, p. 172.

C'est un temps qui contient différentes couches, différentes épaisseurs[1]. » Ou le futur simple, prononcé depuis le passé. Ou le présent, à la fois pour le passé et pour aujourd'hui.

La condamnation du plaisir – goût, intérêt, émotion esthétique – au nom de la vérité remonte, une fois encore, à Thucydide que rebutent les « charlataneries théâtrales ». Dès l'époque des Lumières, la déduction s'attache aux sciences et le déduit aux lettres. Au XIXe siècle, en Allemagne, en France, aux États-Unis, à partir du moment où l'histoire se définit comme une discipline universitaire, organisée autour de cours et de séminaires fermés, les historiens se mettent à écrire à l'intention de leurs pairs, au sein d'un cercle ultra-spécialisé. Faut-il qu'on soit imbu de soi-même pour vouloir toucher d'autres gens que ses collègues ! « Lecteur » devient un mot suspect, sinon tabou. L'entre-soi académique autorise le chercheur à ne produire que des articles de revue ou, à défaut, des livres qui seront lus par obligation professionnelle.

Il est possible de réhabiliter, dans les sciences sociales, le plaisir du lecteur. Pas seulement son profit intellectuel, mais son intérêt, sa curiosité, sa passion, la lecture « premier degré » de nos douze ans, qui n'entrave pas, mais au contraire encourage les approches plus distanciées. Rabelais disait-il autre chose ? On peut imaginer une histoire que, tout simplement, on aurait envie de lire, parce qu'elle serait neuve et captivante, mais aussi parce qu'elle allierait la sobriété à l'obstination, parce que son effort de déchiffrement serait en soi bouleversant, parce que sa quête toucherait à quelque chose d'universel. C'est sans doute ce que réussissent les livres qui se lisent « comme des romans » et cela, on le voit, n'implique pas de recourir au *pathos* de l'histoire-tragédie, ni à l'effet de réel qui-met-de-la-chair.

Des sciences sociales qui procurent du plaisir ? L'idée semble provocatrice, mais, dans la République des lettres et

---

1. Entretien avec Patrick Modiano, *Madame Figaro*, 9-10 novembre 2012.

jusqu'au milieu du XIXᵉ siècle, le propos était assez banal. La division que Bayle opère dans son *Dictionnaire* – un narré historique et un grand commentaire – vise précisément à « attraper mieux le goût du public ». Le savant prévoit aussi des endroits un peu enjoués pour pallier la sécheresse du dictionnaire et « délasser les lecteurs[1] ». Rigueur extrême et souci du lecteur : comme l'*Encyclopédie* un demi-siècle plus tard, la révolution intellectuelle et narrative de Bayle a pour condition le succès commercial, donc l'agrément du lecteur. Au XIXᵉ siècle, dans *Racine et Shakespeare*, Stendhal rappelle que l'histoire de France avant Barante était « trop ennuyeuse à lire ». Après avoir, collégien, dévoré *Les Martyrs*, Augustin Thierry refuse d'écrire « un livre de pure science, instructif pour ceux qui cherchent, rebutant pour la masse des lecteurs[2] ». En France, la *Vie de Jésus* de Renan est l'un des plus grands succès de librairie du XIXᵉ siècle. Aujourd'hui, l'invention de nouveaux objets historiques procure un plaisir que n'offrent pas les leçons de collège apprises par cœur : les tatouages, banderoles, néons et graffitis étudiés par Philippe Artières ; les gares et les maisons hantées étudiées par Stéphanie Sauget.

Donner du plaisir, mais aussi en prendre. On est heureux de faire de la recherche parce que l'on enquête et découvre, mais aussi parce que l'on exerce intensément sa liberté. Parce que l'on choisit le lieu où notre esprit va vivre pendant plusieurs années. Voilà pourquoi il ne faut pas hésiter à embrasser un sujet qui nous touche personnellement, à entreprendre une recherche motivée par un événement personnel, une quête identitaire : admiration, amour, désir, souvenir d'enfance, sentiment d'être en dette, mais aussi abandon, suicide, perte, exil, outrage du racisme,

---

1. Pierre Bayle, préface de la première édition (1696), art. cit., p. 2 ; et « Dissertation » (1692), art. cit., p. 2979.
2. Augustin Thierry, préface aux *Récits des temps mérovingiens*, *op. cit.*, p. 5.

de l'antisémitisme, de la misogynie, de l'homophobie, de la domination sociale. Chercheur, n'aie pas peur de ta blessure. Écris le livre de ta vie, celui qui t'aidera à comprendre qui tu es. Le reste suivra : rigueur, honnêteté, excitation, rythme.

Dans les années 1860, un maître se prescrivait à lui-même : « Avoir la passion. Garder dans mes livres un souffle un et fort qui, s'élevant de la première page, emporte le lecteur jusqu'à la dernière. Conserver mes nervosités[1]. » Ces trois mots pourraient être une devise pour le chercheur. Une nouvelle contrainte ? Bien sûr. Comme la vie en société, les sciences sociales sont un mixte de droits et de devoirs ; et les devoirs ne sont là que pour accroître la liberté de tous.

---

1. Émile Zola, « Notes générales sur la nature de l'œuvre », in *Les Rougon-Macquart...*, vol. 5, *op. cit.*, p. 1742.

11

Le texte-recherche

> Mon dessein n'est pas d'enseigner ici la méthode
> que chacun doit suivre pour bien conduire sa raison,
> mais seulement de faire voir en quelle sorte
> j'ai tâché de conduire la mienne.
>
> DESCARTES

Je voudrais, dans ce chapitre, mettre au jour le sous-texte de mon *Histoire des grands-parents*[1]. Ce livre est une expérience littéraire et épistémologique qui consiste à *raconter la méthode*. Il ne s'agit plus de renouveler l'écriture des sciences sociales en combinant la révolution méthodique du XIXe siècle et la révolution romanesque du XXe siècle. Il s'agit plutôt d'inscrire les sciences sociales dans une forme qui tient à la fois de l'enquête, du témoignage, de l'autobiographie, du récit – histoire en tant qu'elle met en œuvre un raisonnement, littérature en tant qu'elle fait vivre un texte. Cette hybridation ne permet pas seulement de représenter les actions des hommes, mais de les comprendre au moyen d'un raisonnement qui, déployé dans un texte, produit une émotion.

---

1. J'ai commencé à le faire dans « Écrire l'histoire de ses proches », *Le Genre humain*, septembre 2012, p. 35-59 ; ainsi que dans *Nouvelles Perspectives sur la Shoah*, Paris, PUF, 2013 (avec Annette Wieviorka) et *L'Enfant-Shoah*, Paris, PUF, 2014 (en collaboration).

La situation du chercheur

Pour actualiser la potentialité littéraire des sciences sociales, il est nécessaire de prendre le contre-pied du mode objectif, que ni l'invention du roman moderne ni l'avènement de l'histoire-problème n'ont réussi à faire disparaître. Ce mode nie la subjectivité du narrateur en la dissimulant dans une absence-omniprésence. Postulant que l'objectivité implique le sacrifice du moi, il essaie de se débarrasser de tout ce qui n'est pas la réalité « extérieure ». Comme cela est impossible, il substitue au point de vue du chercheur le point de vue sans point de vue du narrateur-Dieu.

Ces procédés ne seraient pas de grande conséquence s'ils ne s'accompagnaient d'un renoncement. Comme l'explique Popper, les scientistes qui éludent la question du point de vue adoptent un point de vue sans en avoir conscience, et cette ignorance annule leurs prétendus efforts d'objectivité, puisqu'il est impossible de porter un regard critique sur son travail si l'on n'est pas au clair avec son propre point de vue[1]. D'où cette hypocrisie du scientisme : la censure des jugements de valeur n'a jamais empêché d'instiller des valeurs. À cette faiblesse narrative et épistémologique vient s'ajouter un défaut de nature politique. L'histoire lissée a les travers du discours d'autorité : sa surface dérobe au lecteur la complexité des opérations que l'historien a effectuées, et la note en bas de page est un piètre remède à cette opacité. La recherche est présentée comme un produit final, un résultat tout cuit, et non, précisément, comme une recherche. Pour le dire en un mot, le mode objectif n'est plus compatible avec l'exigence des sciences sociales.

Si les scientistes craignent tant le « je », c'est qu'ils n'y voient qu'un type de subjectivité : celle du moi haïssable de

---

1. Karl Popper, *Misère de l'historicisme*, op. cit., p. 190-191.

Pascal, intimiste, impudique, complaisant, autocentré, le moi-partialité de l'histoire-panégyrique ou de l'histoire-réquisitoire. On le trouve en effet çà et là, par exemple quand Gibbon aborde la conversion de Constantin au christianisme : « Un siècle servile et efféminé adopta facilement la sainte indolence de la vie monastique[1]. » Quel est le vrai défaut du *Frédéric II* de Kantorowicz, au-delà de l'absence d'apparat critique ? Qu'il soit grossièrement hagiographique, proto-nazi ? Après tout, l'historien est aussi un individu, et Kantorowicz avait le droit de travailler, à la fin des années 1920, sur la figure d'un empereur parce qu'il espérait la venue d'un autre « grand homme ». Ce qui est inacceptable, d'un point de vue méthodologique, c'est qu'il n'ait été capable d'aucun recul ni sur ses sources ni sur ses convictions. Faute de les discuter, il fait coïncider en cachette sa position personnelle et le savoir historique. Là est la malhonnêteté : l'ego de l'historien commande en sous-main le récit.

Pourtant, de nombreux historiens ont reconnu que leur moi était à l'œuvre dans leur recherche. Augustin Thierry défend le tiers état par « piété filiale ». Dans sa préface de 1869 à l'*Histoire de France*, Michelet revendique l'imbrication entre l'histoire et l'historien : « Nul portrait si exact, si conforme au modèle, que l'artiste n'y mette un peu de lui. » C'est admettre que l'historien est présent dans son histoire comme le narrateur dans son texte, homodiégétique. Dans les années 1930, Beard critique le mythe néo-rankéen de l'objectivité, « ce noble rêve », en rappelant que tous les historiens sont influencés par leur éducation, leurs croyances, leurs expériences, leurs intérêts de classe, de sexe ou de race. Par exemple, Ranke incarne la réaction conservatrice prussienne[2].

---

1. Edward Gibbon, *Histoire du déclin et de la chute de l'Empire romain*, op. cit., p. 1157.
2. Charles Beard, « That Noble Dream », *American Historical Review*, vol. 41, n° 1, octobre 1935, p. 74-87.

On pourrait croire que cet aveu n'est qu'une coquetterie, un prurit romantique ou une provocation d'activiste. En fait, il a une portée considérable. Il révèle une deuxième subjectivité, inconnue des scientistes : celle du chercheur situé. Cette subjectivité ne consiste pas à faire des confidences ou à donner son opinion, mais à *savoir d'où l'on parle*. En sociologie, par exemple, elle indique le point de vue du sociologue en tant qu'il émane d'un sociologue ; en tant qu'il est un instrument de documentation et d'analyse ; en tant qu'il incite à la réflexivité[1]. Tout chercheur est en situation, mais le rappeler ne suffit pas. Il faut encore qu'il assume son moi, son enracinement spatio-temporel, sa catégorie sociale, ses intérêts, sa philosophie, sa position dans le champ, c'est-à-dire calcule la distance qui sépare son point d'ancrage et l'objet d'étude qu'il s'est donné. Cet effort de localisation aide à ne pas être la dupe de ses préjugés, l'otage de ses intérêts, la marionnette de soi-même. Mieux que l'empathie et le *Verstehen*, il permet de nous délivrer de nous-mêmes.

L'objectivité en histoire n'a donc rien à voir avec l'extinction du moi, la neutralité (ou plutôt la neutralisation), l'escamotage-omniscience du narrateur. Elle repose au contraire sur la description de sa position, préalable à la critique individuelle et collective de ses hypothèses. Le problème n'est pas d'être un héritier ; c'est de taire qu'on en est un. Trois « moi » contribuent au procès épistémologique : le moi-témoin, le moi de recherche, le contre-moi.

Le moi-témoin. Le chercheur est en contact direct avec son objet d'étude, ne serait-ce que parce que les opérations de l'enquête – la fouille, la rencontre, l'expérience – se font au présent. Nous sommes les contemporains de l'histoire. Il arrive même que le savant ait été mêlé aux événements

---

1. Richard Brown, *Clefs pour une poétique de la sociologie*, Arles, Actes Sud, 1989 (1977), p. 85.

qu'il relate. C'est le cas des mémorialistes, de Retz à Lanzmann. C'est aussi le cas de plusieurs historiens antiques, Hérodote, Thucydide, Xénophon, Salluste. Présent dans son histoire comme historien et comme personnage, Polybe explique avec simplicité qu'il lui faut « mettre quelque variété dans les termes utilisés pour parler de moi », car la répétition constante de son nom finirait par lasser, voire agacer. Comparable est la situation des ethnologues, des sociologues et des reporters : l'observation participante les rend moins timides que les historiens. L'anthropologue-voyageur recommandera d'exhiber son « coefficient personnel au grand jour » : il augmente ainsi la valeur de son témoignage[1]. « Témoin parmi les hommes », telle pourrait être la devise du chercheur. C'est celle de Kessel, l'un des grands journalistes du XXe siècle, qui la place au fronton de ses œuvres.

Le moi de recherche. Tout le courant herméneutique, de Dilthey à Ricœur, souligne l'implication personnelle du chercheur, due au fait qu'il appartient au monde qu'il décrit. Interprétation, compréhension, expérience de l'altérité, sympathie pour les autres hommes, empathie ou sentiment d'indignation sont le moteur de la connaissance. Le fait que les événements soient très lointains, comme figés dans leur irréversibilité, n'y change rien : l'historien ne peut échapper à sa propre historicité. Comme le dit Carl Becker dans les années 1930, on fait de l'histoire non sur ce qui est important en soi, mais sur ce qui nous touche, nous frappe, résiste à notre intelligence. Puisque « l'histoire est inséparable de l'historien[2] », il est vain d'opposer subjectivité et objectivité : l'une est l'approfondissement critique de l'autre.

---

1. Michel Leiris, *L'Afrique fantôme*, in *Miroir de l'Afrique*, Paris, Gallimard, « Quarto », 1995, p. 395.
2. Henri-Irénée Marrou, *De la connaissance historique*, op. cit., p. 51.

Le contre-moi. La « neutralité » n'est ni possible ni souhaitable : quelles qu'elles soient, les valeurs fondent l'humanité du chercheur. Il est donc préférable de les mettre au jour, c'est-à-dire de lutter contre soi-même, contre ses secrets de fabrication, contre ses préférences, contre l'évidence narcissique par laquelle on juge normal d'être soi – étape un peu inconfortable, surtout si l'on est un ancien communiste travaillant sur le communisme, un petit-fils de déportés écrivant sur la Shoah, etc. Cette introspection rend plus objectif et moins brutal le regard du chercheur, lui qui prétend dire la vérité sur les autres. Comme il expose sa méthode, il démythifie sa personne et désacralise son discours.

À Karl Mannheim, qui pense que l'intellectuel doit être émancipé des traditions pour pouvoir porter sur le monde un regard dégagé, Popper répond que l'objectivité ne repose pas sur l'impartialité des savants (tel cet « anthropologue venu de Sirius »), mais sur le caractère antagoniste et public de la science[1]. En fait, cette confrontation et cette publicité commencent bien en amont, au moment où le chercheur accepte de considérer son implication dans le processus de connaissance. En dévoilant la position biographique, familiale, académique, sociale, politique d'où il parle (avant d'indiquer le cheminement de son enquête), il organise les conditions de sa propre critique : c'est parce qu'il est doté d'un point de vue qu'un discours est critiquable, donc scientifique. La mise en situation du chercheur est un préalable à la mise à l'épreuve de ses hypothèses. Cette critique de l'absolutisme en science a un bénéfice en littérature : l'enracinement dans une histoire, un milieu, un champ contredit le mythe de l'« enfant trouvé » qui s'est fait tout seul, qui n'a de comptes à rendre à personne, qui n'a hérité que de Shakespeare ou de Rimbaud.

---

1. Karl Popper, « La logique des sciences sociales », art. cit.

On peut donc dire que l'objectivité dans les sciences sociales réside, collectivement, dans le débat critique et, individuellement, dans l'analyse de sa situation. De même que le refus du moi caractérise le scientisme, de même l'auto-examen du chercheur, l'objectivation de celui qui objective (pour parler comme Bourdieu), appartient à la méthode des sciences sociales. Adopter « un point de vue sur son propre point de vue » permet de rompre avec les non-dits du mode objectif[1]. Il est dommage que Bourdieu n'ait appliqué ce « programme d'anthropologie cognitive réflexive » ni dans son article sur les célibataires du Béarn, ni dans ses études d'ethnologie kabyle et à peine dans *Homo academicus*, où l'expérience personnelle du sociologue – sa « connaissance indigène » – a pourtant été décisive.

On voit que l'analyse du moi dans le cadre d'un exercice réflexif ne porte pas la marque du relativisme ; c'est elle, au contraire, qui rend la connaissance plus objective. L'activation de tous ces « moi » participe de la méthode des sciences sociales, et c'est sous la forme d'une socio-analyse autobiographique qu'elle peut ici rejoindre la littérature.

Le « je » de méthode

Le « moi » du chercheur guide et enrichit son travail, mais il n'apparaît pas nécessairement dans la narration sous la forme d'un « je ». Moi et je : la distinction est capitale. Car une chose est de reconnaître théoriquement le rôle de la subjectivité, dans un ouvrage d'épistémologie, un livre d'entretiens ou une autobiographie tardive ; une autre est de l'assumer dans ses travaux savants. Le « moi de recherche » est une vertu compréhensive héritée de la

---

1. Pierre Bourdieu, « L'objectivation participante », *Actes de la recherche en sciences sociales*, n° 105, décembre 2003, p. 43-58.

tradition herméneutique ; mais le « je », en injectant cette épistémologie au cœur de la narration, incite à écrire un texte. Le « je » est ce pronom tabou qui fait passer du mode objectif au mode réflexif, du vérisme hyalin au récit d'enquête, de l'impersonnalité académique au carnet de recherche, à l'autobiographie critique.

Chez Hérodote, la première personne du singulier fait pleinement partie du raisonnement et, donc, de la narration. Au-delà de la référence à l'individu qu'est le voyageur-enquêteur, le « je » a plusieurs fonctions : il atteste de la présence physique du témoin (celui qui va à Thèbes, qui décrit un monument, qui n'a vu le phénix qu'en peinture), il constitue un maillon du raisonnement (hypothèse, argument de vraisemblance, comparaison entre différentes versions, aveu d'impuissance), il exprime le jugement de l'auteur (orgueil insensé de Xerxès, sagesse de Cyrus). On retrouve ces fonctions, à divers degrés, chez les mémorialistes de l'âge classique, ainsi que dans certains travaux du XXe siècle. Le livre de C. L. R. James, *Beyond a Boundary* (1963), consacré au cricket dans les sociétés caribéennes, assume une part d'autobiographie, tant ce sport a marqué son enfance, sa vie professionnelle, sa conscience de race, sa politisation, à travers sa double expérience de joueur et de journaliste sportif. Duby parle aussi en témoin. Dans *Le Dimanche de Bouvines* (1973), il raconte avoir « connu des paysans qui tremblaient encore un peu lorsque le mauvais temps les forçait à moissonner un dimanche ». Ce « je » exprime une modestie épistémologique, qui vise moins à décréter le vrai qu'à suggérer le probable : « C'est ma façon d'avertir mon lecteur[1]. »

Aussi ancien que soit son usage, on pourrait considérer le « je » comme une *frontier* des sciences sociales, une perspective grande ouverte. Ses trois fonctions s'entrelacent dans le fil de la narration.

---

1. Georges Duby, *L'Histoire continue*, op. cit., p. 81.

En premier lieu, il s'agit d'*indiquer une situation*. Ce « je » de position sert à reconnaître une filiation, un enracinement, un parcours, une appartenance, une motivation, un goût, une préférence, un système de valeurs. Si l'on accepte l'idée que l'histoire est inséparable de l'historien ou que des tropes structurent sa vision, il faut faire en sorte que le texte éclaire le rapport particulier et intime avec l'objet d'étude qu'on a choisi, qu'on s'est choisi. Cette auto-analyse, opérée *in situ*, permet au chercheur-écrivain d'effectuer sur lui-même une opération qu'il pratique couramment avec les autres : la contextualisation.

En deuxième lieu, *déployer un raisonnement*. Ce « je » d'enquête permet de décrire la fouille (ce que font Schliemann, Leroi-Gourhan, Brunet), la rencontre (ce que font Malinowski et les sociologues de Chicago), ainsi que l'expérience (ce que fait une équipe médicale quand elle décrit son protocole). Il sert à exposer la raison historique : argumenter pour et contre, peser les facteurs en présence, faire proliférer et détruire les hypothèses, expliquer, se justifier, se contester soi-même, s'opposer des contre-exemples, questionner sa méthode et, finalement, trancher en son âme et conscience, après avoir donné ses raisons. Cette explicitation livre le mode d'emploi de la recherche, son code source, et donc prépare la discussion critique. C'est la raison pour laquelle l'usage du « *I* » (ou du « *we* ») est si fréquent dans les sciences les plus rigoureuses, physique, biologie, médecine, économie mathématique, ces « sciences dures » qu'on dit si objectives : « Je mesure, j'utilise, je crois, je cherche, je trouve, je ne trouve pas, je montre, j'observe, je compare[1]. »

---

1. Deux exemples parmi des milliers : Michelangelo von Dassow *et al.*, « Surprisingly Simple Mechanical Behavior of a Complex Embryonic Tissue », *PLOS ONE*, vol. 5, n° 12, décembre 2010 ; et Alwyn Young, « Inequality, the Urban-Rural Gap and Migration », *The Quarterly Journal of Economics*, vol. 128, n° 4, 2013.

Enfin, *témoigner d'un cheminement*. C'est le « je » d'émotion. Le chercheur n'est pas un robot, mais un individu qui a investi une partie de sa vie dans une recherche. Il serait étonnant que, au cours de l'enquête, il ne ressente rien, ne s'étonne de rien, n'apprenne rien. Pourquoi ne parlerait-il pas de ces infra-découvertes sur lesquelles repose le « résultat » final ? Pourquoi n'admettrait-il pas qu'il a été touché par un paysage, bouleversé par une rencontre, gêné par une situation, déstabilisé par une découverte ? Aucun égocentrisme ici, mais un simple constat : le processus de connaissance a souvent pour effet d'ébranler nos certitudes. Cette implication du chercheur (ce qu'on pourrait appeler le gouvernement du savoir) montre qu'il est autant l'ordonnateur de la recherche que son objet, son étoffe.

Le « je » de position, le « je » d'enquête et le « je » d'émotion constituent les trois formes du « je » de méthode. Ce triple « je », propre d'un narrateur à la fois distancié et homodiégétique, est l'une des passerelles qui relient les sciences sociales à la littérature. Il appartient à l'essai, au reportage, à l'enquête, au récit du témoin, au journal de voyage, mais pas au roman réaliste, qui le dissimule pour augmenter l'effet de réel, ni à l'autobiographie classique, qui est autocentrée. Un chercheur-écrivain dit « je » pour se défaire de lui-même, pour parler des autres plus objectivement, alors qu'un romancier parle des autres sans objectivité et qu'un autobiographe parle de lui-même subjectivement.

Le « je » de méthode, croisement de forces, de groupes, de contraintes, de tendances, fait se courber la subjectivité : il nous rappelle que nous sommes « nous-même » autant par notre unicité et notre liberté que par la rencontre en nous-même de processus qui nous dépassent. Non pas « moi, moi, moi », mais « il-je » en tant que je suis construit, façonné par d'autres choses que moi, intersection de faisceaux qui s'appellent institutions, classes sociales, valeurs, principes éducatifs. Le recul que j'acquiers sur moi-même m'assigne une petite place dans le tableau, un point d'appui d'où je m'élance. Ce « je » communique donc aisément avec le « nous » de l'équipe, du collectif réuni sur la base d'un projet, loin du « nous » de majesté emphatique et creux. Conséquence : le « je » de méthode peut être mis en œuvre indépendamment du sujet d'étude. Point n'est besoin de travailler sur sa ville, son parti ou sa famille pour bénéficier de ses vertus épistémologiques. Car il est à la fois un raisonnement et une forme, un raisonnement dans une forme. Mieux que la note en bas de page, il permet de fissurer le mode objectif, qui escamote l'intégralité du processus de recherche pour ne livrer qu'un résultat léché et pelliculaire. Il rappelle, au moyen de récits enchâssés, qu'un individu en situation s'est lancé dans une quête, a cherché, vu, ressenti. Ce n'est plus l'Histoire qui parle, c'est le chercheur. L'énoncé a enfin un énonciateur.

Dans *Composition française*, l'enfance bretonne de Mona Ozouf éclaire les identités régionales, les croyances religieuses, les différences sociales, les géographies du quotidien et les relations de genre, comme celles-ci expliquent l'éducation de la petite fille. C'est cette tension entre individu, groupe social et nation qu'on retrouve chez Michel Winock, dans sa biographie familiale *Jeanne et les siens* comme dans le pionnier *La République se meurt*, où l'étudiant de vingt ans raconte sa découverte de la politique française et internationale à la fin des années 1950, de Poujade à de Gaulle, du rapport Khrouchtchev à la torture en Algérie. Autobiographies, récits de vie, chroniques, histoires, ces livres parviennent à émouvoir, à captiver et à faire comprendre tout à la fois.

De la même manière, *Tristes Tropiques* (1955) concilie la scientificité et la littérarité du « je ». Ce qui est littéraire, dans ce récit, n'est pas la description d'un coucher de soleil ou l'ambition romanesque qui allait donner, de l'aveu même de l'auteur, du « très mauvais Conrad ». La littérature, ici, est la forme neuve par laquelle l'anthropologue-voyageur déstabilise le familier et apprivoise l'étrangeté. Impossible d'être l'œil absolu surgi des nuages. Au contraire, Lévi-Strauss a systématiquement recours à un « je » de méthode.

Il se reconnaît comme le produit d'une histoire : judaïsme, souvenirs provençaux, goût de la montagne, agrégation de philosophie, ennui en Sorbonne, appel des savanes du Brésil central. Il raconte la préparation de l'enquête : achats chez des grossistes parisiens, choix des hommes et des mulets à Cuiabá, apprentissage du nambikwara, obligation de se lever avec le jour et d'être le dernier couché. Il décrit, au-delà des différences, la parenté des systèmes culturels, la fraternité du « sauvage ». Il exprime ses sentiments, enthousiasme, surprise, concupiscence, lassitude, ennui, doutes, jusqu'au plus inavouable : « Qu'est-on venu faire ici ? Dans quel espoir ? À quelle fin ? Qu'est-ce au juste qu'une enquête ethnographique ? » Il laisse filtrer la mélancolie qui le gagne face à ces hommes condamnés à l'extinction, victimes et contraires de notre « modernité ».

L'anthropologue devrait s'immuniser contre les détails, les anecdotes d'aventurier, les événements insignifiants. « Les vérités que nous allons chercher si loin n'ont de valeur que dépouillées de cette gangue », ironise Lévi-Strauss dans l'introduction. Le livre en est un admirable démenti : sans sa gangue et la vie de l'orpailleur, l'or n'est plus qu'un métal commun. Trente ans plus tard, l'écrivain se demandera s'il n'y a pas dans *Tristes Tropiques* une vérité plus grande que dans ses ouvrages savants, parce qu'il a « réintégré l'observateur dans l'objet de son observation », avec toutes les distorsions qui en résultent, comme dans un objectif photographique *fisheye*[1].

---

1. Entretien avec Claude Lévi-Strauss, *Apostrophes*, Antenne 2, 4 mai 1984.

Raconter l'enquête

L'usage du « je » est une liberté épistémologique avant d'être un choix d'écriture. À l'histoire-résultat, on préférera – pour des raisons scientifiques – la vérité-processus, c'est-à-dire la manière rationnelle, explicable, amendable, dont on a tendu vers un but. La question, l'enquête, la recherche, la démonstration sont les jalons du chemin cognitif. Inversement, un fait sans sa preuve, sans le raisonnement qui le porte, n'aurait pas beaucoup d'intérêt, tout « vrai » qu'il soit. Comme le dit Perec citant Marx à la fin des *Choses* : « Le moyen fait partie de la vérité aussi bien que le résultat. Il faut que la recherche de la vérité soit elle-même vraie. »

Qui se méfie de l'histoire-résultat, Pallas née tout armée du cerveau de Jupiter, ouvrira son atelier à tous. Faute de s'intéresser aux secrets d'alcôve, aux portes dérobées et autres coulisses de l'Histoire, on peut faire visiter celles du livre lui-même. Invité à passer de l'autre côté de la barrière, le lecteur découvre une recherche en train de se faire, impatiente d'exposer ses raisons, ses postulats, ses définitions, ses associations d'idées, soucieuse de démêler les opérations logiques et archivistiques dont elle est tissée, avec ses arguments, ses preuves, ses procédés, ses arrangements, ses lacunes, ses réussites, ses échecs. Pour le lecteur, il est utile de comprendre comment l'histoire permet de comprendre ; autrement dit, de comprendre au carré.

Pour le chercheur, il est gratifiant de montrer comment la connaissance se fabrique. Il est important de montrer que l'histoire se fait dans un atelier, mais aussi au-dehors, comme les impressionnistes peignaient en plein air. Il est agréable d'accueillir le non-spécialiste comme un ami, au lieu de le cantonner dans le rôle d'un admirateur passif. Cet *alter ego* aurait pu faire la même chose que moi, pour peu qu'il en ait eu le temps et l'envie. En écrivant l'histoire comme l'histoire de notre tâtonnement, nous devenons ce que nous sommes : des écrivants qui essaient de produire des énoncés de vérité, non des autorités décrétant le vrai.

Ce principe de coproduction du savoir influe évidemment sur la construction narrative. Avant d'introduire le visiteur dans les appartements, il est bon de le faire grimper à l'échafaudage. Comme il y a des plafonds avec poutres apparentes, il y a des récits avec preuves apparentes, une histoire à colombages. Elle consiste à montrer comment tout l'édifice tient. La recherche est livrée dans son entier – structure, bâtiment, moulures –, dans la durée de son travail (comme on dit que le bois « travaille »), dans l'épaisseur de sa genèse, de sa réalisation et de son inachèvement, parce qu'elle est inséparable non seulement de la démarche intellectuelle qu'elle suit, mais des difficultés qu'elle a soulevées et continue de soulever. Comme l'historien et le sociologue, l'anthropologue peut préciser les conditions de son observation, au contraire de ces chercheurs qui préfèrent « livrer leurs conclusions toutes faites, sans rien nous dévoiler de leur genèse[1] ». Le récit de l'enquête fait toucher son grain. La toile laisse deviner l'esquisse, l'amas de couleur, le mouvement du pinceau. Ici est consommée la rupture avec l'« esthétique du fini », qui est l'empreinte de l'académisme en sciences sociales comme en peinture.

Au fond, le mode objectif est paradoxal. Élu par l'histoire-science, il produit un récit saturé d'effets de réel, en en expulsant les preuves et autres éléments critiques, remisés dans des notes-croupions. Afin de mieux respecter l'exigence des sciences sociales, on pourrait déplacer le centre de gravité de la narration et consacrer une part du récit à la recherche elle-même, c'est-à-dire à la manière dont on a raisonné, enquêté, douté, prouvé. Le cœur du livre ne serait plus le

---

1. Bronislaw Malinowski, *Les Argonautes du Pacifique occidental*, Paris, Gallimard, « Tel », 1989 (1922), p. 58-60.

récit historique, mais le *récit du raisonnement historique*, le reportage de l'activité intellectuelle sans laquelle l'histoire ne serait qu'un « narré » de surface.

Nous avons tout à gagner de ce changement. Une enquête a cette miraculeuse propriété d'adopter la méthode des sciences sociales tout en passionnant le lecteur : séjour de Malinowski entre 1914 et 1918 sur un archipel au large de la Nouvelle-Guinée orientale, où plusieurs milliers de partenaires s'échangent des brassards et des colliers de coquillages dépourvus de toute fonction utilitaire ; enquête de Nuto Revelli sur les traces du « disparu de Marbourg », cet Allemand solitaire qui vivait dans la caserne de San Rocco, se promenait à cheval tous les matins, parlait aux enfants, avant d'être tué par les partisans à l'été 1944 – ni héros ni bourreau, plutôt un brave homme. Dans les grottes du paléolithique supérieur, Leroi-Gourhan nous fait découvrir les dessins abstraits qui accompagnent les grandes compositions d'animaux : points, lignes, rainures, grilles, méandres. Après quelques recoupements, il s'aperçoit de leur caractère constant et régulier. À Las Monedas, en Espagne, apparaît « le plus surprenant "gribouillis" de tout le paléolithique » : cercles et bâtonnets, semblables à ces figures incohérentes et pourtant signifiantes que certains tracent sur un bout de papier en parlant au téléphone[1]. Ce « panneau des contours inachevés », ce « résidu décourageant de griffonnages », c'est au fond ce que tout chercheur a devant lui. Et Leroi-Gourhan de nous raconter à la fois les traces sibyllines, l'énigme qu'elles posent et les efforts qu'il fait pour les déchiffrer, c'est-à-dire, en un mot, sa bataille pour comprendre. Une autre allégorie de la caverne.

Pour transcender et accomplir la *mimesis*, le texte des sciences sociales peut prendre la forme d'une structure à

---

1. André Leroi-Gourhan, *Préhistoire de l'art occidental*, Paris, Citadelles et Mazenod, 1995 (1965), p. 204-206.

double hélice, composée du récit qui représente-explique les faits (comme disent les narrativistes) et du récit de l'enquête qui a permis d'établir ces faits – histoire d'un objet et, indissociablement, histoire de l'individu en situation lancé sur les traces de cet objet. Le texte-recherche, en tant que forme, consiste donc à réunir dans un même récit le passé, la preuve et l'enquête. Son véritable héros n'est pas le grand homme, ni l'événement, ni l'historien, mais le raisonnement. À terme, les notes en bas de page, ces cicatrices honteusement cachées, pourront se résorber : réintégrées dans la narration, elles seront devenues la matière même du récit. Cette réincorporation a quelque chose d'une profession de foi : le raisonnement historique est le cœur de notre activité.

Transparence et finitude

Ouvrir l'atelier du chercheur, construire un raisonnement avec poutres apparentes : ces métaphores de la visibilité ont un rapport étroit avec l'idéal de transparence. Il ne s'agit plus de la « maison de verre » naturaliste, assez illusoire, ni de la « transparence » totalitaire, celle de l'absence d'intimité et de l'autocritique forcée. Le vérisme hyalin et l'écrasement de l'individu ont les mêmes conséquences : ils tuent le débat critique. La vraie transparence, c'est la qualité démocratique que possède une gestion (ou une décision) quand elle est intègre et conforme à des procédures connues de tous.

Le raisonnement est donc transparent quand il est analytique, c'est-à-dire intégralement explicité et assumé ; quand il repose sur des définitions claires, des hypothèses, des déductions, des exemples, des contre-exemples. Plus il est visible, plus on en aperçoit les rouages, les lignes de force et de faille, les limites. L'effort pour ne rien cacher, qui n'a rien à voir avec l'exhibitionnisme, est aussi un appel à la discussion, à cette amitié-rivalité qui fonde toute science. On pourrait craindre que la transparence ne stérilise le texte ; en fait, elle préserve plutôt du non-texte. L'exigence d'*accountability*, l'expression du doute, la confession de l'inachevé incisent le caractère « positif » du discours, cette plénitude qui n'a rien d'autre à offrir que sa satisfaction. La rigueur vis-à-vis de soi-même empêche de livrer un « résultat » univoque, et l'inquiétude du chercheur confère au texte sa profondeur narrative[1].

Il y a quelque chose de stoïcien dans cet examen de conscience. Tout livre d'histoire pourrait se recommander des *Essais* : « C'est ici un livre de bonne foi, lecteur. » Plusieurs écrivains se sont présentés devant le lecteur, leur finitude incarnée dans un ouvrage : Montaigne, saint Augustin, Salluste du fond de sa retraite. Dans *Poor People*, William Vollmann tient à rappeler qu'il n'a pas connu la misère, contrairement à London et à Orwell, et qu'il ne sait donc pas de quoi il parle. Au début de *Stèles*, consacré aux 36 millions de Chinois victimes de la famine entre 1958 et 1961 (parmi lesquels le propre père de l'auteur), Yang Jisheng a le courage de cet aveu : responsable de la propagande aux Jeunesses communistes, il a chanté jusqu'au bout les louanges du Grand Bond en avant : « Mon chagrin à la mort de mon père n'a pas affaibli ma confiance dans le Parti[2]. »

Quel est le contraire de cette transparence ? C'est la furtivité de Jauss, qui théorise l'usage de la fiction en histoire sans se demander en quoi cette déréalisation l'intéresse personnellement, en tant qu'ancien volontaire et officier de la Waffen-SS. Comme le dit Stierle, son successeur à

---

1. Voir Patrick Boucheron, « On nomme littérature la fragilité de l'histoire », *Le Débat*, n° 165, mai-août 2011, p. 41-56.
2. Yang Jisheng, *Stèles. La grande famine en Chine, 1958-1961*, Paris, Seuil, 2012, p. 14-16.

Constance, dans l'université allemande de l'après-guerre, « la devise de l'effacement du moi devant l'objectivité de la science masquait, le plus souvent, un autre silence, celui devant l'horreur[1] ». Le remède à cette inauthenticité ? Que le chercheur descende en lui-même avant d'aller vers les autres. Car, enfin, qui est-il pour s'arroger le droit de dire la vérité des hommes ? L'investigateur interroge et critique les témoins, mais, demande Volney, est-il lui-même exempt de leurs défauts, de leur négligence, de leurs préjugés ? « N'est-il pas homme comme eux[2] ? »

Objectiver sa subjectivité, perquisitionner chez soi, abjurer toute supériorité : ces exercices participent de la méthode des sciences sociales. Une fois que nous nous sommes placés sur l'échiquier du monde, parmi les autres, nous pouvons les rencontrer en sociologues, les observer en anthropologues, les étudier en historiens. Péguy se moquait des historiens qui refusent d'être dans le « rang historique », comme un médecin refusant d'être malade et de mourir. Nous, les historiens, sommes aussi des êtres d'histoire.

La recherche en sciences sociales aide les vivants à vivre. Elle rend intelligible leur passé, leur parcours, le monde où ils vivent. Elle permet aux gens d'arpenter des époques et des espaces lointains, mais aussi de se réapproprier leur propre expérience, de recouvrer les mots dont les a privés le traumatisme – abandon, solitude, exil, pauvreté, discrimination, racisme, guerre, mort. L'historien est un *Mensch* qui aide ses pareils, qui est d'autant plus humain qu'il essaie de comprendre ce que font les autres humains, ces hommes dans le temps qu'il étudie depuis son point de vue d'homme dans le temps. L'histoire est ce par quoi nous nous relions aux autres, à nos enfants comme à nos

---

1. Cité dans Maurice Olender, « Le silence d'une génération », in *Race sans histoire*, Paris, Seuil, « Points Essais », p. 249-291.
2. Volney, *Leçons d'histoire prononcées à l'École normale...*, *op. cit.*, p. 21.

ancêtres. C'est la question que nous portons en nous et qu'à l'hiver de notre vie nous regretterons de ne pas avoir posée, hommage intéressé qu'un vivant rend aux disparus au nom des vivants, avant de disparaître à son tour.

Une mélancolie poignante habite *L'Automne du Moyen Âge* (1919) de Huizinga. « Quand le monde était de cinq siècles plus jeune », les événements se détachaient avec des contours plus marqués. Il y avait moins d'adoucissement contre l'adversité ; on jouissait plus avidement de la richesse. Il faut se rappeler cette facilité d'émotions si l'on veut concevoir « l'âpreté de goût, la violence de couleur qu'avait la vie en ce temps-là ». Les expressions de Huizinga, « la vie en ce temps-là », « il y avait alors », « plus qu'aujourd'hui », montrent que le sentiment du révolu ne crée aucune discontinuité. Au contraire, il fait aller et venir entre le passé et le présent, de eux à nous, en un retour sur soi qui rend plus sensible encore l'étrangeté des frères humains qui nous ont précédés. On appelle cela une oraison.

Le mode réflexif

En récapitulant, j'énonce les quatre principes du mode réflexif, qui a la vertu d'intégrer l'effort méthodologique dans la narration elle-même.

L'implication du chercheur. Même si les siècles ont accompli leur œuvre, le chercheur est relié à son sujet par mille fils invisibles. Son épistémologie bénéficie d'un « moi » fidèle à l'exigence de Pascal, un anti-Narcisse composé d'un moi-témoin, d'un moi de recherche et d'un contre-moi.

Le « je » de méthode. En intégrant la subjectivité du chercheur dans la narration, le « je » rend le propos plus objectif : il éclaire la position d'où l'on parle, les circonstances de l'enquête, les tenants et aboutissants du raisonnement, les certitudes et les doutes. Humble et lucide, il appartient au protocole scientifique.

Un point de vue sur le point de vue. Parce qu'il est en situation, le chercheur se bat avec le réel, dans un dépôt d'archives ou dans une banlieue, au fond d'une tombe ou au milieu d'un erg, à la recherche de traces. Conscient de sa situation, refusant de surplomber le monde, capable de ce retour sur soi qu'on nomme *teshuva* en hébreu, il produit des énoncés de vérité susceptibles d'être réfutés.

La transparence démocratique. C'est le raisonnement dans sa plus grande honnêteté. Il devient analytique quand il est explicité, quand il repose sur des définitions claires, des postulats, des hypothèses, des déductions, des exemples et des preuves. Un chercheur n'a pas à s'exhiber ; il doit seulement dire les choses et montrer comment elles sont faites.

Fort de ces principes, le mode réflexif peut rompre avec le récit des romanciers réalistes et des historiens académiques. Il préfère la rectitude à l'objectivité, l'honnêteté au neutralisme, l'intranquillité à la certitude, le vide au plein, l'explicitation à la science infuse. Le narrateur objectif sait tout et dispense l'information à son gré ; le narrateur réflexif ne sait rien et construit un raisonnement. Le mode objectif pratique la méthode aux dépens de la littérature et la littérature aux dépens de la méthode, sous la forme de l'histoire-tragédie, de l'histoire-éloquence ou de l'histoire-panégyrique ; le mode réflexif se fait littérature pour mieux raconter l'activité scientifique du chercheur. Il se revendique comme une recherche et une forme, au nom de la méthode. Il permet de vivre l'histoire, à défaut de ressusciter les morts.

Cette profession de foi peut troubler. Protester hautement de sa lucidité, présenter une recherche en cours, multiplier les « peut-être » et les « sans doute » n'est pas un gage de rigueur. En d'autres termes, comment éviter que le mode réflexif n'offre un autre spectacle, une mise en scène de soi ? Le pourfendeur des effets de réel, des effets d'Histoire, des effets de vécu, des effets de style, ne recourrait-il pas lui aussi à des « effets d'honnêteté » ?

Le seul effet que peut revendiquer le chercheur, c'est l'effet de distanciation, le *Verfremdungseffekt* de Brecht, ce procédé fait d'humour, d'ironie, d'avertissement, de désillusion et de complicité. Au théâtre, le *V-Effekt* incite le spectateur à considérer la scène avec un « œil investigateur et critique » : éclairage très vif, visibilité des sources de lumière, jeu décalé des comédiens, prise à partie du public. La salle, débarrassée de toute magie, ne crée plus aucun « champ hypnotique ». Brecht établit explicitement un parallèle entre l'effet de distanciation et le regard scientifique. L'un et l'autre constituent une « technique de suspicion systématique » à l'égard de tout ce qui semble aller de soi : le comédien doit mettre entre lui et le présent « cette distance que l'historien prend devant les événements et comportements du passé[1] ». Le fait de refuser toute mystique n'empêche pas de vivre pleinement le théâtre ; simplement, les émotions sont d'une autre nature.

De nombreux artistes et écrivains ont été influencés par la théorie brechtienne, son refus de l'adhésion passive, sa volonté de réveiller le lecteur, d'exciter son esprit critique. Perec déclare en 1969, l'année où paraît *La Disparition* : « J'ai été élevé à l'école de Brecht, je suis pour la froideur, le recul[2]. » Depuis l'enquête jusqu'à l'ironie, les sciences sociales disposent de tous les instruments pour casser l'illusion de l'Histoire ou du vécu « comme si vous y étiez ». Le texte-recherche ne flatte pas le besoin de croire. Il empêche, par des procédés cognitifs et littéraires, cette exquise démission qui consiste à se laisser bercer par la voix du Passé qui raconte au coin du feu. La satisfaction n'est pas dans

---

1. Bertolt Brecht, « Nouvelle technique d'art dramatique » (1935-1941), in *Écrits sur le théâtre*, Paris, L'Arche, 1963, p. 330-337.
2. Georges Perec, *Entretiens et conférences, op. cit.*, p. 106.

le croire, mais dans le refus du croire, dans le plaisir du dessillement et dans le sentiment d'avoir compris – un peu.

C'est à ce prix que la narration dramatique, incarnée dans des protagonistes célèbres ou anonymes, redevient acceptable. L'identification qu'elle provoque est simultanément annulée par l'effet de distanciation, manière de passionner le lecteur sans jamais l'emprisonner dans l'histoire-tragédie. Clin d'œil au clinamen : l'écrivain-historien a tout loisir de recourir aux effets de présence et autres effets de réel, du moment qu'ils sont démentis par une recherche en acte, racontée comme un processus vivant et réflexif, le *R-Effekt* des sciences sociales en quelque sorte. C'est exactement la définition de la fiction de méthode. Comme tout écrivain, le chercheur a le droit d'être un peu magicien, mais il doit révéler ses trucs.

12

De la littérature au XXIe siècle

> Je ne sais pas ce qu'est le cinéma,
> c'est pour cela que je continue à faire des films.
>
> KUROSAWA

Une réflexion sur l'écriture des sciences sociales permet de s'intéresser à la forme de la recherche, mais aussi d'aborder sous un jour nouveau la question des rapports entre la littérature et le réel. En refusant d'identifier la littérature au roman et les sciences sociales au non-texte académique, en choisissant d'incarner un raisonnement dans un texte, on aboutit à une autre manière de faire des sciences sociales et à une autre manière de concevoir la littérature.

L'enquête ou la post-disciplinarité

Aujourd'hui, l'histoire et la sociologie sont assez légitimes, assez installées dans l'université et dans la cité pour pouvoir s'ouvrir de nouveau à la littérature, alors qu'il y a un siècle et demi, pour s'imposer, elles avaient cru devoir s'en « purger » (sans y parvenir évidemment). Au XIXe siècle, l'avènement de la méthode a correspondu à une stratégie institutionnelle bien compréhensible, mais aussi à une division du travail profondément sexuée. À la science, la vérité difficultueuse ; à la littérature, les charmes de la vie. Les scientistes, exclusivement masculins à l'époque, ont rompu avec la littérature comme un ascète s'interdit de regarder les femmes.

On ne peut nier l'apport des différentes disciplines professionnalisées depuis lors, mais cette institutionnalisation a eu un coût qu'il ne faut pas se cacher. L'écho des pionniers, répercuté tout au long du XXe siècle – depuis la *Revue de synthèse* d'Henri Berr en 1900 jusqu'aux *Annales. Histoire, sciences sociales* de 1994 –, est de plus en plus faible. Il est fécond de regrouper, dans un même programme de recherche, des spécialistes définis par leur appartenance disciplinaire, mais il est crucial aussi de rappeler que la pluridisciplinarité invite à travailler sur la frontière, à troquer les outils, à bousculer les habitudes, à croiser différentes approches dans un seul et même texte.

J'ai utilisé les termes de « sciences sociales » et de « raisonnement historique » pour parler de l'histoire, de la paléontologie, de la sociologie, de l'anthropologie. Je me suis efforcé de montrer que le raisonnement historique en général et l'histoire en particulier n'avaient pas de lien organique avec l'« Histoire », qu'ils ne se limitaient pas à l'étude du passé, qu'ils permettaient la compréhension des sociétés contemporaines, des anonymes, du non-événement. Ces choix terminologiques ne traduisent aucune imprécision (quoique j'eusse pu parler des « sciences humaines »), ni je ne sais quel impérialisme historien. Ils ont pour seule ambition de mettre au jour ce qui unit, précisément, toutes ces activités intellectuelles.

Le paradigme de l'enquête permet de fédérer à la fois les sciences sociales et des récits qui ressortissent aujourd'hui à la littérature. Toutes ces formes sont capables de déployer un raisonnement dans un texte. Cela ne veut pas dire que Perec égale Friedländer et que Bourdieu égale Faulkner. Cela signifie seulement que la littérature fait du bien aux sciences sociales et que les sciences sociales font du bien à la littérature.

Voilà à quoi pourrait ressembler une post-disciplinarité héritière de la révolution méthodique : concilier, dans un texte, différentes expériences de savoir et d'écriture ; pratiquer non pas une histoire qui se ferait « littéraire » comme on se pare de plumes (ou comme un ascète s'autorise enfin à regarder les femmes), mais une histoire qui est d'autant plus sensible et vibrante qu'elle est enquête, raisonnement, méthode, science sociale ; un texte où se livre un combat, avec toutes les armes de cette quête éperdue, traces et rencontres, hypothèses et voyages, « je » et fictions de méthode, fonctionnant comme des opérateurs de littérarité. Quand je dis une histoire plus littéraire, j'entends plus rigoureuse, plus transparente, plus réflexive, plus honnête avec elle-même. Car l'histoire est *d'autant plus scientifique qu'elle est littéraire.*

Si le récit historique va jusqu'à aujourd'hui, si l'histoire n'a pas de rapport particulier avec l'Histoire, si les sciences sociales donnent lieu à une enquête, si l'historien voyage et rencontre des témoins, c'est tout naturellement que le texte s'ouvre à des expériences nouvelles. L'historien, avec les outils qui sont les siens, peut investir l'actualité, un phénomène contemporain, un problème de société, un milieu, un territoire. Et il n'y a aucune raison qu'il se prive du concours des arts visuels et audiovisuels.

En entrant dans la post-disciplinarité, les sciences sociales peuvent accéder à la modernité, une modernité sans postmodernisme, une rigueur sans académisme, une littérature où l'on n'aurait pas remis tous les pouvoirs à la fiction. Aucun des instruments auxquels recourt la recherche en sciences sociales ne sert à s'emparer du pouvoir. Ils ne sont que des moyens orientés vers une fin : la production de connaissances. Le roman et la poésie ont été les creusets de la modernité littéraire. Ce pourrait être aujourd'hui les sciences sociales, toute cette *littérature d'évasion* qui sait, grâce aux preuves, échapper à elle-même.

Cette liberté, les sciences sociales la conquièrent grâce aux règles qu'elles se fixent en toute connaissance de cause. Parmi ces règles, il y a celle qui autorise à les transgresser toutes – parfois. Contrairement à ce que professe la vulgate romantico-libertaire, on peut s'émanciper en obéissant à une méthode. Cela permet de remplacer l'histoire réaliste du XIXe siècle par une histoire littérairement moderne, qui entremêle les voix narratives, ourle les béances, divulgue les codes, respecte si visiblement les règles qu'elle finit par les subvertir. Les sciences sociales sont une école de liberté et le chercheur peut, sans se renier, être un écrivain. Puisse-t-il ne pas s'en apercevoir seulement en fin de carrière, à l'âge chenu !

Certains anthropologues des années 1930-1950, Alfred Métraux, Michel Leiris, Claude Lévi-Strauss, ont publié un ouvrage littéraire (autobiographie, journal) au retour d'un de leurs terrains, « deuxième livre » destiné à faire pendant à leurs publications savantes[1]. Tout le monde n'a pas eu cette audace. Au début du XXe siècle, l'anthropologue Paul Rivet est en mission en Équateur. Bouleversé par la détresse des Indiens, empli d'un sentiment de révolte face au gâchis que représente la conquête espagnole, il écrit des poèmes, un texte sur les causes de cette tragédie, une description d'une petite ville du Nord où règne la misère. Il ne les publiera jamais. Pourquoi ? Parce que, pour Rivet, la littérature est incompatible avec une ambition scientifique et une réputation de savant. Fuyant l'émotion, ravalant sa colère, négligeant de raconter ses activités de médecin officiant auprès des Indiens, il préfère opter pour le « scientifiquement correct » de l'érudition et de la filière académique. Pour la jeune

---

1. Vincent Debaene, *L'Adieu au voyage. L'ethnologie française entre science et littérature*, Paris, Gallimard, 2010.

ethnologie française en voie d'institutionnalisation, la poésie et la littérature de voyage sont une « détestable école[1] ».

La carrière de Rivet est brillante (il fondera le musée de l'Homme et le réseau de résistance du même nom). Mais, pour ce parcours, combien d'autocensure, de renoncement, de mutilation ? Combien de Rivet, aujourd'hui, dans les universités du monde entier ? Entre l'institution et la littérature, ils ont choisi la première. Pourtant, il est possible d'avoir les deux, parce que la littérature est la forme nouvelle et exaltante que les sciences sociales sont capables de prendre aujourd'hui.

« Tentons l'expérience », comme disaient les *Annales* dans un éditorial de 1989. Je ne dis pas que c'est nécessaire, supérieur, obligatoire ; je dis que c'est possible. La recherche en sciences sociales est aussi une recherche sur ses propres formes. Elle sert à bousculer les genres, à instiller du doute, à déplacer les lignes, à renverser ce qui était bien rangé. La vraie pluridisciplinarité est un éloge de l'hybride – une forme instable, un texte non défini, qui peut être à la fois enquête, témoignage, document, observation, récit de voyage, histoire des disparus et histoire des fils spirituels que nous sommes. À l'intérieur de quelques règles, oublions ce que nous avons appris à faire.

Pour un néo-cicéronisme

Par-delà la diversité des initiatives et le foisonnement des expériences, peut-on se mettre d'accord sur deux ou trois grands principes ? À quelle tradition puiser ? Comme Hérodote est dédaigné par Thucydide, comme la littérature inquiète l'histoire-science, le cicéronisme fait office

---

1. Christine Laurière, « "Détestables écoles d'ethnographie". Littérature interdite, poésie censurée », *L'Homme*, n° 200, octobre 2011, p. 19-41.

de repoussoir, et il le serait assurément s'il se résumait à l'histoire-éloquence ou à l'histoire-panégyrique. Nous le savons tous : le but de l'histoire n'est pas de célébrer les puissants, ni de donner des recettes pratiques pour conduire sa vie.

Heureusement, il y a un énorme espace entre ces formes périmées et l'académisme ennuyeux. On dit que l'histoire éduque à la citoyenneté. Les historiens peuvent aussi agir dans la cité. Ils ont participé, en tant que chercheurs, aux combats de la vérité qui ont émaillé le XXe siècle. Ils sont ici les héritiers de l'orateur cicéronien, dont le verbe, doté d'une efficace, permet de livrer un « vrai combat » dans le prétoire et sur le forum. Comme la rhétorique d'Aristote et de Cicéron, l'histoire est agonistique : elle sert à se battre contre l'indifférence, l'amnésie, le mensonge, les contrevérités. Comme l'orateur, le chercheur a des responsabilités publiques. Point n'est besoin, pour les assumer, de s'encarter ou de courir les plateaux de télévision : produire et diffuser des connaissances, c'est déjà s'engager. Mais, pour cela, il faut accepter de parler à un public. D'où la nécessité de réfléchir au genre d'« éloquence » qui convient le mieux aux sciences sociales.

L'orateur cicéronien sait émouvoir le juge et l'auditoire. En quoi l'historien devrait-il toucher son lecteur ? N'a-t-il pas une activité rationnelle qui a pour seul but la recherche du vrai ? Le pathétique et la grandiloquence ne font-ils pas violence au lecteur ? Il n'en demeure pas moins qu'une recherche peut être émouvante. Elle ne l'est pas nécessairement par son contenu, mais elle l'est par sa forme, quand celle-ci est assumée, quand l'enquête est racontée, avec ses victoires et ses échecs. Car c'est alors sur nous-même que nous travaillons, sur notre liberté et notre finitude, sur notre histoire en un mot.

À l'instar de l'éloquence antique, les sciences sociales pourraient se donner trois missions : prouver, plaire, émouvoir.

Dans une recherche, le raisonnement est toujours premier. Fondé sur la preuve, il est l'élément fondamental du texte ; tous les autres en dépendent. Pour Cicéron, le *probare* passe par la persuasion, la puissance verbale. Au XXIe siècle, un historien ne cherche pas à convaincre, mais à démontrer. Pour Cicéron, le talent suprême consiste à bouleverser, c'est le « triomphe » de l'orateur. Un historien n'a qu'un seul triomphe : comprendre ce qu'il voulait comprendre, c'est-à-dire affronter une question de manière probante.

Écrire un texte implique de prendre en compte l'intérêt du lecteur. Un chercheur peut y réussir en se posant une question très simple : « Qui aura envie de me lire à part ceux qui, collègues et étudiants, en ont l'obligation ? » Mais le *conciliare* ne consiste pas à circonvenir le grand public, soit qu'on essaie de l'attirer par le sensationnalisme, soit qu'on cherche à l'impressionner par le paratexte et l'apparat critique. C'est par le plaisir de la lecture – excitation de l'enquête, originalité du sujet, goût d'apprendre, émotion esthétique – qu'on peut se concilier le lecteur.

Comme l'orateur met « la flamme au cœur du juge[1] », l'historien communique au lecteur son feu sacré. Cette flamme ne se transmet pas directement, par le pathétique du *movere*, mais incidemment, par l'intransigeance d'exactitude, l'effort de véridiction, l'humilité de l'enquêteur-voyageur. Le style retenu se laisse parfois transpercer par l'enthousiasme ou le chagrin qui circulent en lui. C'est ainsi que le « sublime » (pour parler comme Cicéron) jaillit de la sobriété. L'émotion est le désespoir de la vérité.

Prouver, plaire, émouvoir. Ces trois mots d'ordre permettent de substituer une histoire-littérature à une histoire « enlittératurée ». Le *probare* vaccine contre la tendance au panégyrique, qui disqualifie certaines biographies (« C'était un visionnaire, un géant, un rebelle, un martyr »). À la place

---

1. Cicéron, *De l'orateur*, livre II, XLV, 188.

des éloges, la volonté de comprendre. En guise d'hommage, la simple vérité qu'on doit aux disparus, la sobriété d'une oraison qui récapitule. Le *conciliare*, fondé sur le plaisir du texte, est un remède à l'histoire-éloquence, qui capte le lecteur par le biais d'adjuvants extérieurs : système scolaire, prestige de l'érudition, devoir professionnel. Enfin, les stratagèmes de l'histoire-tragédie et du *story-telling* peuvent être remplacés par l'émotion qui émane de la recherche elle-même.

Cette trinité néo-cicéronienne pourrait aider les sciences sociales à conquérir de nouveaux lecteurs.

Une contre-littérature

Le roman règne aujourd'hui sur la littérature. C'est un fait que l'on ne saurait contester ni regretter. Mais il existe une autre littérature, sans nom bien défini, une littérature effective dont la nature est de s'accrocher au réel. Ces textes, qu'on plaint d'être prosaïques, voire triviaux, forment une littérature de l'intelligibilité. Ils portent l'empreinte du raisonnement historique. Là est aussi l'écriture des sciences sociales.

Démontrer la littérarité des sciences sociales revient à fonder une littérature du réel, caractérisée avant tout par son rapport au monde. Cette littérature n'est pas définie par son objet (les « faits ») ni par son manque (la « non-fiction »), mais par son désir de compréhension, sa potentialité explicative. En d'autres termes, si littérature du réel il y a, elle est plus cognitive que réaliste. Théorie d'une écriture-dévoilement : au lieu d'imiter le réel ou d'inventer des histoires, la littérature peut tenter de dire vrai au sujet du monde.

Tous ces textes dépréciés sont une mine d'or. Si la fiction est un texte *sans conditions*, la littérature-science sociale peut se définir comme un texte *sous conditions*, conscient des règles qui le façonnent et l'affranchissent. Ces conditions mêmes démultiplient les pouvoirs du texte – une littérature qui casse tout effet de réel, qui sait de quoi elle est faite, qui passe son temps à se réfuter, à se critiquer, à sortir d'elle-même, à proliférer, à se nier et à se renier, une littérature faite de documents, de citations, d'extraits, de bribes, de traces, une littérature en morceaux, une contre-littérature en quelque sorte, qui ne cherche pas à « en être » et qui en est malgré tout, parce qu'elle est une recherche.

Recherche dans le réel, recherche sur soi : cette littérature bénéficie de la réflexivité des sciences sociales et de leur extraordinaire capacité d'expérimentation. Ainsi émergent des formes hybrides, texte-recherche, autobiographie-parcours, enquête dans le passé, reportage socio-historique, écriture audiovisuelle, théâtre documentaire. Ces formes littéraires sont également historiennes, sociologiques, anthropologiques. Elles apportent une solution à ce double défi : renouveler l'écriture des sciences sociales ; proposer une écriture du monde.

Genette a raison : le roman est, de nos jours, la littérature « constitutive ». Mais c'est précisément parce que la fiction a un tel privilège, parce qu'elle est la fille aînée, la préférée, l'institutionnelle, qu'il est intéressant de prendre un autre chemin, celui qui mène à la *frontier*, dans le no man's land, sur la marge des bâtards. Jouons à défictionnaliser la fiction, en l'activant au moyen d'une méthode, d'un engagement critique, d'un *R-Effekt*. Pour faire autrement de l'histoire et de la littérature, peut-être faut-il commencer par tourner le dos à l'histoire et à la littérature. Pour écrire, ne plus être écrivain, mais chimiste, journaliste, prêtre, médecin, explorateur, avocat, chercheur, ou seulement un internaute anonyme. Comme Mr. Everyman est son propre historien, nous sommes tous capables de comprendre notre vie.

Au début du XVIIe siècle, l'écrivain est une sorte de copiste, un employé public, greffier ou monteur de paperasses. De nos jours, il peut encore être un « écrivain non-écrivain », comme dit Primo Levi, quelqu'un qui exerce un métier, écrit des rapports, rencontre des gens, transmet des informations, communique une expérience. Heureux les prophètes, les devins, poètes-voyants, écrivains-chamans ! Mais, si l'on ne fait pas partie de ces élus, on a toujours la possibilité d'être un enquêteur, un militant, un arpenteur, un *histôr*, un témoin, un scribe, un « scrivain » comme dit Perec, un chercheur parti sur les traces de ce qu'il a perdu, ou des mondes qui ont sombré, ou des structures qu'on ne voit pas, ou des gens qu'on a oubliés. Voilà ce que le XXe siècle a fait aux sciences sociales et à la littérature ; voilà le viatique avec lequel nous partons pour le siècle nouveau.

Le texte du scripteur moderne ne divulgue pas « le "message" de l'Auteur-Dieu », mais il est « un tissu de citations, issues de mille foyers de la culture[1] ». Une bonne manière d'enterrer définitivement l'Auteur, c'est de faire des sciences sociales, de citer ses sources, de s'inscrire dans un collectif, de se soumettre à la critique des autres, et une bonne manière de faire lire les sciences sociales, c'est de les écrire. La démocratisation du savoir défait le « sacre de l'écrivain ». Elle ouvre à la foule les cénacles des *happy few* et les séminaires des spécialistes.

Les temps sont mûrs

En littérature comme en sciences sociales, les expériences sont inséparables des lieux qui les abritent. Depuis 1989, la collection « La Librairie du XXe siècle » (devenue en 2001 « La Librairie du XXIe siècle ») a profondément renouvelé les écritures du savoir, en ouvrant ses pages à des romanciers, des historiens, des dramaturges, des sociologues, des poètes, des anthropologues.

---

1. Roland Barthes, « La mort de l'auteur », art. cit.

LITTÉRATURE ET SCIENCES SOCIALES

Depuis une quinzaine d'années, les initiatives se sont multipliées, non dans un espace de recherche spécifique, mais dans la manière d'écrire les mondes passés et actuels. Je voudrais évoquer la collection « Nos héroïnes » chez Grasset et la collection « Histoire de profil » aux Belles Lettres, où s'entremêlent biographie, littérature et histoire ; la revue *Écrire l'histoire*, qui s'efforce de « la raconter, la peindre, la filmer, la jouer, la chanter » et ainsi, toujours, la repenser ; la revue *Labyrinthe*, « lieu de recherche et d'expérimentation dans le domaine des savoirs littéraires, philosophiques, historiques et sociaux » ; le Banquet du livre, organisé à Lagrasse par l'association Le Marque-Page en lien avec les éditions Verdier, fréquenté par un public de tous horizons et de tous âges ; le festival Walls and Bridges, organisé par la Villa Gillet, qui réunit artistes et penseurs issus des sciences sociales, de la littérature et du spectacle vivant ; la revue en ligne *La Vie des idées*, lieu de débat que nous animons, depuis le Collège de France, grâce à une équipe pluridisciplinaire ; la revue *XXI*, qui allie reportages, interviews, bandes dessinées et photos, composantes d'une littérature apte à comprendre le monde ; le projet « Raconter la vie », dont les livres et le site Internet œuvrent à écrire collectivement « le roman vrai de la société d'aujourd'hui ». Toute cette effervescence est le produit d'une liberté : le choix d'aborder autrement le passé et le présent, en mêlant différentes approches, diverses formes, plusieurs types de raisonnement.

J'ai parlé, dans ce livre, de la rencontre entre sciences sociales et littérature. Il en faudrait un autre pour évoquer les arts visuels et le cinéma[1]. Mais l'idée est là : non seulement oser des expériences nouvelles, mais projeter sur

---

1. Voir, pour la bande dessinée, Art Spiegelman, *Maus. Un survivant raconte*, Paris, Flammarion, 1987, et Alan Moore, Eddie Campbell, *From Hell. Une autopsie de Jack l'Éventreur*, Paris, Delcourt, 2011 (1991) ; ainsi que, pour le cinéma, Natalie Zemon Davis, Jean-Claude Carrière, Daniel

mille supports les outils d'intelligibilité que nos devanciers ont forgés et auxquels nous tenons. Le temps viendra où il ne semblera plus loufoque d'incarner le raisonnement historique dans une exposition de photos, une bande dessinée, un jeu vidéo, une pièce de théâtre. À cet égard, Internet est notre plus fidèle allié.

Si les écrivains, les journalistes, les dessinateurs, les photographes inventent des formes nouvelles pour raconter la société et comprendre le réel, il ne faut pas oublier que les sciences sociales se produisent essentiellement à l'université. « Universitaire » est un mot piégé, qui dit à la fois la noblesse de la recherche, le cafard de l'académisme et la misère d'établissements sous-dotés. Soumise à la concurrence des classes préparatoires et des formations professionnalisantes, l'institution est obligée de changer. Elle est riche de ses enseignants et de ses étudiants ; mais il ne faut pas se cacher que les effectifs de LSHS (« Lettres, sciences humaines et sociales ») ne cessent de diminuer. Certains départements sont d'ores et déjà sinistrés.

Prenons plaisir à imaginer un autre avenir. Des ateliers d'écriture, en sciences sociales comme en lettres ; des stages de terrain encadrés par des équipes de tuteurs pluridisciplinaires ; des thèses et des habilitations qui comportent une part de *creative history*, non par conformisme, mais parce qu'elle est un visage des sciences sociales ; des départements de LSHS transformés en lieux de post-disciplinarité, c'est-à-dire d'expérimentation et d'échange, en lien avec les écoles d'art, de cinéma et de journalisme ; des textes-recherches publiés dans des revues, des maisons d'édition, sur Internet, et destinés à un public. Il est frappant que la France, crispée sur son « identité », hantée par le déclin, soit aussi le pays où les initiatives intellectuelles et éditoriales sont les

---

Vigne, *Le Retour de Martin Guerre*, Paris, Robert Laffont, 1982, et Antoine de Baecque, *L'Histoire-caméra*, Paris, Gallimard, 2008.

plus florissantes. Ce n'est pas un hasard : c'est parce qu'ils subissent de plein fouet la crise que les chercheurs français osent expérimenter, se risquant à des formes nouvelles, bricolant des choses bizarres. Le doute est notre chance. Il justifie en tout cas le maintien d'une recherche en langue nationale.

De même qu'il existe une « jeune » littérature, de même il y a une « jeune » histoire et une « jeune » sociologie. Elles sont le fait de chercheurs qui se reconnaissent dans le projet des sciences sociales, ce creuset où les disciplines deviennent des alliages. De nouveaux mélanges se profilent aujourd'hui, avec le théâtre, le spectacle vivant, la photo, la vidéo et les arts graphiques. Si cet effet de génération est tout à fait réjouissant, le contexte, lui, ne l'est guère : il nous revient de créer de nouveaux objets intellectuels pour répondre à la crise qui frappe l'université, ainsi que l'édition en sciences humaines. À nous d'attirer les étudiants, les lecteurs, de nouveaux publics. À nous de réinventer notre métier.

L'esprit de résistance

Les sciences sociales sont un service public. Elles aident à comprendre d'où nous venons et ce que nous sommes. Elles montrent à une société son passé, son fonctionnement, sa pluralité, sa complexité, ses issues. Elles font entendre une parole libre et c'est pourquoi, comme la note en bas de page, elles ont des origines « tragiques ». Le métier est dangereux parce qu'il s'intéresse à la vérité – à plus forte raison sous une tyrannie, comme le rappelle Vidal-Naquet citant Chateaubriand citant Tacite.

Pour autant, il n'est pas sûr que le danger soit aujourd'hui l'oppression politique ou religieuse. Ce à quoi doivent résister les sciences sociales est moins visible, plus insidieux : l'ordre des choses, le consentement aveugle, l'évidence étalée, mais aussi les mots dépourvus de sens, la rhétorique vide, la langue de bois, le bruit de fond médiatique, le mensonge qui s'incarne dans les slogans, les discours qui ne parlent de franchise et de vérité que pour les corrompre.

Au XIXe siècle, le roman a permis à ses lecteurs de déchiffrer le social, de comprendre les bouleversements qui les affectaient. Il a été le premier à appréhender la démocratisation de la société, le défi de l'égalité, l'avènement du capitalisme industriel et de la civilisation urbaine. Deux siècles plus tard, la fiction ne suffit plus à comprendre un monde à nouveau opaque à lui-même. Aujourd'hui, nous avons besoin des sciences sociales pour défier la tyrannie de la com et de la pub, remédier à l'invisibilisation des expériences, combattre l'indifférence. C'est pour cela qu'il est si important qu'elles soient présentes dans la cité, socialement appropriables, accessibles au *demos* qui les finance et les réclame, incarnées dans un texte où les mots retrouvent leur sens ; qu'elles soient aussi rigoureuses et littéraires que possible.

Quand les mots ne veulent plus rien dire, le réel est expulsé de lui-même. Dès lors qu'elles acceptent d'habiter la langue, en produisant des énoncés de vérité dans et par un texte, les sciences sociales redeviennent une parole publique, démocratique, républicaine, antidespotique, c'est-à-dire une littérature, au sens que Mme de Staël donnait à ce mot.

Mais comment contrevenir, aujourd'hui que nous avons le droit de tout faire et de tout croire ? L'enquête est porteuse de vérité, c'est-à-dire de contestation. Expliquer pourquoi une société est obsédée par ses « jeunes de cité », montrer ce qu'un gestionnaire de fortune cache derrière le secret bancaire, s'intéresser aux « secrets Défense » trop extensifs, révéler ce qu'un industriel met dans une cigarette, un produit alimentaire, un médicament, c'est déjà un acte de résistance.

Le vrai rebelle, aujourd'hui, est celui qui dit les choses, avec ce courage et cette probité (*Redlichkeit*) que Nietzsche reconnaît au savant. C'est le parrèsiaste, cet « insupportable interpellateur » qui tire les hommes par la manche¹. C'est l'artificier selon Foucault, qui fait éclater le vieux monde de l'intérieur plutôt que d'incendier ses temples. C'est le professeur de liberté, comme ce triste prof de maths breton, surnommé « Buchenwald » par ses élèves parce qu'il en était revenu, qui réussit à surmonter les déterminismes sociaux en permettant à un ajusteur mécanicien de quinze ans, Robert Castel, de devenir l'un des grands sociologues de notre temps. Tel est précisément l'héritage de Buchenwald : « Maintenir vivant l'esprit de résistance », quitte à actualiser ce à quoi il est nécessaire de résister².

Être subversif, c'est essayer de comprendre ce que les hommes font en vérité, expliquer comment se perpétuent les contraintes, les modèles, les croyances, les stéréotypes, les inégalités, les crises, les haines ; c'est mettre un peu d'intelligibilité dans nos vies. Le courage de la vérité est audace de la parole et liberté de la création, mais aussi volonté de s'arracher à ses habitudes, effort pour fuir l'académisme en infléchissant les règles existantes. Ainsi peut-on réussir à *déranger*.

Avec le journaliste et le magistrat, le chercheur est l'un des seuls à pouvoir tenir publiquement un discours de vérité. Il a pour capital sa méthode et sa conscience, productrices non de richesses privées, mais de bien public. En embrassant cette mission, il ne s'expose plus directement à l'emprisonnement ni à l'exil. Il risque surtout de ne pas être écouté, d'être enseveli dans l'indifférence, enfermé dans son illisibilité. Pour mieux assumer leur apostolat démocratique, les sciences sociales ont la possibilité d'écrire. Le chercheur peut se faire entendre en tant qu'écrivain ; et l'écrivain peut dire du vrai en tant que chercheur.

La réalité est une idée neuve.

---

1. Michel Foucault, *Le Courage de la vérité. Le gouvernement de soi et des autres, II*, Paris, Gallimard, Seuil, « Hautes études », 2009, p. 19.
2. Robert Castel, « À Buchenwald », *Esprit*, juillet 2007, p. 155-157.

Remerciements

Mon livre a bénéficié des conseils et remarques de Sarah Al-Matary, Ludivine Bantigny, Christophe Charle, Quentin Deluermoz, Pauline Peretz, Claire Zalc.

Je suis très redevable à Séverine Nikel, dont l'intérêt et le soutien comptent énormément pour moi.

L'historien Maurice Olender, mon éditeur, est à la fois un conseiller, un interlocuteur et un ami.

Index des noms

A

ABEL : 167
ADAMS, George : 76
ADAMS, Henry : 90, 136, 227
ADAMS, Herbert : 76-77
ADORNO, Theodor : 258
AGATHON, pseudonyme d'Henri Massis et Alfred de Tarde : 98
AGEE, James : 222-223
ALBÉRIC DE PISANÇON : 124
ALGER, Horatio : 192
AMMIEN, Marcellin : 270
ANAXIMANDRE : 140
ANDERSON, Nels : 222
ANQUETIL, Louis-Pierre : 50-51, 56
ANTELME, Robert : 225, 229, 263
ARCELIN, Adrien : 209
ARCHIAS : 31
ARISTODÈMOS : 144
ARISTOTE : 19, 24-27, 29, 121, 145-146, 148, 171, 173, 189, 200, 245, 248, 254, 264, 277, 310
ARNAULD, Antoine, abbé : 150
ARTABANE : 195
ARTIÈRES, Philippe : 200, 209, 273, 277, 281
ASCLÉPIADE DE MYRLÉE : 191

AUBENAS, Florence : 222
AUDIN, Maurice : 157
AUERBACH, Erich : 71, 122
AUGÉ, Marc : 222
AUGUSTE : 32
AUGUSTIN, saint : 30, 299
AULARD, Alphonse : 91
AXELRAD, Édouard : 195
AZÉMA, Jean-Pierre : 264

B

BACON, Francis : 76, 149
BALZAC, Honoré de : 57, 65-68, 71-73, 78, 98, 188, 190, 196, 211-212, 238, 253-254
BANCROFT, George : 60, 63
BANKS, Russell : 192
BARANTE, Prosper de : 52, 56-57, 281
BARBEY D'AUREVILLY, Jules : 193
BARTHÉLEMY, Jean-Jacques, abbé : 209
BARTHES, Roland : 16, 33, 64, 82, 89, 107-108, 115, 122-123, 141, 146, 162, 188-189, 222, 245, 314
BASSOMPIERRE, François de, maréchal : 36

BATTEUX, Charles, abbé : 38-39, 43, 193, 277
BAUDELAIRE, Charles : 83, 86, 246
BAYLE, Pierre : 13, 37, 43, 89, 148, 153-155, 158, 174, 180-182, 213, 236, 258, 263, 269-270, 281
BEARD, Charles : 131, 285
BEATTIE, James : 40
BECKER, Carl : 101, 130, 197, 287
BECKER, Howard : 274
BEECHER STOWE, Harriet : 188
BEEVOR, Antony : 63
BENOÎT, saint : 256
BERNARD, Claude : 72, 79, 84, 86
BERNARDIN DE SAINT-PIERRE, Jacques-Henri : 48
BERR, Henri : 306
BERTRAND, Romain : 133, 166, 278
BISMARCK, Otto von : 124
BLANCKENBURG, Christian Friedrich von : 41
BLOCH, Marc : 96, 131, 134-135, 266, 270
BÖCKH, August : 77
BODIN, Jean : 35, 140, 149-150, 258, 263
BOILEAU, Nicolas : 35, 66, 156, 254
BONALD, Louis de : 45-46, 49
BONAPARTE, Napoléon : 11, 45, 48-49, 51, 124, 129, 132, 156, 158, 208
BOOTH, Charles : 167
BORDEAUX, Henry : 98
BORGES, Jorge Luis : 174, 191, 212
BORGIA, César : 242
BOSSUET, Jacques-Bénigne : 36, 38, 41, 48
BOUCHERON, Patrick : 242, 271, 277, 299

BOUGUEREAU, William : 83
BOULAINVILLIERS, Henri de : 56
BOURBON-CONDÉ, Louis Antoine de, duc d'Enghien : 156
BOURDIEU, Pierre : 81, 84, 111, 115, 162, 204, 289, 306
BOURGET, Paul : 98-99
BOUTRY, Philippe : 274
BOUVIER, Nicolas : 223
BRAINARD, Joe : 222
BRAQUE, Georges : 253, 271
BRAUDEL, Fernand : 101-102, 104, 235, 237, 256
BRECHT, Bertolt : 303
BREMOND, Henri : 114
BRICAIRE, Nicolas : 191
BRIK, Ossip : 226
BROOK, Timothy : 207
BROWN, Peter : 197
BROWN, Richard : 11, 286
BRUNET, Michel : 167, 291
BRUNETIÈRE, Ferdinand : 87
BRUNSWICK-CALENBERG, Jean-Frédéric, duc de : 152
BRUTUS : 28
BUCHENWALD : 319
BUDÉ, Guillaume : 28, 149-150
BUFFON, Georges-Louis Leclerc, comte de : 72
BURROUGHS, William : 192
BUSSY-RABUTIN, Roger de : 35, 151
BYRON, George Gordon, lord : 40, 49

C

CABANEL, Alexandre : 83
CALAS, Jean : 156
CALVINO, Italo : 255
CAMBYSE : 278

INDEX DES NOMS

Camus, Albert : 194
Capote, Truman : 224, 231, 238
Capriata, Pierre-Jean : 37
Caravage, Michelangelo Merisi : 71
Carlyle, Thomas : 61-62, 84, 105
Carrard, Philippe : 11
Carrère, Emmanuel : 224-225
Castel, Robert : 319
Castelnau, Michel de : 36
Cato, Angelo, archevêque de Vienne : 175
Caton l'ancien : 27, 258
Céline, Louis-Ferdinand Destouches, dit : 108, 275
Certeau, Michel de : 11-12, 103-104, 106, 200, 249, 268
Cervantès, Miguel de : 39
César, Jules : 29-30, 35, 150, 162, 182, 263
Chalamov, Varlam : 16, 202, 225, 227-228, 230
Champfleury, Jules Husson, dit : 71
Chapelain, Jean : 35-36
Charle, Christophe : 77, 86, 115, 171, 247, 321
Charlemagne : 182-183
Charles le Téméraire, duc de Bourgogne : 59
Charles Quint : 208
Chartier, Roger : 108, 115
Chastelain, Georges : 35
Chateaubriand, François-René de : 48-51, 53-54, 56-57, 134, 156-158, 162, 184, 208, 267, 275, 317
Chaunu, Pierre : 184
Chauvet, Jean-Marie : 14
Chénier, André : 60, 112

Chevalier, Louis : 68, 115, 190
Chilpéric Ier : 55, 199
Chklovski, Victor : 226
Churchill, Winston : 183
Cicéron, Marcus Tullius Cicero, dit : 10-11, 13, 27-31, 35-36, 38, 145-148, 154, 201, 204, 255, 257, 262, 264, 310-311
Cinq-Mars, marquis de : 57-58
Clarkson, Thomas : 156
Clematius d'Alexandrie : 270
Cléopâtre : 11
Clodius, Publius Clodius Pulcher, dit : 201, 204-205
Clovis Ier : 50, 199
Colbert, Jean-Baptiste : 35, 42
Coleridge, Samuel : 198, 200
Collingwood, Robin George : 130, 164, 197
Commynes, Philippe de : 35, 51, 150, 175
Compagnon, Antoine : 88, 222, 247
Comte, Auguste : 76, 135
Condé, Louis de Bourbon-Condé, dit : 36
Condell, Henry : 47
Condorcet, Nicolas de : 44
Confucius : 108
Conrad, Joseph : 259, 293
Constant, Benjamin : 49
Constantin Ier : 146, 201, 260, 285
Constantina : 270
Cooper, Fenimore : 221
Corbin, Alain : 133, 168, 209, 242, 256
Corday, Charlotte : 122
Courbet, Gustave : 71, 83
Crassus, Marcus Licinius : 194

CUJAS, Jacques : 149
CUVIER, Georges : 72
CYRUS : 143, 290

D

D'AGATA : 260
DANIEL, Gabriel : 155
DANTE, Alighieri : 48, 122
DANTO, Arthur : 103, 127, 139, 161
DARIUS Ier : 278
DARNTON, Robert : 103, 115
DARWIN, Charles : 136
DAUNOU, Pierre : 45, 55, 65-66, 69, 97
DAVIS, Natalie Zemon : 103, 315
DE GAULLE, Charles : 128, 293
DE THOU, Jacques-Auguste : 148-150
DE WAAL, Edmund : 225
DEFOE, Daniel : 71, 194
DELBO, Charlotte : 225
DÉMOSTHÈNE : 257
DERRIDA, Jacques : 258
DESCARTES, René : 116, 141, 151-152, 155, 163, 283
DETAILLE, Édouard : 83
DICK, Philip K. : 205
DICKENS, Charles : 66, 188, 212
DIDEROT, Denis : 9, 112
DILTHEY, Wilhelm : 138, 162, 168, 287
DIOCLÉTIEN : 49
DIODORE DE SICILE : 24
DOS PASSOS, John : 212, 225, 271, 275
DOSTOÏEVSKI, Fiodor : 212, 224
DREISER, Theodore : 226
DREYFUS, Alfred : 157, 225, 272
DRUON, Maurice : 124

DU BELLAY, Martin : 36
DU BOIS, William Edward Burghardt : 208
DUBY, Georges : 96, 102-103, 105, 172, 235-236, 290
DUMAS, Alexandre : 57, 124
DUPLEIX, Scipion : 35, 37
DURANTY, Louis-Edmond : 71
DURKHEIM, Émile : 84, 97, 203
DUVIGNAUD, Jean : 221

E

EICHMANN, Adolf : 229
EISENSTEIN, Sergueï : 228
ELIAS, Norbert : 99, 208
ELLROY, James : 192
EMERTON, Ephraim : 77
ENGELS, Friedrich : 66
ENGHIEN, duc d', voir BOURBON-CONDÉ
ENZENSBERGER, Hans Magnus : 208
ÉPHIALTE : 144
ÉRIBON, Didier : 222
ERNAUX, Annie : 16, 222
ERNST, Max : 271
ÉSOPE : 194
ESTIENNE, Henri : 106, 148, 170, 199
ÉTIENNE II, pape : 146
EUSÈBE DE CÉSARÉE : 30

F

FABIUS PICTOR, Quintus : 27
FAGUET, Émile : 87
FALLADA, Hans : 195
FAULKNER, Robert : 274
FAULKNER, William : 134, 212, 254, 275, 306

FEBVRE, Lucien : 90-91, 114-115, 131, 164, 166
FIELDING, Henry : 71
FLAUBERT, Gustave : 72-73, 79-80, 88, 111, 122, 235
FLEM, Lydia : 222
FONTE, Bartolommeo della : 34
FONTENELLE, Bernard Le Bouyer de : 43, 208
FOUCAULT, Michel : 224, 319
FOULD, Achille : 189
FOURIER, Charles : 189
FRANÇOIS Ier : 62
FRANÇOIS-JOSEPH Ier D'AUTRICHE : 124
FRANZEN, Jonathan : 188
FRÉDÉGONDE : 55
FRÉGIER, Honoré-Antoine : 66
FRIEDLÄNDER, Saul : 96, 109, 184, 278, 306
FROISSART, Jean : 30, 35, 51
FURET, François : 184
FURETIÈRE, Antoine : 155, 245
FUSTEL DE COULANGES, Numa Denis : 78-80, 82, 89, 131, 220

G

GALBRAITH, Vivian Hunter : 131
GALLIE, Walter Bryce : 103
GANDHI, Mohandas Karamchand : 208
GARY, Romain : 222
GAULLE, Charles de, voir DE GAULLE
GEERTZ, Clifford : 15, 127, 138, 241
GENET, Jean : 108, 224, 246, 272
GENETTE, Gérard : 81-82, 189, 191, 236, 238, 243, 245, 313
GENTILE, Giovanni : 109

GEOFFROY SAINT-HILAIRE, Étienne : 72
GÉRÔME, Jean-Léon : 83
GERVAIS, Pierre : 272
GERVINUS, Georg Gottfried : 77
GIBBON, Edward : 13, 44, 50, 89, 219, 265, 269-270, 285
GIDE, André : 224
GILFOYLE, Timothy : 272
GILMORE, Gary : 231
GINZBURG, Carlo : 104, 108-109, 144-146, 148, 158, 172, 184, 198
GONCOURT, Edmond et Jules : 72, 78, 121, 190, 238
GOODY, Jack : 171
GRACQ, Julien, Louis Poirier, dit : 211
GRACQUES, Tiberius et Caius Sempronius Gracchus, dits : 205
GRASS, Günter : 222
GRÉGOIRE DE TOURS : 55
GRIMM, Jacob et Wilhelm : 63
GROSSMAN, Vassili : 212
GROSZ, George : 271
GRUMBERG, Jean-Claude : 225
GUICHARDIN, François : 89, 150
GUILAINE, Jean : 134, 185, 209
GUILLAUME III D'ORANGE-NASSAU : 104
GUILLAUME LE MARÉCHAL : 102, 172, 235
GUIZOT, François : 54-57, 59, 65, 184

H

HAENDEL, Georg Friedrich : 173
HAENEL, Yannick : 113
HANNIBAL, Barca : 173-174
HARNACK, Adolf von : 77

Hatzfeld, Jean : 224
Hauser, Henri : 157
Heartfield, John : 271
Hécatée de Milet : 140
Heminges, John : 47
Hempel, Carl : 131, 136, 138, 201
Henri II : 124
Henriette d'Angleterre : 41
Henry IV d'Angleterre : 47
Henry V d'Angleterre : 47
Henry VI d'Angleterre : 47
Henry VIII d'Angleterre : 47
Hérodote d'Halicarnasse : 13, 24-26, 29, 32, 89, 125, 140, 142-145, 154, 162-164, 170, 173, 175, 184, 195, 199-200, 219, 257, 278, 287, 290, 309
Hésiode : 24-25
Hildesheimer, Wolfgang : 197
Hippias : 278
Hitler, Adolf : 129, 207-208, 237
Hobbes, Thomas : 203
Hodder, Ian : 169
Hoggart, Richard : 222
Holinshed, Raphael : 47
Holmes, Richard : 169, 187
Homère : 14, 24-25, 38, 48-49, 189, 193
Horace : 38
Houellebecq, Michel : 188
Houssaye, Henri : 78, 92
Huet, Pierre-Daniel : 41
Hughes, Everett : 203
Hugo, Victor : 57, 59, 73, 112, 193, 247, 266-268
Huizinga, Johan : 96, 301
Hume, David : 40

I

Isocrate : 31, 33

J

Jablonka, Idesa : 17
Jablonka, Matès : 17
Jakobson, Roman : 122-123
James, Cyril Lionel Robert : 96, 290
James, Henry : 67, 81
Jarry, Alfred : 256
Jaurès, Jean : 53, 158, 225
Jauss, Hans Robert : 206, 299
Jean Sans Terre, Jean d'Angleterre, dit : 47
Jésus : 170, 182, 205
Jobert, Louis : 44
Johnson, Bryan Stanley : 232
Joseph, François Leclerc du Tremblay, dit père : 58
Jouhandeau, Marcel : 224
Joyce, James : 275
Jugurtha : 29
Jullian, Camille : 77, 80

K

Kafka, Franz : 113, 188, 196, 246
Kalifa, Dominique : 273
Kant, Emmanuel : 203
Kantorowicz, Ernst : 266, 285
Kapuściński, Ryszard : 170, 223
Kepler, Johannes : 194
Kershaw, Ian : 63
Kessel, Joseph : 222-223, 287
Khrouchtchev, Nikita : 293
Kiš, Danilo : 267-268, 271
Klarsfeld, Serge : 184, 268
Kluge, Alexander : 273
Koestler, Arthur : 212, 222
Koselleck, Reinhart : 203
Koyré, Alexandre : 163

KRACAUER, Siegfried : 103, 162, 222, 273
KUNDERA, Milan : 113, 188, 196
KUROSAWA, Akira : 276, 305

L

LA BRUYÈRE, Jean de : 39
LA FAYETTE, Gilbert du Motier, marquis de : 61-62
LA FAYETTE, Marie-Madeleine Pioche de La Vergne, comtesse de : 124, 188
LA FONTAINE, Jean de : 38, 194
LA MOTHE LE VAYER, François de : 106, 151
LA POPELINIÈRE, Henri Lancelot-Voisin de : 131, 133, 137, 148-150, 158, 258, 263
LA ROCHEFOUCAULD, François de : 259
LABROUSSE, Ernest : 104, 176
LAGARDE, André : 92
LANGFUS, Anna : 195
LANGLOIS, Charles-Victor : 76, 89, 93, 97-98, 102, 163, 262
LANSON, Gustave : 84, 87-88, 95, 97-98, 115
LANZMANN, Claude : 113, 214-215, 222, 224, 287
LAPIERRE, Nicole : 208
LAURENS, Jean-Paul : 83
LAVISSE, Ernest : 82-84, 86-87, 92, 94, 257
LE CLERC, Jean : 155
LE GOFF, Jacques : 164
LE MOYNE, Pierre, père : 34, 36, 131
LE NAIN, Antoine, Louis et Mathieu : 71
LE PLAY, Frédéric : 98, 167

LEFEBVRE, Georges : 86, 157
LEIBNIZ, Gottfried Wilhelm : 131, 152-153, 155
LEIRIS, Michel : 221-222, 254, 287, 308
LENGLET-DUFRESNOY, Nicolas : 208
LEROI-GOURHAN, André : 199, 291, 297
LESSING, Gotthold Ephraim : 84
LEVI, Giovanni : 127
LEVI, Primo : 16, 159, 214, 224, 230, 259-261, 314
LÉVI-STRAUSS, Claude : 294, 308
LEWIS, Oscar : 167, 275-276
LINCOLN, Abraham : 182, 205
LITTELL, Jonathan : 235
LODGE, David : 255, 277
LONDON, Jack : 222, 241, 299
LONDRES, Albert : 158, 223
LORGES, Guy Aldonce de Durfort, maréchal de : 151
LOUIS IX, dit Saint Louis : 164
LOUIS XI : 51, 59
LOUIS XIV : 35, 45, 48, 82-83, 87, 128, 155
LUCCÉIUS : 27, 31, 146
LUCIEN DE SAMOSATE : 32-33, 80, 110, 190, 208, 255, 258
LUCRÈCE, Lucretia, dite : 26, 28
LUCRÈCE, Titus Lucretius Carus, dit : 256
LÜDTKE, Alf : 200
LULLI (ou LULLY), Jean-Baptiste : 82-83
LYSIAS : 257

M

MABILLON, Jean : 80, 148, 154-155, 158, 163, 256

MABLY, Gabriel de, abbé : 56, 271
MACAULAY, Thomas Babington : 63, 90, 104
MACHIAVEL, Nicolas : 162, 242, 271
MAÏAKOVSKI, Vladimir : 226
MAILER, Norman : 222, 224, 231-232
MAINTENON, Françoise d'Aubigné, marquise de : 151
MALINOWSKI, Bronislaw : 168, 291, 296-297
MALLARMÉ, Stéphane : 243
MANDELSTAM, Ossip : 202, 228
MANET, Édouard : 84, 279
MANN, Thomas : 98
MANNHEIM, Karl : 208, 288
MANZONI, Alessandro : 54, 194-195
MARIOT, Nicolas : 177
MARMONTEL, Jean-François : 190-191
MARROU, Henri-Irénée : 138, 157, 163, 165, 168, 287
MARTIN DU GARD, Roger : 271
MARX, Karl : 54, 205, 295
MASPERO, François : 222
MATHIEZ, Albert : 157
MAUPASSANT, Guy de : 81, 191
MAYHEW, Henry : 66-67
MEISSONIER, Ernest : 83
MENDELSOHN, Daniel : 225
MENDRAS, Henri : 204
MERCADER, Ramón : 137
MÉRIMÉE, Prosper : 57
MERLE, Robert : 113, 235
MÉROVÉE : 199
MÉTRAUX, Alfred : 308
MÉZERAY, François Eudes de : 50, 155
MICHARD, Laurent : 92

MICHELET, Jules : 13, 50, 53-54, 57, 60-61, 63-65, 67, 69, 84, 89-90, 97, 105, 110, 122, 133, 184, 189, 193, 208, 219, 238, 266, 285
MIDAS : 187
MILL, John Stuart : 76
MILON, Titus Annius Milo, dit : 201, 204
MILTON, John : 48
MODIANO, Patrick : 225, 268, 271, 279-280
MOLÉ, Louis-Mathieu : 60
MOLIÈRE, Jean-Baptiste Poquelin, dit : 195
MOMIGLIANO, Arnaldo : 108, 142, 148, 155, 184
MOMMSEN, Theodor : 77
MONOD, Gabriel : 75, 77, 89-90, 92-93, 97, 147, 157, 168, 220
MONTAIGNE, Michel de : 299
MONTGAILLARD, Guillaume-Honoré Rocques de, abbé : 61-62
MONTLUC, Blaise de : 36
MOREAU, Gustave : 239
MORÉRI, Louis : 153
MUMMOLUS, Eunius : 55
MUSIL, Robert : 275
MYKÉRINOS : 143

N

NAPOLÉON Ier, voir BONAPARTE
NASSIF, Jacques : 274
NIEBUHR, Barthold Georg : 77, 266
NIETZSCHE, Friedrich : 98, 254, 318
NISARD, Désiré : 87
NORA, Pierre : 55, 94
NUSSBAUM, Martha : 133

O

Oppen, George : 227
Orléans, Philippe, duc d' : 151
Orwell, George : 222-223, 299
Ossian, pseudonyme de James Macpherson : 48, 54
Ötzi : 201
Ozouf, Mona : 96, 116, 222, 293

P

Park, Robert : 162
Pascal, Blaise : 38, 285, 301
Pasquier, Étienne : 149-150
Pasteur, Louis : 86, 93
Péguy, Charles : 98-99, 300
Perec, Georges : 16, 199-200, 213-214, 222, 225, 228-231, 241, 255-256, 263, 295, 303, 306, 314
Peretz, Isaac-Leyb : 222
Peretz, Pauline : 272
Périclès : 195, 278
Perrault, Charles : 40
Perrot, Michelle : 96, 242
Pétrequin, Pierre : 169
Pétrone : 72
Philippe de Macédoine : 31-32
Philippe II d'Espagne : 235, 256
Phylarque : 25-26
Picard, Raymond : 36, 115
Picasso, Pablo : 271
Pie XII, pape : 205
Pierre le Grand : 52
Pingaud, Bernard : 267
Platon : 110, 121, 123, 135, 141, 187, 194, 232
Pline le Jeune : 32
Plutarque : 24, 29, 32
Polybe : 13, 25-26, 28, 32-33, 80, 137, 150, 162, 170, 173-174, 184, 278, 287
Pomian, Krzysztof : 108, 197
Pompadour, Jeanne-Antoinette Poisson, marquise de : 124
Pompée : 182
Ponce Pilate : 205
Popper, Karl : 133, 137-138, 163, 177, 180-181, 258, 284, 288
Pouchkine, Alexandre : 52
Pougatchev, Emelian : 52
Poujade, Pierre : 293
Pound, Ezra : 227
Proust, Marcel : 98, 111, 116, 162, 203, 246, 275
Pyrrhon d'Élis : 106, 158

Q

Queneau, Raymond : 254-255
Quintilien : 28-29, 82, 107, 146, 173, 180, 201, 257, 262

R

Rabelais, François : 194, 280
Racine, Jean : 35, 38, 156, 203
Radetzky, Joseph : 124, 126
Rakosi, Carl : 227
Rancière, Jacques : 11, 19, 93, 103-104, 246, 275
Ranke, Léopold von : 59-60, 62-64, 69, 76-77, 90, 162, 181, 266, 285
Rashi, Shlomo ben Itzhak, dit : 265
Rawicz, Piotr : 195
Reclus, Élisée : 91
Rediker, Marcus : 207
Reed, John : 223
Reeve, Clara : 41, 191

REMBRANDT, Harmenszoon van Rijn, dit : 279
RENAN, Ernest : 13, 78, 80, 85, 90, 92, 105, 148, 170, 193, 281
RETZ, Jean-François-Paul de Gondi, cardinal de : 36, 287
REVELLI, Nuto : 297
REZNIKOFF, Charles : 227, 229-230
RICHARD II D'ANGLETERRE : 47
RICHARD III D'ANGLETERRE : 47
RICHELET : 37
RICHELIEU, Armand-Jean du Plessis, cardinal de : 57-58
RICŒUR, Paul : 103-106, 139, 159, 168, 174, 248-249, 287
RIFFATERRE, Michael : 188
RIIS, Jacob : 222
RIMBAUD, Arthur : 288
RIVET, Paul : 308-309
RIVIÈRE, Pierre : 224, 272
ROBBE-GRILLET, Alain : 253
ROBERTSON, William : 271
RODENBACH, Georges : 271
ROLIN, Jean : 223
ROOSEVELT, Franklin Delano : 183
ROSANVALLON, Pierre : 278
ROTH, Joseph : 124-126
ROTH, Philip : 10, 188, 194
ROTHSCHILD, James de : 189
ROUPNEL, Gaston : 90-91
ROUSSEAU, Jean-Jacques : 39-40, 112, 182, 203
ROUSSEL, Raymond : 254
ROUSSET, David : 224

S

SACCO, Nicola : 225
SAGNAC, Philippe : 94
SAINT-RÉAL, César Vichard de : 106
SAINT-SIMON, Louis de Rouvroy, duc de : 56, 71, 99, 151, 158, 172
SAINTE-BEUVE, Charles-Augustin : 60, 69, 98, 110
SALLUSTE : 29, 162, 257-258, 287, 299
SALMOXIS : 144
SAUGET, Stéphanie : 281
SAVIANO, Roberto : 223
SCHELLING, Friedrich Wilhelm Joseph von : 42
SCHLEGEL, Friedrich et August Wilhelm von : 39, 64, 193
SCHLIEMANN, Heinrich : 291
SCHUMPETER, Joseph : 204
SCHWARZ-BART, André : 195
SCIPION, Émilien : 29
SCOTT, Walter : 51-59, 84, 124, 212, 235, 267, 275
SEARLE, John : 237, 241, 244, 258
SEBALD, Winfried Georg : 221, 271
SEIGNOBOS, Charles : 76-77, 84, 89, 91, 93, 95, 97, 102, 104, 139, 157, 163, 176, 197, 220, 261-262
SEN, Amartya : 133
SERENY, Gitta : 224
SÉVIGNÉ, Marie de Rabutin-Chantal, marquise de : 35
SEXTUS EMPIRICUS : 106
SHAKESPEARE, William : 39, 47-48, 57, 247, 288
SIEYÈS, Emmanuel-Joseph, abbé : 56
SIMIAND, François : 97, 139, 141, 171, 204
SIMMEL, Georg : 162, 208
SINCLAIR, Upton : 73, 226

SISENNA : 27
SISMONDI, Jean de : 56
SKANDERBEG, Georges Kastrioti, dit : 208
SLEIDAN, Jean : 35
SNYDER, Timothy : 63, 204
SOFRI, Adriano : 158
SOLJENITSYNE, Alexandre : 225
SOMBART, Werner : 98
SPANHEIM, Ézéchiel : 155
SPOERRI, Daniel : 199
SPON, Jacob : 155
STAËL, Germaine de : 39-42, 49, 318
STAJNER, Karlo : 267
STALINE, Joseph : 137, 183
STAPFER, Paul : 87
STEINBECK, John : 73
STENDHAL, Henri Beyle, dit : 122, 124, 281
STERNE, Laurence : 212, 275
STEVENSON, Robert Louis : 169
STIERLE, Karlheinz : 299
STONE, Lawrence : 102-103
STONEQUIST, Everett : 162
STRABON : 24-25
STUTIN, Pierre : 272
STYRON, William : 235
SUBRAHMANYAM, Sanjay : 132-133
SUE, Eugène : 52, 66, 71, 188
SUÉTONE : 29

T

TACITE : 32, 50, 89, 157-158, 317
TAINE, Hippolyte : 78-79, 84, 89, 92, 114, 211, 235, 263
TALLEMANT DES RÉAUX, Gédéon : 39
TARDE, Gabriel : 99
TARSKI, Alfred : 15

TCHEKHOV, Anton : 224
THACKERAY, William Makepeace : 233
THÉMISTOCLE : 32
THÉOPOMPE : 31, 258
THIERRY, Augustin : 50, 52-57, 67, 69, 84, 105, 158, 185, 196, 199, 271, 281, 285
THIERS, Adolphe : 48
THOMPSON, Hunter : 232
THUCYDIDE : 25-26, 29-30, 33, 130, 142, 145, 162, 173, 184, 195, 200, 257-259, 263, 278, 280, 287, 309
TIMÉE : 170
TITE-LIVE : 26, 28-29, 32, 35, 257
TITOVA, Ludmila : 194
TOLSTOÏ, Léon : 189, 228, 230
TOYNBEE, Arnold : 135
TRETIAKOV, Sergueï : 226-227
TROTSKI, Léon : 137
TRUFFAUT, François : 129
TURGOT, Jacques : 97
TWAIN, Mark : 239

U

URFÉ, Honoré d' : 40

V

VAIR, Guillaume du : 263
VALLA, Lorenzo : 13, 146, 148-149, 154, 158, 170, 185, 201, 260
VAN GOGH, Vincent : 86
VANZETTI, Bartolomeo : 225
VELLY, Paul-François, abbé : 50-51
VERGINIA : 26
VERLAINE, Paul : 86
VERMEER, Johannes : 207

Verne, Jules : 190-191, 211
Verrès, Caius Licinius : 147
Veyne, Paul : 11, 103-106, 121, 132, 232
Vico, Giambattista : 193
Vidal, Henri : 273
Vidal-Naquet, Pierre : 12, 148, 157-158, 184, 317
Vigny, Alfred de : 57-58, 60, 68-69
Villars, Claude-Louis-Hector, maréchal de : 151
Vinci, Léonard de : 242
Virgile : 38, 265
Vollmann, William T. : 223, 299
Volney, Constantin-François de Chassebœuf, comte de : 45, 170, 239, 300
Voltaire, François-Marie Arouet, dit : 9, 38-40, 44, 50, 89, 131, 158, 174, 198

W

Waitz, Georg : 77
Walsh, Rodolfo : 231
Weber, Max : 80, 98, 138, 203-204, 211
Wells, Herbert George : 191, 212, 270
West, Rebecca : 223
White, Hayden : 11, 105-109, 207, 249, 263
Winock, Michel : 293
Wolfe, Tom : 232-233, 238
Woolf, Virginia : 111, 212, 275
Wordsworth, William : 198, 200
Wright, Richard : 222

X

Xénophon : 150, 257-258, 287
Xénopol, Alexandre-Dimitri : 183
Xerxès Ier : 290

Y

Yang, Jisheng : 299
Young, Michael : 208
Yourcenar, Marguerite : 235

Z

Zalc, Claire : 177
Zola, Émile : 73-75, 78, 80-82, 85, 87, 122-123, 157, 211-212, 226, 231, 233, 235, 238, 254, 271, 282
Zukofsky, Louis : 227, 229

Table

Introduction	7
Écrire l'histoire	10
La littérature du réel	14
Le texte-recherche	17
La grande séparation	21
1. Historiens, orateurs et écrivains	23
L'histoire-tragédie	24
L'histoire-éloquence	27
L'histoire-panégyrique	31
Contre l'histoire de cour	34
Naissance de l'écrivain et de la littérature	37
L'histoire ou la « troisième culture »	42
2. Le roman, père de l'histoire ?	47
Chateaubriand et l'épopée-histoire	48
Scott et le roman historique	51
Les guerres de la vérité	57
L'historien-créateur	60
Balzac et les sciences morales	65
3. Histoire-science et « microbes littéraires »	71
La méthode naturaliste	72
L'avènement de l'histoire-science	75
Le mode objectif	78
Voyants contre mandarins	84

Deux millénaires oubliés	88
Naissance du non-texte	92
Les sciences sociales et la « vie »	97

4. Le retour du refoulé littéraire ... 101
- Le « scandale » narrativiste ... 102
- Le « tournant rhétorique » ... 105
- Les « séductions » de la littérature ... 109
- Après le divorce ... 114

Le raisonnement historique ... 119

5. Qu'est-ce que l'histoire ? ... 121
- Les effets de vérité ... 121
- De la *mimesis* à la *gnôsis* ... 128
- Comprendre ce que les hommes font ... 131
- Explication causale et compréhension ... 135
- La mise en ordre du monde ... 139

6. Les écrivains de l'histoire-science ... 141
- Raisonnements d'Hérodote ... 142
- La rhétorique d'Aristote et de Cicéron ... 145
- L'histoire-science au XVIe siècle ... 148
- L'esprit 1690 ... 151
- La colère de la vérité ... 156

7. Les opérations de véridiction ... 161
- La distance ... 161
- L'enquête ... 165
- La comparaison ... 170
- La preuve ... 172
- La réfutation ... 177
- L'énoncé de vérité ... 181

8. Les fictions de méthode ... 187
- Statuts de la fiction ... 187
- La fiction-révélation ... 192
- L'*estrangement* ... 197

La plausibilité.. 200
Concepts et théories....................................... 202
Procédés narratifs.. 206
Activer la fiction.. 209

Littérature et sciences sociales 217

9. De la non-fiction à la littérature-vérité........... 219
   La zone d'extraterritorialité........................... 221
   Le post-réalisme.. 225
   La littérature non fictionnelle....................... 231
   De la fiction.. 234
   Du factuel... 236
   Du littéraire.. 243
   Littérature et recherche du vrai.................... 247

10. L'histoire, une littérature sous contrainte ?... 253
    Les règles libératrices................................... 253
    Richesse de styles... 257
    Grandeur et misère de la note...................... 264
    La preuve sans note...................................... 269
    La modernisation des sciences sociales......... 275

11. Le texte-recherche.. 283
    La situation du chercheur............................ 284
    Le « je » de méthode.................................... 289
    Raconter l'enquête.. 295
    Transparence et finitude............................... 298
    Le mode réflexif... 301

12. De la littérature au XXIe siècle.................... 305
    L'enquête ou la post-disciplinarité................ 305
    Pour un néo-cicéronisme............................... 309
    Une contre-littérature................................... 312
    Les temps sont mûrs..................................... 314
    L'esprit de résistance.................................... 317

    Remerciements.. 321
    Index des noms.. 323

L'auteur

Éditeur et écrivain, Ivan Jablonka est professeur d'histoire à l'université Paris 13, rédacteur en chef de la revue *laviedesidees.fr* et codirecteur de la collection « La République des idées », aux Éditions du Seuil.

Il a publié aux Éditions du Seuil :

Les Vérités inavouables de Jean Genet, « XXe siècle », 2004 ; rééd. poche, « Points Histoire », 2014.
Ni père ni mère. Histoire des enfants de l'Assistance publique, 1874-1939, « XXe siècle », 2006.
Enfants en exil. Transfert de pupilles réunionnais en métropole, 1963-1982, « L'Univers historique », 2007.
Les Enfants de la République. L'intégration des jeunes de 1789 à nos jours, « L'Univers historique », 2010 ; rééd. poche, *L'Intégration des jeunes. Un modèle français, XVIIIe-XXIe siècle*, « Points Histoire », 2013.
Histoire des grands-parents que je n'ai pas eus. Une enquête, « La Librairie du XXIe siècle », 2012 ; rééd. poche, « Points Histoire », 2013.

Chez d'autres éditeurs :

Âme sœur. Roman, La Volte, 2005 (sous l'hétéronyme d'Yvan Améry).

Jeunesse oblige. Histoire des jeunes en France (XIXe-XXIe siècle), PUF, 2009 (en codirection avec Ludivine Bantigny).

Nouvelles Perspectives sur la Shoah, PUF, 2013 (en codirection avec Annette Wieviorka).

L'Enfant-Shoah, PUF, 2014 (direction d'ouvrage).

Le Monde au XXIIe siècle. Utopies pour après-demain, PUF, 2014 (en codirection avec Nicolas Delalande).

La Librairie du XXIᵉ siècle

Sylviane Agacinski, *Le Passeur de temps. Modernité et nostalgie.*

Sylviane Agacinski, *Métaphysique des sexes. Masculin/féminin aux sources du christianisme.*

Sylviane Agacinski, *Drame des sexes. Ibsen, Strindberg, Bergman.*

Sylviane Agacinski, *Femmes entre sexe et genre.*

Giorgio Agamben, *La Communauté qui vient. Théorie de la singularité quelconque.*

Henri Atlan, *Tout, non, peut-être. Éducation et vérité.*

Henri Atlan, *Les Étincelles de hasard I. Connaissance spermatique.*

Henri Atlan, *Les Étincelles de hasard II. Athéisme de l'Écriture.*

Henri Atlan, *L'Utérus artificiel.*

Henri Atlan, *L'Organisation biologique et la Théorie de l'information.*

Henri Atlan, *De la fraude. Le monde de l'onaa.*

Marc Augé, *Domaines et châteaux.*

Marc Augé, *Non-lieux. Introduction à une anthropologie de la surmodernité.*

Marc Augé, *La Guerre des rêves. Exercices d'ethnofiction.*

Marc Augé, *Casablanca*.

Marc Augé, *Le Métro revisité*.

Marc Augé, *Quelqu'un cherche à vous retrouver*.

Marc Augé, *Journal d'un SDF. Ethnofiction*.

Marc Augé, *Une ethnologie de soi. Le temps sans âge*.

Jean-Christophe Bailly, *Le Propre du langage. Voyages au pays des noms communs*.

Jean-Christophe Bailly, *Le Champ mimétique*.

Marcel Bénabou, *Jacob, Ménahem et Mimoun. Une épopée familiale*.

Marcel Bénabou, *Pourquoi je n'ai écrit aucun de mes livres*.

Julien Blanc, *Au commencement de la Résistance. Du côté du musée de l'Homme 1940-1941*.

R. Howard Bloch, *Le Plagiaire de Dieu. La fabuleuse industrie de l'abbé Migne*.

Remo Bodei, *La Sensation de déjà vu*.

Ginevra Bompiani, *Le Portrait de Sarah Malcolm*.

Julien Bonhomme, *Les Voleurs de sexe. Anthropologie d'une rumeur africaine*.

Yves Bonnefoy, *Lieux et destins de l'image. Un cours de poétique au Collège de France (1981-1993)*.

Yves Bonnefoy, *L'Imaginaire métaphysique*.

Yves Bonnefoy, *Notre besoin de Rimbaud*.

Yves Bonnefoy, *L'Autre Langue à portée de voix*.

Philippe Borgeaud, *La Mère des Dieux. De Cybèle à la Vierge Marie*.

Philippe Borgeaud, *Aux origines de l'histoire des religions*.

Jorge Luis Borges, *Cours de littérature anglaise*.

Claude Burgelin, *Les Mal Nommés. Duras, Leiris, Calet, Bive, Perec, Gary et quelques autres.*
Italo Calvino, *Pourquoi lire les classiques.*
Italo Calvino, *La Machine littérature.*
Paul Celan et Gisèle Celan-Lestrange, *Correspondance.*
Paul Celan, *Le Méridien & autres proses.*
Paul Celan, *Renverse du souffle.*
Paul Celan et Ilana Shmueli, *Correspondance.*
Paul Celan, *Partie de neige.*
Paul Celan et Ingeborg Bachmann, *Le Temps du cœur. Correspondance.*
Michel Chodkiewicz, *Un océan sans rivage. Ibn Arabî, le Livre et la Loi.*
Antoine Compagnon, *Chat en poche. Montaigne et l'allégorie.*
Hubert Damisch, *Un souvenir d'enfance par Piero della Francesca.*
Hubert Damisch, *CINÉ FIL.*
Hubert Damisch, *Le Messager des îles.*
Luc Dardenne, *Au dos de nos images*, suivi de *Le Fils* et *L'Enfant*, par Jean-Pierre et Luc Dardenne.
Luc Dardenne, *Sur l'affaire humaine.*
Michel Deguy, *À ce qui n'en finit pas.*
Daniele Del Giudice, *Quand l'ombre se détache du sol.*
Daniele Del Giudice, *L'Oreille absolue.*
Daniele Del Giudice, *Dans le musée de Reims.*
Daniele Del Giudice, *Horizon mobile.*
Daniele Del Giudice, *Marchands de temps.*
Mireille Delmas-Marty, *Pour un droit commun.*
Marcel Detienne, *Comparer l'incomparable.*

Marcel Detienne, *Comment être autochtone. Du pur Athénien au Français raciné.*

Milad Doueihi, *Histoire perverse du cœur humain.*

Milad Doueihi, *Le Paradis terrestre. Mythes et philosophies.*

Milad Doueihi, *La Grande Conversion numérique.*

Milad Doueihi, *Solitude de l'incomparable. Augustin et Spinoza.*

Milad Doueihi, *Pour un humanisme numérique.*

Jean-Pierre Dozon, *La Cause des prophètes. Politique et religion en Afrique contemporaine*, suivi de *La Leçon des prophètes* par Marc Augé.

Pascal Dusapin, *Une musique en train de se faire.*

Brigitta Eisenreich, avec Bertrand Badiou, *L'Étoile de craie. Une liaison clandestine avec Paul Celan.*

Uri Eisenzweig, *Naissance littéraire du fascisme.*

Norbert Elias, *Mozart. Sociologie d'un génie.*

Rachel Ertel, *Dans la langue de personne. Poésie yiddish de l'anéantissement.*

Arlette Farge, *Le Goût de l'archive.*

Arlette Farge, *Dire et mal dire. L'opinion publique au XVIIIe siècle.*

Arlette Farge, *Le Cours ordinaire des choses dans la cité au XVIIIe siècle.*

Arlette Farge, *Des lieux pour l'histoire.*

Arlette Farge, *La Nuit blanche.*

Alain Fleischer, *L'Accent, une langue fantôme.*

Alain Fleischer, *Le Carnet d'adresses.*

Alain Fleischer, *Réponse du muet au parlant. En retour à Jean-Luc Godard.*

Alain Fleischer, *Sous la dictée des choses.*

Lydia Flem, *L'Homme Freud*.

Lydia Flem, *Casanova ou l'Exercice du bonheur*.

Lydia Flem, *La Voix des amants*.

Lydia Flem, *Comment j'ai vidé la maison de mes parents*.

Lydia Flem, *Panique*.

Lydia Flem, *Lettres d'amour en héritage*.

Lydia Flem, *Comment je me suis séparée de ma fille et de mon quasi-fils*.

Lydia Flem, *La Reine Alice*.

Lydia Flem, *Discours de réception à l'Académie royale de Belgique*, accueillie par Jacques de Decker, secrétaire perpétuel.

Nadine Fresco, *Fabrication d'un antisémite*.

Nadine Fresco, *La Mort des juifs*.

Françoise Frontisi-Ducroux, *Ouvrages de dames. Ariane, Hélène, Pénélope…*

Marcel Gauchet, *L'Inconscient cérébral*.

Hélène Giannecchini, *Une image peut-être vraie. Alix Cléo Roubaud*

Jack Goody, *La Culture des fleurs*.

Jack Goody, *L'Orient en Occident*.

Anthony Grafton, *Les Origines tragiques de l'érudition. Une histoire de la note en bas de page*.

Jean-Claude Grumberg, *Mon père. Inventaire*, suivi de *Une leçon de savoir-vivre*.

Jean-Claude Grumberg, *Pleurnichard*.

François Hartog, *Régimes d'historicité. Présentisme et expériences du temps*.

Daniel Heller-Roazen, *Écholalies. Essai sur l'oubli des langues*.

Daniel Heller-Roazen, *L'Ennemi de tous. Le pirate contre les nations.*

Daniel Heller-Roazen, *Une archéologie du toucher.*

Daniel Heller-Roazen, *Le Cinquième Marteau. Pythagore et la dysharmonie du monde.*

Ivan Jablonka, *Histoire des grands-parents que je n'ai pas eus. Une enquête.*

Ivan Jablonka, *L'histoire est une littérature contemporaine. Manifeste pour les sciences sociales.*

Jean Kellens, *La Quatrième Naissance de Zarathushtra. Zoroastre dans l'imaginaire occidental.*

Jacques Le Brun, *Le Pur Amour de Platon à Lacan.*

Jacques Le Goff, *Faut-il vraiment découper l'histoire en tranches ?*

Jean Levi, *Les Fonctionnaires divins. Politique, despotisme et mystique en Chine ancienne.*

Jean Levi, *La Chine romanesque. Fictions d'Orient et d'Occident.*

Claude Lévi-Strauss, *L'Anthropologie face aux problèmes du monde moderne.*

Claude Lévi-Strauss, *L'Autre Face de la lune. Écrits sur le Japon.*

Claude Lévi-Strauss, *Nous sommes tous des cannibales.*

Monique Lévi-Strauss, *Une enfance dans la gueule du loup.*

Nicole Loraux, *Les Mères en deuil.*

Nicole Loraux, *Né de la Terre. Mythe et politique à Athènes.*

Nicole Loraux, *La Tragédie d'Athènes. La politique entre l'ombre et l'utopie.*

Patrice Loraux, *Le Tempo de la pensée.*

Sabina Loriga, *Le Petit x. De la biographie à l'histoire.*

Charles Malamoud, *Le Jumeau solaire*.

Charles Malamoud, *La Danse des pierres. Études sur la scène sacrificielle dans l'Inde ancienne*.

François Maspero, *Des saisons au bord de la mer*.

Marie Moscovici, *L'Ombre de l'objet. Sur l'inactualité de la psychanalyse*.

Michel Pastoureau, *L'Étoffe du diable. Une histoire des rayures et des tissus rayés*.

Michel Pastoureau, *Une histoire symbolique du Moyen Âge occidental*.

Michel Pastoureau, *L'Ours. Histoire d'un roi déchu*.

Michel Pastoureau, *Les Couleurs de nos souvenirs*.

Vincent Peillon, *Une religion pour la République. La foi laïque de Ferdinand Buisson*.

Vincent Peillon, *Éloge du politique. Une introduction au XXIe siècle*.

Georges Perec, *L'Infra-ordinaire*.

Georges Perec, *Vœux*.

Georges Perec, *Je suis né*.

Georges Perec, *Cantatrix sopranica L. et autres écrits scientifiques*.

Georges Perec, *L. G. Une aventure des années soixante*.

Georges Perec, *Le Voyage d'hiver*.

Georges Perec, *Un cabinet d'amateur*.

Georges Perec, *Beaux Présents, belles absentes*.

Georges Perec, *Penser/Classer*.

Georges Perec, *Le Condottière*.

Georges Perec/OuLiPo, *Le Voyage d'hiver & ses suites*.

Catherine Perret, *L'Enseignement de la torture. Réflexions sur Jean Améry*.

Michelle Perrot, *Histoire de chambres*.
J.-B. Pontalis, *La Force d'attraction*.
Jean Pouillon, *Le Cru et le Su*.
Jérôme Prieur, *Roman noir*.
Jérôme Prieur, *Rendez-vous dans une autre vie*.
Jacques Rancière, *Courts Voyages au pays du peuple*.
Jacques Rancière, *Les Noms de l'histoire. Essai de poétique du savoir*.
Jacques Rancière, *La Fable cinématographique*.
Jacques Rancière, *Chroniques des temps consensuels*.
Jean-Michel Rey, *Paul Valéry. L'aventure d'une œuvre*.
Jacqueline Risset, *Puissances du sommeil*.
Denis Roche, *Dans la maison du Sphinx. Essais sur la matière littéraire*.
Olivier Rolin, *Suite à l'hôtel Crystal*.
Olivier Rolin & Cie, *Rooms*.
Charles Rosen, *Aux confins du sens. Propos sur la musique*.
Israel Rosenfield, *« La Mégalomanie » de Freud*.
Pierre Rosenstiehl, *Le Labyrinthe des jours ordinaires*.
Jean-Frédéric Schaub, *Oroonoko, prince et esclave. Roman colonial de l'incertitude*.
Francis Schmidt, *La Pensée du Temple. De Jérusalem à Qoumrân*.
Jean-Claude Schmitt, *La Conversion d'Hermann le Juif. Autobiographie, histoire et fiction*.
Michel Schneider, *La Tombée du jour. Schumann*.
Michel Schneider, *Baudelaire. Les années profondes*.
David Shulman, Velcheru Narayana Rao et Sanjay Subrahmanyam, *Textures du temps. Écrire l'histoire en Inde*.

David Shulman, *Ta'ayush. Journal d'un combat pour la paix. Israël-Palestine, 2002-2005.*

Jean Starobinski, *Action et réaction. Vie et aventures d'un couple.*

Jean Starobinski, *Les Enchanteresses.*

Jean Starobinski, *L'Encre de la mélancolie.*

Anne-Lise Stern, *Le Savoir-déporté. Camps, histoire, psychanalyse.*

Antonio Tabucchi, *Les Trois Derniers Jours de Fernando Pessoa. Un délire.*

Antonio Tabucchi, *La Nostalgie, l'Automobile et l'Infini. Lectures de Pessoa.*

Antonio Tabucchi, *Autobiographies d'autrui. Poétiques* a posteriori.

Emmanuel Terray, *La Politique dans la caverne.*

Emmanuel Terray, *Une passion allemande. Luther, Kant, Schiller, Hölderlin, Kleist.*

Camille de Toledo, *Le Hêtre et le bouleau. Essai sur la tristesse européenne,* suivi de *L'Utopie linguistique ou la pédagogie du vertige.*

Camille de Toledo, *Vies pøtentielles.*

Camille de Toledo, *Oublier, trahir, puis disparaître.*

César Vallejo, *Poèmes humains* et *Espagne, écarte de moi ce calice.*

Jean-Pierre Vernant, *Mythe et religion en Grèce ancienne.*

Jean-Pierre Vernant, *Entre mythe et politique I.*

Jean-Pierre Vernant, *L'Univers, les Dieux, les Hommes. Récits grecs des origines.*

Jean-Pierre Vernant, *La Traversée des frontières. Entre mythe et politique II.*

Nathan Wachtel, *Dieux et vampires. Retour à Chipaya.*

Nathan Wachtel, *La Foi du souvenir. Labyrinthes marranes.*

Nathan Wachtel, *La Logique des bûchers.*

Nathan Wachtel, *Mémoires marranes. Itinéraires dans le sertão du Nordeste brésilien.*

Catherine Weinberger-Thomas, *Cendres d'immortalité. La crémation des veuves en Inde.*

Natalie Zemon Davis, *Juive, Catholique, Protestante. Trois femmes en marge au XVIIe siècle.*

RÉALISATION : NORD COMPO À VILLENEUVE-D'ASCQ
IMPRESSION : NORMANDIE ROTO IMPRESSION S.A.S. À LONRAI
DÉPÔT LÉGAL : SEPTEMBRE 2014. N° 113719 (1403085)
IMPRIMÉ EN FRANCE